中文社会科学引文索引（CSSCI）来源集刊

珞珈管理评论

LUOJIA MANAGEMENT REVIEW

2019年卷 第3辑（总第30辑）

武汉大学经济与管理学院主办

WUHAN UNIVERSITY PRESS
武汉大学出版社

图书在版编目(CIP)数据

珞珈管理评论.2019年卷.第3辑:总第30辑/武汉大学经济与管理学院
主办.—武汉:武汉大学出版社,2019.9
ISBN 978-7-307-21096-7

Ⅰ.珞…　Ⅱ.武…　Ⅲ.企业管理—文集　Ⅳ.F272-53

中国版本图书馆 CIP 数据核字(2019)第 169320 号

责任编辑:唐　伟　　　责任校对:李孟潇　　　版式设计:马　佳

出版发行:**武汉大学出版社**　　(430072　武昌　珞珈山)
　　　　　(电子邮箱:cbs22@whu.edu.cn 网址:www.wdp.com.cn)
印刷:武汉市天星美润设计印务有限公司
开本:787×1092　1/16　印张:14　字数:326 千字
版次:2019 年 9 月第 1 版　　2019 年 9 月第 1 次印刷
ISBN 978-7-307-21096-7　　定价:28.00 元

目　　录

CONTENTS

表面和谐如何影响社区公民行为？*
——来自公共部门变革情境下的探索

● 孙思睿[1] 刘帮成[2]

（1，2 上海交通大学国际与公共事务学院 上海 200030）

【摘 要】本研究讨论了在组织变革情境下，公共部门雇员产生的表面和谐价值观对其社区公民行为产生抑制效应的心理机制。该研究将丰富我们对于公共部门组织变革微观主体行为感受的认知和理解，并为政府的变革管理理论研究提供指导。研究获得了以下四个结论：公共服务动机在表面和谐和社区公民行为之间起到完全中介的作用；角色内绩效在表面和谐和社区公民行为之间起到完全中介的作用；公共服务动机和角色内绩效是表面和谐和社区公民行为之间的连续中介；变革氛围对于表面和谐和社区公民行为之间通过公共服务动机和角色内绩效的连续中介的调节效应显著。本研究对于我们深入了解公共部门基层单位的组织变革提供了基于个体激励机制的详细解释，为政府管理者更好地提升组织变革情境下雇员对组织形象有利的角色外行为提供了参考。

【关键词】变革氛围 表面和谐 公共服务动机 角色内绩效 社区公民行为
中图分类号：C93   文献标识码：A

1. 引言

在政府创新和政府治理改革的大背景下，基层政府不断地进行机构调整和管理创新，以探索"人民满意的服务型政府"。在政府变革的特殊情境中，"以人民为中心"建设"人民满意的服务型政府"是我们渴望追求的目标和方向。由于我们在意政府的运作和工作效率是否能够让所有人民群众满意，当我们评估政府的变革绩效时，不仅要考察变革对组织内部产生的影响和效果，更要强调变革对辖区内社区居民的影响，因为基层政府变革的影响不仅发生在组织内部，更直接影响公众对政府的认同和满意度。具体来看，基层政府的调整，包括人事变动、各项规章制度或办事程序调整都需要与直接服务对象——辖区

* 本文是国家自然科学基金项目"全面深化改革背景下的基层公务员行为模式、动机与激励机制实证研究"（项目批准号：71673185）的阶段性成果，且本研究受到中国国家留学基金资助。
通讯作者：孙思睿，E-mail：reecho@ sjtu. edu. cn。

居民互动，即他们磨合与适应的过程都需要获得辖区居民的尊重和理解。因此，在基层政府变革背景下如何建立好与社区居民的联系，以实现人民满意的服务型政府的目标是一个迫切的现实困惑。通过调研我们发现，在政府变革情境下，公共部门雇员表现的社区公民行为能够成为缓和政府与社区居民之间矛盾的积极因素。社区公民行为主要是指单位雇员在所工作的社会环境中做出贡献，特别是对所属社区尽力奉献，享有荣耀和德行，以善行获得社区居民的支持，但这种行为却并不是雇员本职工作需要去完成的行为（Liu，Zhang，Du et al.，2015）。在变革情境中，特别是在中国这种强调"人情味"的社区环境中，若雇员能够在政府变革期间仍然与社区居民保持较好的互动关系，一方面将避免变革引发政府与居民间的紧张关系，减少居民成为政府变革的阻力的可能性。另一方面，让政府变革更容易获得群众的支持和体谅。即公共部门雇员愿意尽力为社区居民做些力所能及但属于本职工作之外的帮助，将更有利于促进居民对政府在变革期间的认同感受。那么，这种良好的变革氛围需要公共部门雇员贡献怎样的努力呢？

在对东部地区某辖区三支基层队伍进行具体观察后，我们发现在变革情境中微观主体的行为动机更加复杂，他们的行为激励问题也更为复杂。以本研究的基层调研队伍为例，基层队伍执法工作直接服务于社区居民。而执法任务涉及直接处理或调和与居民相关的矛盾时，完成工作的"艺术性"不佳就易引发群众的不满。在变革期间，由于各种权责交接尚未完成，工作效率受到影响，故政府与群众的关系愈加紧张。而公共部门雇员虽然认识到变革的破坏影响，他们嘴上不会提出对变革的抱怨，但却在实际行动中呈现对变革损耗的不满，具体表现为工作上消极怠工、"依法不作为"等，以此维持一种所谓的看似和谐的却实际让组织绩效大打折扣的工作气氛。基于中国文化情境，我们对此种雇员变革应对策略提出了一个解释概念。我们认为在公共部门的变革情境下，公共部门雇员表现出了中国人最典型的价值取向——表面和谐。在该价值观引导下，公共部门雇员不管是角色内表现或角色外行为都难以积极呈现，而剖析表面和谐价值取向的发生机制，能够便于我们更好地应对表面和谐价值观产生的消极影响。因此，本研究将以公共部门雇员的表面和谐价值观作为研究对象，考虑其对于积极的社区公民行为的抑制效应，从而给出相关的管理启示和建议。

在公共部门的变革情境中，雇员表现出的角色外的社区公民行为将是缓和政府和群众之间变革矛盾的一剂良药。但公共部门雇员表面和谐的消极的价值取向使得管理者难以调动其积极行为，所以深入认识和了解雇员在变革情境下行为变化背后的心理变化机制是探索促进雇员积极行为的前提。本研究认为，通过研究变革情境下雇员积极行为表现的抑制机制将给我们提供一个深入了解微观主体面对变革的应对措施和采取防御机制原因的机会。由此，本研究将进一步探索表面和谐与社区公民行为之间关系背后的心理机制，进而为政府变革管理的相关研究提供参考。总的来说，本研究将讨论在变革氛围下，表面和谐对社会公民行为的影响机制，并通过解释这一关系背后发生的心理机制和行为路径来探索作用机制的变化规律，从而为观察公共部门变革情境下雇员积极行为表现实现提供新的见解。本研究以东部地区某区为调研单位，构建了一个基于组织变革情境下的调节中介模型，以三支基层队伍面临变革时社区公民行为抑制机制为研究内容，通过实证调研，揭示了该行为受到典型中国人价值观特征——表面和谐影响后的变化机制和边界效应，为我们全面了解政府变革中的微观主体——公共部门雇员在面临变革时的行为变化机制提供有效的理论参考，为我们更好地塑造充满"人情味"的变革环境和人民满意的服务型政府提供管理经验和支持。

2. 理论基础与研究假设

2.1 表面和谐和社区公民行为

中国传统的文化以中庸、和谐、集体主义、家长制和高权力为特征（段锦云，2012）。所以中国人应对冲突时，采取的回避策略大多也是迂回的（张志学和魏昕，2011），表面和谐就是使个体持有消极的态度并谨慎、被动地行事，将自己置身事外，避免卷入冲突之中的一种典型中国文化背景下的价值观（Hwang，2000）。基于孔家思想的影响，学者将"和谐"的文化整合到了冲突行为的研究之中，作为对西方主流冲突理论的补充（Chen，2000）。基于集体主义-个人主义的分析框架，Leung（2002）等人构建了"和谐"的二元概念，一方面是强调内在重要性以强调和谐，即真诚地认为保持人际和谐是一种美德，出于内部动机的满足而去促成和谐。另一角度是从工具性的角度，出于实用重要性来强调和谐，即不愿看到某种行动受到破坏或终止而去强调保持和谐。学者认为第一种和谐是真实和谐，而第二种和谐的价值是表面和谐（宋一晓和陈春花等，2015）。组织变革作为一个巨大的冲突，尤其在公共部门发生的组织变革，将使得雇员面临工作协调、职权交接、领导同事交往等方方面面的人际冲突，所以受到传统中华文化熏陶的雇员一般也采取较为回避的方式表达他们应对冲突的方式，他们的行为表现往往受到表面和谐价值观的影响。

社区公民行为属于一种角色外的积极行为，属于员工的自愿行为，且员工对社区的贡献是超越于组织要求的（Easterly & Miesing，2009；段锦云，2012）。社区公民行为来源于政治哲学思想中的公民责任（Graham，1991），是组织公民行为的一个重要组成部分（Farh，Zhong & Organ，2004）。由于受到环境变化的挑战，组织被要求让员工能够表现更多的角色外行为，比如不受组织强制要求但是能够有效促进组织绩效的积极的行为（宋一晓等，2015）。由于公共部门工作的特殊性，他们的服务对象是社区居民，所以这种不受组织要求但能帮助组织提升形象的积极行为尤为值得鼓励。

表面和谐的价值观让员工更倾向于自我保护，为了避免人际风险，他们会推卸责任并且防御所受到的威胁，在这种价值观主导下，他们的社区公民行为将难以表现。在组织变革情境中，机构内部队伍调整的变革常引起责任边界不清，因而此时的有表面和谐价值取向的雇员更可能为了避免惹麻烦，即便与上司意见相悖、与同事职权交叉，也会选择息事宁人。因为他们看重自己与集体和团队之间的和谐关系，会适时判断并且选择能做的事，而不是主动出头，不考虑负面预期情况，而社区公民行为作为一种积极的、有利于组织但并非组织强求的行为，因为变革情境下组织内部的工作量就已激增，且各项工作比平常更难开展，主动为社区做一些其他贡献在此时就更具难度。因而公共部门雇员由于要保持组织内部的人际和谐，担心自己的付出会造成不必要的麻烦或招致自身的利益受损，不愿过多表现出社区公民行为。

2.2 公共服务动机作为一个中介变量

公共服务动机是"个体一种根本的或独有的基于公共组织或部门的做出反应的动机倾向"（Perry，1990）。公共服务动机理论重新审视并强调了公共服务的伦理、道德、责任感，并用之解释公共部门员工的甘于奉献精神和亲社会动机（Perry，1990）。针对公共服务动机产生的前因因素研究较多，Perry（2000）发现公共服务动机受到社会历史环境、激励情境和个人特征的影响。中国学者发现公共服务动机受中国传统价值观如高集体主义意识和中庸思想等影响，还与当代的和谐社会思想相关（Liu et al.，2015）。在变革情境下，公共部门雇员为了维持组织的和谐，且本身思想中有传统的不愿打破规则的意识，故他们表现出表面和谐的价值观，这种价值观将直接影响其公共服务动机。由于表面和谐的群体往往不愿意破坏组织现状，而他们这种消极应对工作的状态将会抑制他们作为公共服务提供者的独特工作动机。由于公共服务动机是一种主动产生的、深受环境影响的工作动机，是雇员用以完成自己为公众服务主要目标的深层动力机制，所以这种动机若受到被动的压力和不愿与环境做抵抗、保持退缩的价值观影响将产生改变。即我们认为表面和谐与公共服务动机之间存在负向相关关系。

研究发现高公共服务动机群体往往更容易有一些主动性的积极行为表现。比如，拥有高公共服务动机的群体往往工作满意度、组织承诺感或公民行为、工作投入度更高（Homberg，McCarthy & Tabvuma，2015；Liu，2016；Perry，2015）。公共部门工作者身上独特的公共服务动机让他们主动、积极地提供公共服务。公共服务动机作为一种服务导向的亲社会动机，不仅会影响雇员的角色内行为，也对其角色外的行为有着很显著的影响（Liu et al.，2015）。社区公民行为作为一种非组织绩效要求的主动行为，受到愿意主动提供公共服务的动机影响，往往会表现得更为积极。即我们认为公共服务动机与社区公民行为之间存在正向相关关系。但公共服务动机遭到遏制时，即公共服务动机受到表面和谐价值观影响时，雇员会较少地表现出更多的公共服务精神，更不愿意去超越组织要求，积极展现亲社会的积极行为。故我们认为表面和谐负向影响公共服务动机，而公共服务动机正向影响社区公民行为，公共服务动机受到表面和谐价值观影响，愿意主动提供服务的动机机制减弱，公共部门雇员因而减少了主动为社区提供额外服务的意愿，公共服务动机降低，不愿意表现社区公民行为。由此，我们提出假设1。

假设1：公共服务动机是表面和谐与社区公民行为之间的中介。

2.3 角色内绩效作为一个中介变量

角色行为是指正式奖励体系认同的且是工作职责描述中一部分的行为，角色内绩效是雇员工作表现的绩效（Williams，1991）。Pierce（2009）等人的研究发现，角色内绩效由雇员对他们工作的心理所有权决定。Md-Sidin（2009）和同事的研究表明，能够感受到工作是属于自己的一部分的人有着更高的角色内绩效。而在变革情境中，员工往往感受不到自己的工作意义、目标，积极的自我感受也变弱（Nias，1993）。这种不安全感——担心自己的事业发展和组织的走向是否匹配——让他们工作效率降低，因而其角色内绩效就会降低。而雇员的表面和谐价值取向会加剧他们不敢表达真实的自我能力的倾向。为了大局的和谐，他们宁愿让自己的绩效表现不那么突出。以带有自我防御的态度工作，将损耗他们的角色内绩效。由此，我们认为表面和谐与角色内绩效之间呈现负向相关关系。

乐意从事社区公民行为的人，往往是对组织充满认同感的，期待以自己的努力做出让组织满意度增加的行为，这样的雇员往往角色内绩效表现不俗，同时富有激情，提供角色外的对组织工作支持的行为。所以角色内绩效与社区公民行为之间是一种正向相关关系。而雇员角色内绩效的降低，会促使他们更无法分心去投入创造角色外绩效的行为之中。当表面和谐的价值观让雇员角色内绩效降低时，他们焦灼于提升角色内绩效表现，而无法分心继续投入角色外行为。他们的社区公民行为会有所降低。本研究认为角色内绩效将在表面和谐与社区公民行为之间起到中介作用。由此，我们提出假设2。

假设2：角色内绩效是表面和谐和社区公民行为之间的中介。

2.4 公共服务动机和角色内绩效的连续中介作用

表面和谐是受传统文化影响而深藏于中国人心底的价值观，是一种怯懦的、不愿意打破规则的被动处事原则，是个体做出沉默举动的源泉（宋一晓等，2015）。公共服务动机是一种"信念、价值和态度"（Wouter，2007），是超越个人利益和组织利益的，关注于"公共服务的使命感、强烈目标感、承诺感和自我牺牲精神"（Simeone，2004）。但公共服务动机不是一成不变的，它也会存在"挤出""挤进"效应（Liu，2011），即它同样受到外部环境和内部认知而发生变化（王亚华和舒全峰，2018）。我们认为，在表面和谐价值观影响下，具体表现为公务员对政府的忠诚和公共利益服务的热忱的公共服务动机收到拒绝承担危险、保持表面和谐的信号时，会存在"挤出"效应。在公共部门的情境中，公共服务动机是公共部门从业者投身于公共服务事业和实现公众利益的基础（王亚华和舒全峰，2018）。这样的决心、毅力和热情一旦遭到破坏，公共部门雇员的工作角色表现也会变差。由于公共服务动机的削弱，个体在工作表现方面的积极性会受到打击，工作绩效自然也会大打折扣。而角色内绩效与社区公民行为之间的相关性早已被大量验证（MacKenzie，Podsakoff & Fetter，1991）。由于雇员在本职工作中的绩效表现有所降低，所以关注于提升角色绩效时其无暇贡献其他角色外的积极行动。

本研究的访谈结果也能够反映公共部门雇员这一心理机制的变化过程。在访谈中雇员表示，并非本身不愿意提供帮助公众认同自己组织的角色外行为，而是在变革压力下其角色内绩效都难以圆满达标。一方面，变革情境下他们的工作任务激增，一人承担多人工作量，其中包括属于因为不满变革而离职的人员的工作量。公共部门不同于企业，人才引进难度大、手续多，但"编制"太少，一旦变革发生，人员空缺无法及时填补。而引进社会工作者或临时雇员作为"救火员"仍无法解决工作量激增难题，因为一旦涉及执法工作，只有正式雇员才具备执法权，社工和临时工不能解决实际困难。另一方面，变革情境复杂，职权交接不畅导致工作任务重复的情况常见，且由于政府是科层制的组织，一项简单决策也需要层层审批，对于执法工作者而言，他们的工作效率由于审批程序增加而愈加降低。而社区公民行为这种在公共部门常规运转时就需要雇员拥有较高服务精神才能够受到鼓舞的行为，在变革情境由于雇员角色内绩效的难以完成将会更加减少。因此，本研究认为在变革情境下，雇员表现出社区公民行为的心理机制将更加复杂，由于表面和谐的价值取向降低了他们的公共服务动机，而公共服务动机降低使得其角色绩效变差，而由于角色内绩效无法高效完成，他们更难以提供角色外行为，即提供社区公民行为。因此，我们提出公共服务动机和角色内绩效是表面和谐和社区公民行为的连续中介作用，即假设3。

假设3：公共服务动机与角色内绩效在表面和谐和社区公民行为之间起到连续中介的作用。

2.5 变革氛围的调节作用

中国人的思维往往具有整体性（holistic）的特征（张志学等，2011），当中国人面对某一事物时，不仅会关注事物本身，而且会关注周围的情境和与之相关的历史背景（Kitayama，Duffy & Larsen，2003）。组织成员通过环境信息来处理加工，判断组织变革目标可实现性，从而决定自己的工作态度和行为（Armenakis & Harris，2009）。在变革情境中，雇员容易受到变革氛围的影响从而进行决策和行动（Patterson & Warr，2004）。变革氛围是指在工作环境中雇员对变革的开放度和态度（Patterson & Shackleton，2005）。变革氛围常能提高雇员的积极工作行为，同时能够让雇员愿意分享他们在适应工作过程调整时的新想法和方式（Poel，Stoker & Van，2012）。因此，变革氛围作为变革情境下的雇员表达的积极感受，能够让雇员在面对变革时更主动。另外，计划行为理论认为社会规范会影响个体的行为意向和行动（Ajzen，1991），而变革情境下，领导者组织的关于变革内容的会议、宣传等在某种程度上塑造了一种社会规范，影响了在变革情境中雇员的行动（柏帅蛟，井润田等，2017）。这种组织内部建立的变革导向和规范，使得雇员更容易理解变革，同样也有助于构建有利于组织变革的内部环境，即存在让雇员理解变革的变革环境，将有效提高雇员的变革认同感受。"开放沟通"的变革氛围让雇员更容易拥有更高的绩效表现和更愿意提供更多的公共服务。根据激励机制的强化效应，对于能够积极理解变革氛围的雇员，他们的变革承诺感受更高，因为他们不会对变革充满迷茫，他们充满对变革坚定的信念，对组织变革目标、策略都有较高认同（柏帅蛟，井润田等，2017），对变革的感知愈加深刻，愈将倾注这种感情于工作之中。因此，我们认为变革氛围在变革情境下是一种正向的调节机制，即会加剧雇员对待变革的感知，主动融入和感受变革。在变革氛围高的个体身上，由于他们更在意变革，他们在变革情境下展现的心理、动机、行为的程度都将更强烈，因此变革氛围是一个正向的调节效应。由此，我们提出假设4。

假设4：变革氛围将正向调节表面和谐和社区公民行为，通过公共服务动机和角色内绩效连续中介之间的关系。具体而言，这一关系当变革氛围程度较强时相对较强，当变革氛围程度低时相对较弱。

3. 研究方法

3.1 调研程序与样本特征

本研究数据主要来自2017年11月于东部某市辖区内13余街镇里三个承担不同职能

的办事处的事业单位员工。该三支队伍分别由以前区属局级职能部门派驻在各街镇的工作力量组成，经历变革后，三类办事处已属于街镇所属的事业单位，实行街镇属、街镇管、街镇用，突出街镇以块为主的综合管理主体责任。共有 510 位基层工作者参与了此次调查。为保障数据质量，所有问卷由课题组亲自发放至各个单位，并现场开展调研和回收。问卷量表遵循标准的翻译和回译（translation and back-translation）程序翻译成中文。

在删除不合格问卷后，最后获得有效问卷数量为 465 份，问卷回收率为 91.18%。在回收的有效问卷当中，男性受访者有 381 人，占 81.94%，受访者年龄在 23~60 岁，平均年龄 40.94 岁；受访者大专及以下学历 93 人，占比 20%，本科 364 人，占比 78.28%。行政级别方面，科员占比达 65.81%。

3.2 测量工具

本研究对所有变量的测量均采取问卷调研方式，采用在中国文化情境下经检验、较为成熟的测量工具来进行调研，并进行数据的收集。为避免中国人的中庸取向影响调研结果真实性，所有问卷采用李克特六点量表的形式，问卷中所有调研问题都基于被调查者的自身感受回答，结合具体的组织变革情境描述来评价，量表计分 1 到 6 分分别表示由强烈不赞同到强烈赞同的个人观点。

表面和谐：本研究采用的是 Leung 和 Brew 等人（2011）开发的 8 道题量表。代表性题目有"别人比自己有权势时，就要对他们忍让"。本研究中该量表的内部一致性系数为 0.902。

公共服务动机：本研究采用 Pandey 和 Sanjay（2008）等使用的 5 道题量表。代表性题目有"有意义的公共服务对我而言非常重要"等。本研究中该量表的内部一致性系数为 0.909。

角色内绩效：采取 Williams 和 Anderson（1991）使用的 5 道题量表，但由于最后一道反向测量题"我不能完成基本的岗位任务"，在本研究中标准化因子负荷量仅 0.044，故删去该测量题项。所以本研究使用的测量题目包括"我可以出色地完成安排的任务"等四个题目。本研究中的角色内绩效变量内部一致性系数为 0.926。

社区公民行为：根据 Liden 等（2008）使用的 7 道题量表进行该题项的测量。代表性题目有"我参与工作之外的社区服务和志愿活动"等。在本研究中的内部一致性系数为 0.795。

变革氛围：本研究采取 Poel 和 Stoker 等人（2012）开发的 4 道题量表来测量变革氛围。代表性题目有"我们团队中的人总是在寻找新的方法去研究问题"。在本研究中的内部一致性系数为 0.73。

控制变量：本研究选取性别、年龄、受教育程度、工作年限等常用的人口统计学变量作为控制变量。因为本研究中的社区公民行为常受到这些因素的影响，大量的研究已经有所证明，如研究认为工作年限较长的员工对所属单位有着较高的嵌入关系，且对组织情感纽带较强，因此更容易展现积极、主动的公民行为来为组织提供好印象（Dyne & Dienesch, 1994）。此外，不同性别、年龄、受教育程度的员工有不同的社区公民行为表现意向（Farh et al., 2004），故本研究将控制以上变量。

3.3 同源偏差分析

本研究的研究对象来自同一单位且收集于同一时刻，由于变量类型为雇员个人感受与个人亲社会行为，最佳评估者应是雇员本身，但此为本研究的局限，不可否认同源数据存在共同方法偏差，特地进行了研究的事后检验。我们采用 Harman 单因素检验方法（Podsakoff，2003）将 465 份有效问卷的所有条目同做因子分析，得到了 5 个因子，第一个因子未经过旋转的解释方差为 35.49%，其他分别为 17.15%，6.57%，5.64%，4.6%。根据 Podsakoff 等（2003）的建议，我们进一步采用 Widaman（1989）的方法检验共同方法偏差的严重性，构建虚拟因子来观察模型适配度（Williams，1989）。表 1 的结果显示，模型 7 相比基础模型适配度并未得到显著的提升（$\Delta \chi^2 = 5$，df = 372，$p > 0.05$），说明本研究的共同方法偏差不是普遍问题（周浩和龙立荣，2004；陈默和梁建，2017）。

3.4 验证性因子分析

本研究有 5 个主要变量：变革氛围、表面和谐、离职倾向、公共服务动机和高承诺工作系统，我们应用验证性因子分析方法来检测变量测量之间的区分效度。如表 1 所示，观测数据与假设模型（模型 1）之间的拟合度较好（$\chi^2 = 1665.756$，df = 367，$\chi^2/df = 4.54$，RMSEA = 0.088，CFI = 0.862，TLI = 0.848，SRMR = 0.083），而其他的替代模型与实际观测数据之间拟合度较差。同时这说明此研究中的五个因子可以较好地代表五个变量，区分效度较高，反映出本研究的共同方法偏差对结果不会产生严重影响。

在基础模型 1 中，所有测量题目在测量构念上的标准化因子荷重均在 0.01 水平上显著，表明了构念测量聚合效度较好。另外，各模型相较于基础模型拟合指数都较差，说明本研究的测量变量有较好的区分效度。由于表 2 中公共服务动机与角色内绩效间的相关系数值较高，尽管模型 4 的拟合指数比基础模型拟合较差，说明了这两个变量的区分效度，但我们仍进一步计算了两构念的平均变异抽取量（average variance extracted）来做区分效度的辨别。其中，公共服务动机的 AVE 值为 0.73，角色内绩效的 AVE 值为 0.82，这些数值均大于相应构念间相关系数的平方，显示了构念测量间确实具有较好的区分效度（Fornell & Larcker，1981）。

表 1   **测量模型的比较**

备选模型	χ^2	df	RMSEA	CFI	TLI	SRMR	模型	$\dfrac{\Delta \chi^2}{\Delta df}$	ΔCFI
1. 零模型	8634.390	406							
2. 单因子	4978.570	355	0.160	0.440	0.400	0.160			
3. 基础模型 1：五因子	1665.756	367	0.088	0.862	0.848	0.083			
4. 模型 2：含共同方法偏差虚拟因子	1698.794	372	0.088	0.862	0.850	0.085			

备选模型	χ^2	df	RMSEA	CFI	TLI	SRMR	模型	$\dfrac{\Delta\chi^2}{\Delta df}$	ΔCFI
5. 模型3：双因子（公共服务动机+角色内绩效）	2358.776	371	0.108	0.789	0.769	0.089	3 vs. 1	173.255	0.073
6. 模型4：双因子（表面和谐+公共服务动机）	3175.162	371	0.129	0.703	0.675	0.138	4 vs. 1	377.352	0.159
7. 模型5：双因子（表面和谐+角色内绩效）	3180.490	371	0.129	0.702	0.674	0.138	5 vs. 1	378.684	0.160
8. 模型6：双因子（表面和谐+社区公民行为）	3211.900	371	0.129	0.699	0.671	0.141	6 vs. 1	386.536	0.163
9. 模型7：双因子（表面和谐+变革氛围）	3249.809	371	0.130	0.695	0.666	0.155	7 vs. 1	396.013	0.094

3.5　假设检验方法

在本研究中，多位受访者来自同一街道，导致嵌套效应存在，样本缺乏独立性。故本研究将采用 Mplus7.4 软件构建多层次结构方程模型。采取检测被调节的中介模型的方法（Stride, Fardner & Catley et al., 2015），并计算 Bootstrap 方法，将原样本当作总体，进行有放回的抽样以获得大量子样本来获得统计结果并解决总体偏正态的问题，同时计算出交互项的无偏置信区间（Preacher & Selig, 2012）。

4. 假设检验结果

在进行结构方程模型检验假设之前，我们先进行了变量之间的相关性分析。根据表 2 的结果，所有变量间的相关系数都呈显著状态，对我们的假设也产生了初步的验证效果。然后，我们开始进行各个假设的单独检验。

通过结构方程模型，我们可以有效地控制测量所产生的误差，并通过不同的嵌套模型和替代模型来做与理论模型间的比较，寻找最优模型。我们先进行了理论模型的拟合指标估计：$\chi^2 = 16.681$，df = 11，$\chi^2/df = 1.52$，RMSEA = 0.036，CFI = 0.989，TLI = 0.976，SRMR = 0.02. 然后，我们进行嵌套模型的估算，即检验部分中介的可能性，加上一条表面和谐到社区公民行为的直接路径，比较结果为：$\chi^2 = 15.732$，df = 10，$\chi^2/df = 1.57$，RMSEA = 0.038，CFI = 0.989，TLI = 0.973，SRMR = 0.019，拟合结果也较好。所以根据 Anderson 和 Gerbing（1988）推荐的方法，通过比较以上两个模型的卡方值来比较两个模

表2

均值、标准差、相关系数和信度估计

变量	平均值	标准差	1	2	3	4	5	6	7	8	9
1. 年龄	40.940	8.380	—								
2. 性别	1.180	0.380	-0.145**	—							
3. 受教育程度	1.810	0.430	-0.358**	0.045	—						
4. 工作年限	10.740	7.210	0.654**	-0.158**	-0.237**	—					
5. 表面和谐	3.230	1.060	-0.056	0.015	-0.083	-0.088	(0.902)				
6. 公共服务动机	4.430	1.030	0.024	0.103*	0.016	-0.087	-0.173**	(0.909)			
7. 角色内绩效	4.476	0.898	-0.026	0.068	0.049	-0.059	-0.322**	0.616**	(0.839)		
8. 社区公民行为	4.381	1.008	0.046	0.038	0.010	-0.087	-0.123**	0.633**	0.536**	(0.795)	
9. 变革氛围	4.060	1.200	-0.067	0.048	0.023	-0.225**	0.053	0.426**	0.320**	0.356**	(-0.730)

注: $N=465$。信度系数 alpha 标注在对角线上的括号内。* 表示 $p<0.05$. ** 表示 $p<0.01$（双尾检验）。

型的卡方显著值，我们发现嵌套模型与理论模型相比，卡方值未发生显著变化（ΔX^2 (1) = 0.01，$p > 0.05$），表明增加直接路径不能显著地改善模型的拟合度。

此外，我们进一步估算了几个替代模型。首先，我们假设模型没有中介作用，而是表面和谐、公共服务动机与角色内绩效对社区公民行为产生直接作用。替代模型的拟合指标为：$X^2 = 214.387$，df = 13，$X^2/\text{df} = 16$，49，RMSEA = 0.198，CFI = 0.607，TLI = 0.274，SRMR = 0.093，说明替代模型的拟合指数较差。另外，我们检验公共服务动机和角色内绩效各自的中介作用模型，此替代模型的拟合指标：$X^2 = 133.272$，df = 12，$X^2/\text{df} = 11.1$，RMSEA = 0.16，CFI = 0.763，TLI = 0.527，SRMR = 0.063，而该模型也相较理论模型拟合较差。

理论模型的结果见图 1，被调节中介作用结果见表 3。在控制了性别、年龄、受教育程度、工作年限等人口统计学变量后，表面和谐到公共服务动机（$\beta = -0.25$，$p < 0.05$），公共服务动机到社区公民行为（$\beta = 0.24$，$p < 0.05$）均影响显著，Bootstrap = 10000 的 95% 置信区间为 [0.001，0.273]，不包含 0，说明公共服务动机的中介作用得到了验证，假设 1 得到了验证。假设 2 提出了角色内绩效的中介作用，理论模型的结果显示，表面和谐到角色内绩效（$\beta = -0.2$，$p < 0.05$）、角色内绩效到社区公民行为（$\beta = 0.43$，$p < 0.05$）的影响均显著，Bootstrap = 10000 的 95% 置信区间为 [-0.153，-0.012]，不包含 0，说明假设 2 中角色内绩效的中介效应得到了验证。此外，假设 3 提出了连续中介的假设，根据理论模型，公共服务动机（$\beta = -0.25$，$p < 0.05$）、公共服务动机到角色内绩效（$\beta = -0.53$，$p < 0.05$）、角色内绩效到社区公民行为（$\beta = 0.43$，$p < 0.05$）的影响均显著，且 Bootstrap = 10000 的 95% 置信区间为 [0.003，0.087]，不包含 0，说明公共服务动机和角色内绩效的连续中介效应得到了验证。此时，表面和谐到社区公民行为的影响并不显著（$\beta = 0.04$，$p > 0.1$），进一步说明了完全中介效应的存在。然后，我们来检验变革氛围的调节效应。结果表明，感知变革氛围正向调节表面和谐与社区公民行为之间通过公共服务动机和角色内绩效连续中介的间接关系（$\beta = 0.18$，$p < 0.05$）。为进一步了解调节中介的差异显著性，我们在模型中增加新的参数，即高于斜率 S 一个变革氛围的标准差①，低于 S 一个标准差和两者的差值，结果如表 3 所示。在高变革氛围组，公共服务动机和角色内

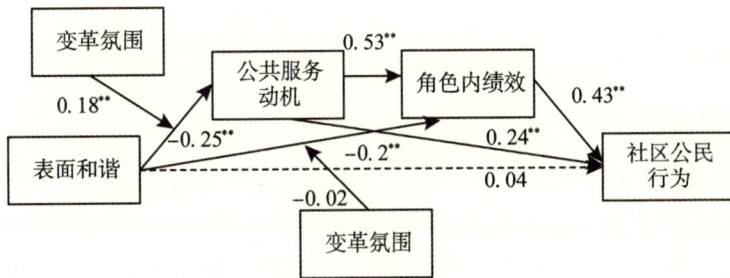

注：** 表示 $p < 0.01$。

图 1 路径分析结果

---

① 如描述性统计结果显示，变革氛围的标准差为 1.196。

绩效的连续中介作用显著，系数为 0.06，在低变革氛围组，其连续中介的作用依然显著，系数为 0.018，且高低组组间差异显著，说明在不同的变革氛围情境下，公共服务动机和角色内绩效的连续中介作用会被变革氛围所调节。以上结论表明假设 4 得到支持，被调节的连续中介效应显著，上述调节效应见图 2。

表3 被调节的中介作用

效应	中介路径	变革氛围	系数	标准差	95%置信区间	
					下限	上限
间接效应	公共服务动机-角色内绩效	高	0.06	0.034	0.012	0.126
		低	0.018	0.017	-0.007	0.048
		组间差异	0.042	0.019	0.017	0.08

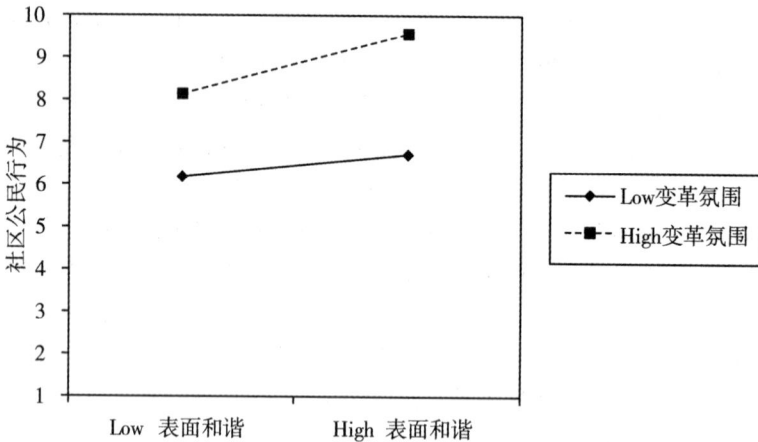

图2 调节效应图

5 结语

5.1 研究的主要结论

本研究一共提出了四个假设。经过检验，我们发现所有假设都得到了数据的支持。其中，公共服务动机在表面和谐和社区公民行为之间发挥了完全中介效应，假设 1 得到验证。假设 2 角色内绩效在表面和谐和社区公民行为之间起到完全中介的作用得到验证。假设 3 公共服务动机和角色内绩效在表面和谐和社区公民行为之间的连续中介作用得到验证。假设 4 变革氛围对于表面和谐和社区公民行为之间通过公共服务动机和角色内绩效的连续中介的调节效应得到验证。

由于目前的文献较少展开公共部门的变革讨论，且对于公共部门变革背景下微观主体的关注较少，为丰富该理论的研究进展，本研究通过从中国人传统的价值观——表面和谐出发,描述了变革情境下该价值观对于积极的社区公民行为的作用机制,从剖析表面和谐这种带有防御色彩的价值观入手,我们深入解释了它通过影响公共服务动机-角色内绩效进而对社区公民行为产生作用的过程机制。本研究采用对公共部门基层执法队伍的调研数据进行了该理论框架的实证分析。结论表明,表面和谐将对社区公民行为产生消极影响,而公共服务动机-角色内绩效是这一关系的中介解释。而对于变革氛围感知较强的雇员来说,这一关系将更强烈。

本研究为我们更好地从中国传统文化背景的角度,理解公共部门组织变革情境下微观主体行为变化机制提供了新的视角。揭开表面和谐到社区公民行为之间的"黑箱",能够让我们清楚地提供抑制表面和谐消极影响的管理建议,从而让公共部门的变革不仅获得内部满意还得到外部支持。同时,由于变革下雇员的行为表现是一个复杂的、难以清楚解释的过程,所以我们从激励理论的视角出发深入分析,解释了该路径的产生原因,为我们更好地关注变革过程中微观群体对变革的感受,从而创造良好的变革环境提供了条件,本研究也为加深我们对组织变革的全面理解给予了帮助。

5.2 研究的理论意义

在理论贡献方面,公共部门组织变革是一个充满复杂性的话题,所以本研究通过中国人价值观、公共部门从业者心理机制和角色行为理论等多个视角来尝试理解公共部门的组织变革情境如何塑造亲社会行为的话题,丰富了公共部门组织变革的理论研究。具体来说,第一,本研究从微观个体的行为视角讨论了政府变革管理研究,为基于行为视角的公共管理研究添砖加瓦。近年来,基于行为视角的公共管理研究得到飞速的发展(Grimmelikhuijsen, Jilke, Olsen et al., 2017),本研究据此讨论了组织变革情境下社区公民行为遭到抑制的原因,为基于行为角度的公共管理研究提供了新的思路。第二,尽管企业管理相关研究已有对公民行为的大量解释,但是在公共部门情境下我们对该类行为发生机制的研究相对较少(Pandey, Wright & Moynihan, 2008)。本研究将有效地弥补对公共部门社区公民行为探索的不足,特别是填补了探索公共部门变革情境下微观主体社区公民行为发生机制的空白。同时基于理解该行为变化机制的视角,本研究了解了它在中国公共部门情境下受到特殊变革因素影响的发生机制,对它在公共部门变化的深入理解有利于我们提供社区公民行为理论在情境维度上的研究扩展。第三,由于对于大量的管理行为研究来说,我们往往会忽略情境因素的影响(陈晓萍,徐淑英,樊景立,2008)。所以本研究以组织变革为特殊背景,将行为发生机制具体到该情境之中加以解释,为情境化方面等方面的研究贡献了新的知识。第四,在经济全球化浪潮中,文化差异的理解在组织管理中的作用非常重要(陈晓萍,徐淑英,樊景立,2008)。本研究通过关注中国人的文化差异所造成的性格特征,将表面和谐作为中国文化背景下的"静态"特征描述了中国人在面临变革时价值、信念和行为出现差异的原因,加深了跨文化研究背景下表面和谐理论研究的新进展。第五,在具体解释变革情境下表面和谐到社区公民行为之间关系路径时,我们探讨了公共服务动机的中介效应,对于该理论的讨论加深了我们在中国背景下对其理论前因、结果机制的细化理解,弥补了Perry(2015)等人提出的公共服务动机理论前因研究、情境研究等不足的遗憾。

5.3 研究的实践价值

在全面深化改革的背景下，公共部门的结构调整以适应社会转型规律已成为当今社会的主要议题之一。根据我们的调研，本研究对象所在区域在2017—2018年内围绕社区基层队伍建设调整问题召开过多次讨论会议，探讨合适的改革方案以化解内外矛盾。这说明了公共部门迫切希望改革不降低工作效率，仍获得群众满意度的美好愿景。然而，基层队伍对变革的支持、队伍的稳定性和公众对变革调整后公共服务提供的满意度等困惑，在变革情境下是难以一次解决的。本研究虽然未能一一解决所有难题，但为具体的问题提供了可参考的指导。在变革情境中，本研究提出要关注公共部门雇员呈现的表面和谐价值观的影响，并考虑其对于公共部门雇员行为动机等造成的影响，从而启发管理者重视中国人受文化特征影响的工作价值观，并进行对管理对象心理机制的调试。对于公共部门雇员在变革情境下动力机制的激发方面，本研究提出以促进公共服务动机激发为目标，提升其与生俱来的为公众服务的精神，进而提高组织内部对变革的认同。此外，本研究认为，要塑造能够提升雇员认同的变革的环境，包括主动沟通变革、鼓励他们参与变革、进而让他们感知变革的重要性，加速他们对变革的认同。在员工的绩效管理方面，本研究鼓励变革情境，单位应该鼓励雇员之间的工作交往，让他们多讨论、多参与团队作业以提高工作效率。另外，作为领导需要意识到变革存在的工作调和矛盾，体谅雇员的工作压力，制定适当的绩效目标，让雇员更好适应变革的压力。在变革时期促进公众满意度方面，本研究提出变革情境下要鼓舞雇员实施社区公民行为，由于中国人强调集体的概念，让雇员能够与公众融为一体，并主动提供一些力所能及的帮助，以构建具有"人情味"的社区环境，才能让公众也能够理解变革的特殊情境和变化并对政府的变革保持支持态度，从而有助于他们对变革满意度的提升。本研究将启示管理者关注变革场景下微观主体行为变化，关注变革"软环境"建设，构建和谐的变革"人情味"社区生态，来帮助组织有效实现变革转型。

5.4 研究的局限性与未来研究方向

首先，由于本研究的调研变量均聚合在同一层面，所以我们无法阐述更多其他概念层次作用发生的可能性，但是今后可采取更多调研方式以及获取数据方式，以期做出更科学的探索。其次，本研究的调研数据均采取自评的方式，本研究也描述了此研究中自评的合适性，且共同方法偏差达到可接受标准，但方法的不足仍然存在。所以在今后的研究中可以通过改变数据收集方式或追踪研究等方法尽量避免同源偏差的问题。最后，本研究对社区公民行为的抑制效应进行了解释，而关于该亲社会行为的激发效应也是极其重要的研究话题，故之后研究可以做更多关于这方面的探索，同时考虑兼顾情境因素的细化研究。

◎ 参考文献

[1] 柏帅蛟，井润田，陈璐等. 变革氛围感知和变革承诺：一个调节模型 [J]. 管理评论，2017，29 (7).

［2］ 陈默，梁建．高绩效要求与亲组织不道德行为：基于社会认知理论的视角 ［J］．心理学报，2017，49（01）．

［3］ 陈晓萍，徐淑英，樊景立．组织与管理研究的实证方法 ［M］．北京：北京大学出版社，2008．

［4］ 段锦云．员工建言和沉默之间的关系研究：诺莫网络视角 ［J］．南开管理评论，2012，15（4）．

［5］ 宋一晓，陈春花，陈鸿志．领导关爱下属行为、员工表面和谐价值观与员工沉默行为 ［J］．中国人力资源开发，2015（23）．

［6］ 王亚华，舒全峰．中国乡村干部的公共服务动机：定量测度与影响因素 ［J］．管理世界，2018，34（2）．

［7］ 周浩，龙立荣．共同方法偏差的统计检验与控制方法 ［J］．心理科学进展，2004，12（6）．

［8］ 张志学，魏昕．组织中的冲突回避：弊端、缘由与解决方案 ［J］．南京大学学报（哲学·人文科学·社会），2011，48（6）．

［9］ Ajzen, I. The theory of planned behavior ［J］. *Organizational Behavior and Human Decision Processes*, 1991, 50 (2).

［10］ Armenakis , A. A., Harris, S. G. Reflections：Our journey in organizational change research and practice ［J］. *Journal of Change Management*, 2009, 9 (2).

［11］ Chen, G. M. The impact of harmony on Chinese conflict management ［J］. *Chinese Culture*, 2000 (26).

［12］ De Poel, F. M., Stoker, J. I., Van, D. Z. K. I. Climate control? The relationship between leadership, climate for change, and work outcomes ［J］. *International Journal of Human Resource Management*, 2012, 23 (4).

［13］ Dyne, L. V., Dienesch, G. R. M. Organizational citizenship behavior：Construct redefinition, measurement, and validation ［J］. *The Academy of Management Journal*, 1994, 4 (37).

［14］ Easterly, L., Miesing, P. NGOs, social venturing, and community citizenship behavior ［J］. *Business & Society*, 2009, 48 (4).

［15］ Farh, J. L., Zhong, C. B., Organ, D. W. Organizational citizenship behavior in the People's Republic of China ［J］. *Organization Science*, 2004, 15 (2).

［16］ Fornell, C., Larcker, D. F. Structural equation models with unobservable variables and measurement error：Algebra and statistics ［J］. *Journal of Marketing Research*, 1981, 18.

［17］ Graham, J. W. An essay on organizational citizenship behavior ［J］. *Employee Responsibilities and Rights Journal*, 1991, 4 (4).

［18］ Grimmelikhuijsen, S., Jilke, S., Olsen, A. L., et al. Behavioral public administration：Combining insights from public administration and psychology ［J］. *Public Administration Review*, 2017, 77 (1).

［19］ Homberg, F., McCarthy, D., Tabvuma, V. A meta-analysis of the relationship between public service motivation and job satisfaction [J]. *Public Administration Review*, 2015, 75 (5).

[20] Hwang, K. Chinese relationalism: Theoretical construction and methodological considerations [J]. *Journal for the Theory of Social Behaviour*, 2000, 30 (2).

[21] Kitayama, S., Duffy, S., Larsen, K. J. T. Perceiving an object and its context in different cultures: A cultural look at new look [J]. *Psychological science*, 2003, 14 (3).

[22] Leung, K., Brew, F. P., Zhang, Z. X., et al. Harmony and conflict: A cross-cultural investigation in China and Australia. [J]. *Journal of Cross-Cultural Psychology*, 2011, 42 (5).

[23] Leung, K., Koch, P., Lu, L. A dualistic model of harmony and its implications for conflict management in Asia [J]. *Asia Pacific Journal of Management*, 2002, 19.

[24] Liden, R. C., Wayne, S. J., Hao, Z., et al. Servant leadership: Development of a multidimensional measure and multi-level assessment [J]. *Leadership Quarterly*, 2008, 19 (2).

[25] Liu, B. C., Tang, L. P. Does the love of money moderate the relationship between public service motivation and job satisfaction? The case of Chinese professionals in the publicsector [J]. *Public Administration Review*, 2011, 71 (5).

[26] Liu, B., Perry, J. L. The psychological mechanisms of public service motivation: A two-wave examination [J]. *Review of Public Personnel Administration*, 2016, 36 (1).

[27] Liu, B., Zhang, X., Du, L., et al. Validating the construct of public service motivation in for-profit organizations: A preliminary study [J]. *Public Management Review*, 2015, 17 (2).

[28] Mackenzie, S. B., Podsakoff, P. M., Fetter, R. Organizational citizenship behavior and objective productivity as determinants of managerial evaluations of salespersons' performance [J]. *Organizational behavior and human decision processes*, 1991, 50 (1).

[29] Md-Sidin, S., Sambasivan, M., Muniandy, N. Impact of psychological ownership on the performance of business school lecturers [J]. *Journal of Education for Business*, 2009, 85 (1).

[30] Nias, J. Changing times, changing identities: Grieving for a lost self [J]. *Educational research and evaluation: For policy and practice*, 1993.

[31] Pandey, S. K., Wright, B. E., Moynihan, D. P. Public service motivation and interpersonal citizenship behavior in public organizations: Testing a preliminary model [J]. *International Public Management Journal*, 2008, 11 (1).

[32] Patterson, M. G., West, M. A., Shackleton, V. J., et al. Validating the organizational climate measure: Links to managerial practices productivity and innovation [J]. *Journal of organizational behavior*, 2005, 26 (4).

[33] Perry, J. L. Bringing society in: Toward a theory of public-service motivation [J]. *Journal of Public Administration Research and Theory*, 2000, 10 (2).

[34] Perry, J. L. , Recascino, L. M. The motivational bases of public service [J]. *Public administration review*, 1990, 50 (3).

[35] Perry, J. l. , Vandenabeele, W. Public service motivation research: Achievements, challenges, and future directions [J]. *Public Administration Review*, 2015, 75 (5).

[36] Pierce, J. L. , Jussila, I. Psychological ownership within the job design context: Revision of the job characteristics [J]. *Journal of Organizational Behavior*, 2009, 30 (4).

[37] Podsakoff, P. M. , MacKenzie, S. B. Lee, J. Y. Common method biases in behavioral research: A critical review of the literature and recommended remedies [J]. *Journal of Applied Psychology*, 2003, 88 (5).

[38] Preacher, K. J. , Selig, J. P. Advantages of Monte Carlo confidence intervals for indirect effects [J]. *Communication Methods & Measures*, 2012, 2 (6).

[39] Schulte, M. , Ostroff, C. , Kinicki, A. J. Organizational climate systems and psychological climate perceptions: A cross-level study of climate-satisfaction relationships [J]. *Journal of Occupational and Organizational Psychology*, 2006, 79 (4).

[40] Simeone, A. E. The ideal of public service: The reality of the rhetoric [D]. Blacksburg: Virginia Tech, 2004.

[41] Stride, C. B. , Gardner, S. , Catley, N. , et al. Mplus code for mediation, moderation, and moderated mediation models [J]. *Retrieved February*, 2015, 17.

[42] Williams, L. J. J. A. Lack of method variance in self-reported affect and perceptions at work: Reality or artifact? [J]. *Journal of applied psychology*, 1989, 74 (3).

[43] Williams, L. J. Job satisfaction and organizational commitment as predictors of organizational citizenship and in-role behaviors [J]. *Journal of management*, 1991, 17 (3).

[44] Wouter, V. Toward a public administration theory of public service motivation: An institutional approach [J]. *Public management review*, 2007, 9 (4).

How Does Superficial Harmony Affect Community Citizenship Behavior?
—From the Organizational Change Context in the Public Sector

Sun Sirui[1]   Liu Bangcheng[2]

(1, 2   School of International and Public Affairs, Shanghai, 200030)

Abstract: This study discusses the psychological mechanisms by which the superficial harmony values generated from public sector employees have an inhibitory effect on community citizenship behavior in the context of organizational change. This research will enrich our understanding of the behavior of micro-subjects in public sector organizations, and guide the government's change management theoretical research. The study has obtained the following conclusions: 1. Public service motivation plays a full mediator role between superficial harmony and community citizenship behavior; 2. In role performance plays a full mediator role between superficial harmony and community citizenship behavior; 3. Public service motivation and in role performance are continuous moderators between superficial harmony and community citizenship behavior; 4. The changing climate has a significant positive effect on the effect between superficial harmony and community citizenship behavior through the continuous moderators of public service motivation and in role performance. Based on the individual motivational mechanism, this study provides a detailed explanation for us to deeply understand the organizational changes of the public sector grassroots units. And it gives government managers a practical reference to better enhance the employees out of role behavior in the organizational change context.

Key words：Change climate; Superficial harmony; Public service motivation; In role performance; Communitycitizenship behavior

专业主编：杜　旌

团队建言氛围的形成：
基于团队成员特征涌现的视角*

● 段锦云[1]　王啸天[2]　王娟娟[3]

（1 华东师范大学心理与认知科学学院　上海　200241；2，3 苏州大学教育学院　苏州　215123）

【摘　要】基于涌现理论，研究探讨了由人格（责任心、外向性、主动性）、价值观（权力距离倾向）和能力（政治技能）的代表性个体特征合成（最值模型）而来的团队成员特征对团队建言氛围的影响以及团队建言行为的中介作用。采用回归分析对两时段收集的 92 个团队的 418 名员工数据进行检验，分析结果表明：团队成员责任心、外向性、主动性最小值显著影响团队建言氛围；团队成员权力距离倾向最大值显著影响团队建言氛围；团队成员政治技能最小值显著影响团队建言氛围。团队建言行为在上述关系中起到中介作用。

【关键词】团队建言氛围　团队建言行为　团队成员特征　涌现理论　合成法

中图分类号：C936　　　　文献标识码：A

1. 引言

团队建言氛围是一种能对团队成员的建言产生影响的共享信念，包括团队建言安全信念和团队建言效能（Morrison et al. , 2011）。除了促进团队成员积极地建言献策之外，团队建言氛围还能对团队效能以及团队绩效产生长期持续的积极影响（Frazier & Fainshmidt, 2012），可见其对于团队和组织的重要性。然而，目前探讨团队建言氛围影响因素的研究相对缺乏，且主要聚焦于团队领导的作用（Podsakoff et al. , 2014），如领导风格（Liu et al. , 2017）、领导行为（Frazier & Bowler, 2015）和领导-成员交换关系（Herdman et al. , 2014）等。团队成员是工作团队的基础组成部分，对团队氛围的形成发展有着不可忽视的作用。学者们也多次呼吁探究团队成员对团队氛围的影响，并指出团队成员的各方面特征与氛围的形成关系紧密（Schneider et al. , 2013）。因此，需要加强以团队成员为基础的

* 基金项目：中央高校基本科研业务费项目华东师范大学海外发文项目"资质过剩感与建言行为的关系"（项目批准号：2019ECNU-HWFW020）。

通讯作者：段锦云，E-mail：mgjyduan@ hotmail. com。

团队建言氛围研究。

涌现理论指出,团队成员之间的互动过程能使团队成员的个体认知特征(如团队成员特征)呈现出集体模式的团队特征,进而涌现出共有团队认知(如团队氛围)(Kozleowski & Klein,2000)。个体特征可由组合(composition;取团队成员均值)或合成(compilation;取团队成员极端值)的形式自下而上涌现,涌现的过程往往不是整合的、线性的。以往研究多用组合法开展团队研究,但相对于组合法,合成法更能体现出团队中某一成员自下而上的影响,对团队交互情境的体现也相对真实(张钢和吕洁,2012)。目前已有少量研究运用涌现合成法探讨团队成员特征的影响,如 Raver 等(2012)的研究发现,团队内成员的责任心、宜人性、他人导向和助人信念的最小值或最大值均会显著影响团队助人规范的形成。近年来的研究也指出,团队中的情绪稳定性或安全内在控制最低者会在同级交流中传递不安全感知,进而降低团队安全氛围(Beus et al.,2015)。综上,本研究将借助涌现合成法探究与建言相关的团队成员特征对团队建言氛围的影响。此外,团队行为(尤其是团队成立初期的行为)是团队氛围形成的重要指标和线索,涌现理论认为:团队成员特征不仅会直接影响团队氛围的涌现过程,还会间接地通过外显的团队成员行为塑造团队氛围(Raver et al.,2012)。由此,本研究也将探究团队建言行为的中介作用,建构团队成员特征通过团队建言行为影响团队建言氛围的整体模型。

本研究从人格、价值观和能力三方面选择了五个与建言高度相关的代表性团队成员特征。在人格方面,大五人格中的责任心和外向性能够有效解释个体建言行为(Lepine & Van Dyne,2001),两者的内涵与建言的本质——一种以变革为导向的组织公民行为高度一致(Lepine & Van Dyne,1998)。此外,建言行为是一种主动性行为(Parker & Collins,2010),需要员工自愿地、主动地进行,与个体主动性紧密相关。在价值观方面,基于建言意味着挑战现状,是具有人际风险的行为(Morrison,2014),本研究欲探讨个体权力距离倾向的作用。中国作为一个典型的高权力距离国家,具有"尊卑上下,忠孝顺从"的文化基础(陈文平等,2013),在此背景下,个体对高权者的权力距离导向尤其值得探讨。最后,建言行为在本质上是一种政治行为(Farrell & Petersen,1982),与此相应的政治技能的影响可以渗透到建言的方方面面,是与建言相关的核心能力之一(Munyon et al.,2015),本研究因此选取了政治技能作为能力维度上的特征。本研究的相关模型见图1。

2. 理论与研究假设

2.1 涌现理论

涌现现象指个体层面的认知、情感、行为等属性通过个体间的相互作用得以放大,并表现为一个更高层次的集体现象的过程(Kozlowski & Klein,2000)。个体的认知、情感、行为等属性是涌现的基本材料。相互作用是涌现发生的主要途径,包括个体交流交换信息、情感和有价值的资源,分享观点,沟通情绪,交换工作成果等。

基于涌现基本元素类型以及贡献度的不同,Kozlowski 和 Klein(2000)将涌现的理论模型概括为组合与合成两种。组合法基于团队成员在某一属性上的同质性、同一性,而合

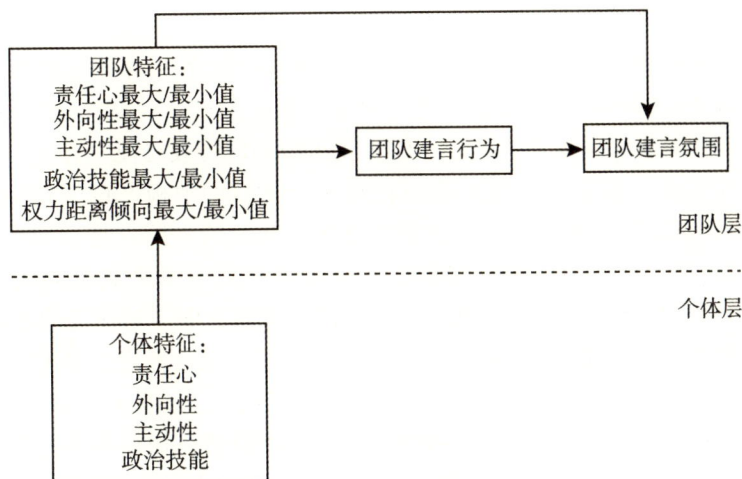

图 1　研究模型

成法则基于异质性、非连续性。合成法的基本假设是，团队内每个成员的贡献不等价，团队表现很大程度上取决于能力最高者或能力最低者。例如在接合性任务中，团队中只要有一个成员能力不足就无法完成任务，最终造成整个团队成绩的严重落后。此时，团队表现取决于能力最低者。

　　根据"坏比好更强"原则（Baumeister et al.，2001），团队内消极成员的负面作用强于团队内积极成员的正面作用（Felps et al.，2006）。因此针对团队内得分最低者可能成为"木桶的短板"的情况，我们对责任心、外向性、主动性人格、政治技能此类能正向预测建言的因素应用"最小值模型"取团队内的最低得分；而对于会负向预测建言的权力距离倾向，团队内得分最高者则可能会充当"害群之马"，我们应用"最大值模型"取团队内成员的最高得分。

　　涌现现象产生于团队成员的交互作用，若团队结构过于松散、团队成员缺乏互动，则个体材料也就难以涌现为团队现象，因此，本研究选择一线工作团队为研究对象。首先，一线工作团队任务互依性强，对成员间的协作要求较高，为涌现现象的产生提供了可能性；更为重要的是，一线团队是企业人力资源的构成主体，是企业生产发展的基础力量，组织的各项决策最终都需依靠一线团队落实完成。因此，对一线团队的研究有重要的价值——对其工作氛围形成的探究，能够帮助组织更好地理解和激励基层员工，从而提升组织效率与效能。

2.2　团队成员人格特征——外向性、责任心和主动性最小值与团队建言氛围

　　过往研究指出，外向性和责任心通常与个体的积极工作体验正相关，包括主观幸福感（Steel et al.，2008）、工作满意感（Viswesvaran & Ones，2010）等。此外，责任心强、外向的员工有着更佳的工作绩效（Mount et al.，1998）。在建言行为上，高责任心的员工重视组织目标，倾向于为了组织发展而去建言（Avery，2003）。高外向性的员工爱交际，擅

21

于说服他人，也更期望通过建言来实现表达自我和影响他人的目的，因而对建言的态度更积极（Avery，2003）。

基于涌现合成视角和"坏比好更强"原则，团队内最消极的员工会对团队结果起到关键影响。低责任心的个体工作态度马虎，常常"事不关己，高高挂起"，不但对本职工作有所懈怠，而且对组织发展不甚关心，较少就组织问题抒发己见（Avery，2003），也会在日常通过多种途径（如言语交流）表露自身对于建言的消极态度（Kraiger & Wenzel，1997）。团队建言氛围是一种集体的、共享的感知，其评价参照点是"我们"，意味着团队成员在感知和评估团队建言氛围时需要综合考量团队中每个成员的情况（Frazier & Fainshmidt，2012）。团队内责任心最低的成员的建言意愿最弱、对建言的预期最低，并最有可能在工作中传递出与此相关的消极信息，进而使得团队其他成员对于团队整体建言效能的感知降低。除此以外，Kramer 等（2014）的研究指出，团队内责任心最差的个体不仅自己工作表现不尽如人意，而且会影响团队的工作积极性。由此推测，责任心弱的员工敷衍了事的行事作风和较低的建言意愿，有可能会在互动中"传染"给其他成员，产生团队内部的社会闲散现象（social loafing；Liden et al.，2004），使得某些原本积极为组织建言献策的团队成员的建言意愿和建言预期降低，进而削弱团队建言氛围。

同样的，团队中外向性最低的成员不好交际，不擅与人沟通交流，在日常工作中倾向于对组织发展和组织中的问题保持沉默（Barry & Stewar，1997），也可能使得团队其他成员对于团队整体建言的感知降低。从建言资源的角度看，内向的团队成员不仅自身缺乏信息和线索的来源，其不擅表达和沟通的个性还会影响到团队内资源的流通和信息的交换，对团队内建言线索的形成产生不利影响，从而损害团队建言氛围的形成和发展。

除责任心和外向性之外，团队成员主动性也有着近似的影响作用。主动性人格指个体不受或较少受环境制约而采取主动性行为去改变环境的一种稳定倾向（Batman & Crant，1993）。高主动性水平的个体渴望通过自身努力去改变环境，建言意愿较强，而低主动性的个体不擅识别变革机遇，常被动适应环境甚至逆来顺受，对建言持有消极的态度（Newman et al.，2015）。团队主动性最低的个体除了负面影响其他成员对于集体的建言感知之外，其安于现状的处事风格，也可能被作为负面参照影响其他同事，造成"团队成员互相推诿，都不愿意承担角色外职责"的尴尬局面（Gong et al.，2012），进而削弱团队建言氛围。

总体而言，团队责任心、外向性或主动性最小值越低，对应成员的建言态度越消极、建言表现越差，团队成员对于团队建言表现的整体评估也越差，导致团队建言氛围越低。反之，当团队责任心、外向性、主动性最小值越高时，对应个体对建言的认同程度更高，会直接地促进自身建言表现，也会提高团队成员对建言氛围的认知评价。因此，我们提出以下假设。

假设 1a：团队成员责任心（最小值）正向预测团队建言氛围。

假设 1b：团队成员外向性（最小值）正向预测团队建言氛围。

假设 1c：团队成员主动性（最小值）正向预测团队建言氛围。

2.3 团队价值观特征——权力距离倾向最大值与团队建言氛围

权力距离（power distance）指在一个社会组织或机构接受权力分配不平等的程度（Hofstede，1984）。权力距离既可以是国家、社会层面的文化，也可以是个体层面的价值观，指人们主观上对权力差距的接受程度（Dorfman & Howell，1988）。本研究关注的是个体层面的权力距离倾向——高权力距离倾向者维护等级制度、顺从权威并自我约束，而低权力距离倾向的个体崇尚平等，不屈从权威，强调自由表达，不会拘束自己（Daniels & Greguras，2014）。

权力距离倾向高的个体，等级观念强，认可自身的从属地位，接受集权领导和官僚结构，唯领导和上级马首是瞻，而建言意味着挑战权威，具有较高的人际风险，与高权力距离倾向者的角色定位和价值观念不符（周建涛和廖建桥，2012）。因此，团队中权力距离倾向最高的员工会对建言持有最为负面的预期，最倾向于保留自己对问题的看法和态度（Li & Sun，2015）。同时，他们也会在团队交流中表露出自己对于权威的维护，传递自身对于建言的否定观念（Brockner et al.，2001），影响其他成员对于团队整体的建言感知。尤其在高权力距离文化的中国情境下，权力本身就是极其敏感的概念。Chow 等人（1999）的研究指出，高权力距离文化下（如中国）的员工等级观念更深，也更容易被唤起对领导者的敬畏之情。因此，即使团队中只有一个成员具有高权力距离倾向，也足以通过日常的交流互动引起整个团队对权力的敏感和警惕（陈文平等，2013）。团队中权力距离倾向最高的成员会削弱团队其他成员的建言安全感，进而对团队建言氛围的形成和发展产生不利影响。因此，我们提出以下假设。

假设 2：团队成员权力距离倾向（最大值）负向预测团队建言氛围。

2.4 团队能力特征——政治技能最小值与团队建言氛围

政治技能是一种在工作中有效理解他人，并利用这种能力去影响他人的行为方式，使之服务于个人目标或组织目标的能力（Ferris et al.，2005）。政治技能是个体在职场中的一种重要技能，直接关乎个体的职场声望与职业成功（Laird et al.，2013）。对组织而言，政治技能可以帮助员工和领导者获取更好的工作关系质量与工作产出（Epitropaki et al.，2016）。此外，政治技能高的个体将组织公民行为视为印象管理的重要途径，因而会更积极主动地进行助人行为和建言行为等（Munyon et al.，2015）。

员工建言行为除了是一种组织公民行为之外，还是一种政治行为（Farrell & Petersen，1982），旨在说服和影响组织中其他成员以达到建言者的预期目的。政治技能高的个体多将建言行为视为获得认可、达成目的的手段。他们懂得审时度势，使上级更易接受自己的建议，同时获得积极评价（Mahajan & Toh，2017）。团队中政治技能最低者不擅长把握建言时机和方式，自身的建言效能感也较低（王永跃和段锦云，2015），从而更有可能不建言或不恰当地建言，最终导致消极后果，例如其所提建议被领导冷漠忽视。建言是一种有着较高人际风险的挑战性行为，因此个体在建言之前通常会慎重地权衡其利弊（Detert & Burris，2007）。过往研究指出，领导对于自身或他人建言的消极回应会对员工的建言预期产生负面影响，进而使得员工保留想法和意见（Lloyd et al.，2015）。由此推论，来自团队内政治技能最低者糟糕的建言表现可能会降低团队其他成员对建言效能和建言安全的感知，进而削弱整体的团队建言氛围感知。

综上，团队政治技能最小值越高，意味着团队内政治技能最低者把握建言时机、合理提出想法的能力越强。此时，其建言受到上级消极评价的可能性更低，对于其他成员建言感知的负面影响也随之减弱。团队政治技能最小值越高，团队建言氛围越强。因此，我们提出以下假设。

假设 3：团队成员政治技能（最小值）正向预测团队建言氛围。

2.5 团队建言行为的中介作用

团队建言行为（group voice behavior）是指团队全体成员为改善现状而提出建设性建议，分享新想法和新观点，指出团队或组织中（可能）存在的问题的程度（Frazier & Fainshmidt，2012）。以往研究均将团队建言行为作为团队建言氛围带来的积极结果来探讨（Morrison et al.，2011），然而 Levine 等（2000）指出，行为不只是氛围的结果，它对氛围的形成和发展也有着重要作用。

结合涌现理论和氛围形成的信息加工视角，团队氛围的形成需要一些外显的线索，其中团队行为最为显著，因此特定行为与特定氛围的形成发展有着紧密的联系（Levine et al.，2000）。过往研究发现，在团队发展初期，团队成员的初始行为是团队氛围和规范形成的决定性要素，即团队氛围的形成依赖于外显的团队初始行为（Cialdini，1999）。在此阶段，团队行为更多地是团队氛围的前因变量，团队成员的某一初始行为越多，与之相对应的团队氛围越浓厚；而在团队发展的中后期，团队氛围的存在已较为稳定，起到约束团队内部社会交互和塑造团队成员行为偏好的作用（Brown，2001）。此时，虽然团队氛围对团队行为的影响作用更为突出，但团队行为仍会影响团队氛围的进一步发展完善（Raver et al.，2012）。受到已形成的团队氛围的影响，某些行为会在团队中更为频繁地发生，进而使得团队成员在心理上更为认同和接受此类行为，强化其原有的行为模式和共享感知。

团队氛围作为对其成员的一种软性约束，是无形的、不可见的，而团队成员特征是较为模糊隐蔽的社交线索，难以作为团队共享感知（团队氛围）的最直接参照。结合团队成员行为在团队氛围形成发展中的关键作用，本研究认为团队建言行为这一外显信息会在团队成员特征与团队建言氛围之间起中介作用。团队中责任心、外向性、主动性、政治技能最低或权力倾向最高的员工的建言意愿较弱，因此自身参与建言的频率也较低。不仅如此，此类员工的消极态度和行为也会降低其他成员的建言积极性，进而使其他成员的建言行为减少，在此循环作用下，团队整体建言行为会随之减少。团队建言行为作为外显的社会线索，代表了团队全体成员的建言表现，是"团队内部是否认同建言"的重要风向标，它的减少会削弱全体成员对建言行为的积极心理感知。因此，我们提出以下假设。

假设 4a：团队建言行为在团队成员责任心（最小值）与团队建言氛围的关系中起到中介作用。

假设 4b：团队建言行为在团队成员外向性（最小值）与团队建言氛围的关系中起到中介作用。

假设 4c：团队建言行为在团队成员主动性（最小值）与团队建言氛围的关系中起到中介作用。

假设 4d：团队建言行为在团队成员权力距离倾向（最大值）与团队建言氛围的关系中起到中介作用。

假设 4e：团队建言行为在团队成员政治技能（最小值）与团队建言氛围的关系中起到中介作用。

3. 研究方法

3.1 研究样本

样本采集自一家大型的电子制造类工厂的一线工作团队。团队内成员身处不同工位，需要通力合作以完成各项工作，并会定期召开团队会议，就如何改善工作流程，精益生产，持续改善而进行讨论，彼此之间任务的互依性程度较高。

为探讨动态因果关系及降低潜在共同方法偏差（common method bias），研究采用时间滞后问卷调查法，分两个阶段收集数据：2016 年 12 月，团队成员填写责任心、外向性、主动性人格、权力距离倾向、政治技能量表，团队领导填写团队建言行为量表；2017 年 1 月，则由团队成员填写团队建言氛围量表，两次相隔 30 天。在取样前，我们首先借助该公司人力资源部门确定了参与本研究的工作团队，每个团队包括一名领导以及至少四名团队成员。在调查中，我们通过工号后四位来对团队成员的两次作答进行有效匹配。此外，在两次调查时，我们均告知被试该调查仅用于学术研究且其调查结果会被绝对保密。被试在填写完问卷之后，会由在场的研究人员亲自回收。

本研究共发放团队成员问卷 600 份，回收问卷 500 份（回收率 83.3%），剔除缺失数据过多、重复作答严重及无法配对的无效问卷后，剩余有效问卷 418 份（有效率 83.6%）。发放团队领导问卷 120 份，回收 108 份（回收率 90.0%），剔除无效问卷后，剩余的有效问卷为 92 份（有效率 85.2%）。

团队成员的人口统计特征为：男性 156 人（37.3%）；女性 262 人（62.7%）；平均年龄 32.14 岁（SD=3.70），分布于 22~49 岁；现单位平均工龄 6.18 年（SD=2.86），最少 1 年，最多 19 年；学历以大专及以上学历为主（294 人，占 70.3%）。团队领导的人口统计特征为：男性 39 人（42.4%），女性 53 人（57.6%）；平均年龄 34.49 岁（SD=5.52），分布于 26~48 岁；现单位工龄平均 7.93 年（SD=3.53），最少 2 年，最多 19 年；大专及以上学历者居多（79 人，占 85.9%）。

3.2 研究工具

责任心与外向性：采用 McCrae 和 Costa（1985）的 24 项目量表，责任心与外向性各 12 题。责任心的示例题项如"我做事情总是善始善终，是一个很有做事能力的人"；外向性的示例题项如"我是一个乐天开朗的人"。采用 Likert 5 点计分法,从 1 "非常不符合"到 5 "非常符合"。本研究中内部一致性系数分别为 0.93 和 0.76。

主动性人格:采用 Seibert 等(1999)的 10 项目量表。示例题项如"在过去以及现在的环境中,我一直保持着积极改变的充足动力"。采用 Likert 5 点计分法,从 1 "非常不符合"到 5 "非常符合"。团队成员自评。本研究中内部一致性系数为 0.79。

权力距离倾向:采用 Dorfman 和 Howell(1988)的 6 项目量表,该量表是在研究台湾地区民众权力距离倾向时专门针对台湾地区被试而修订,符合本研究情境。示例题项如"公司管理者应该尽量避免与员工有工作以外的社会交往"。从 1 "非常不同意"到 5 "非常同意"。本研究中内部一致性系数为 0.74。

政治技能:采用 Ferris 等(2005)编制的四维量表,共 18 个题项,社会机敏性 5 题,人际影响 4 题,网络能力 6 题,外显真诚 3 题。示例题项分别为"我特别善于察觉他人的动机和意图";"我能够容易并有效与他人进行沟通交流";"工作中,我很擅长运用我的关系和网络使事情得到解决";"让人们相信我言与行的真诚性,这一点很重要"。采用 Likert 5 点计分,从 1 "非常不符合"到 5 "非常符合"。本研究中内部一致性系数为 0.95。

团队建言行为:本研究中,团队建言行为采用 Lepine 和 Van Dyne(1998)的 6 项目量表来测量。根据 Chan(1998)的参考框架转移法,团队领导以所在团队为参考框架,评价团队整体的建言情况。示例题项如"团队成员会发现影响工作群体的问题并对此提出建议"。采用 Likert 5 点计分法,从 1 "非常不符合"到 5 "非常符合"。本研究中内部一致性系数为 0.72。

团队建言氛围:通过测量每位成员对建言氛围的评价,再聚合(取平均值)得到。采用 Morrison 等(2011)编制的两维量表(团队建言安全信念和团队建言效能),共 12 个项目,每个维度各 6 个。团队建言效能的示例题项如"我们能积极、有效参与到那些会影响团队工作和生活质量的议题中";团队建言安全信念的示例题项如"我们对影响工作群体的议题开发和提供建议是安全的"。采用 Likert5 点计分,从 1 "非常不符合"到 5 "非常符合"。本研究中内部一致性系数为 0.87。92 个团队的 ICC(1)= 0.30,ICC(2)= 0.66,$F = 1.56$,$p < 0.01$,达到聚合标准。

控制变量:本研究为团队层面的研究,过往研究指出团队领导的各方面特征或对团队建言氛围产生显著影响(Frazier,2009),因此本研究控制了领导的人口统计学变量,包括领导性别、年龄、教育程度和工作年限。

4. 研究结果

4.1 验证性因素分析

本研究首先借助 Mplus 7.4 对研究个体层面数据进行验证性因素分析,以检验研究构念区分性(construct distinctiveness),结果显示:六因素模型拟合度良好(X^2/df = 1.84,

CFI = 0. 90，TLI = 0. 90，RMSEA = 0. 05），并优于其他竞争模型（见表 1），表明本研究的研究变量相互独立。

表 1   验证性因素分析

模型	组合	χ^2/df	CFI	TLI	RMSEA
六因子模型	C；E；P；PD；PS；GVC	1. 84	0. 90	0. 90	0. 05
四因子模型	C+E+P；PD；PS；GVC	2. 89	0. 81	0. 80	0. 09
三因子模型	C+E+P；PD+PS；GVC	3. 64	0. 72	0. 72	0. 12
两因子模型	C+E+P+PD+PS；GVC	3. 86	0. 69	0. 70	0. 13
单因子模型	C+E+P+PD+PS+GVC	3. 99	0. 70	0. 71	0. 16

注：C 为责任心；E 为外向性；P 为主动性；PD 为权力距离倾向；PS 为政治技能；GVC 为团队建言氛围；"+"为两个变量组合。

4. 2   描述性统计

文章对个体层面变量和团队层面变量进行了描述性统计分析（见表 2）。个体层面描述性分析显示：外向性（$r=0.31$，$p<0.001$）、责任心（$r=0.37$，$p<0.001$）、主动性人格（$r=0.17$，$p<0.01$）和政治技能（$r=0.32$，$p<0.001$）与团队建言氛围（个体）显著正相关，而权力距离倾向与团队建言氛围（个体）显著负相关（$r=-0.29$，$p<0.001$）；团队层面描述性分析显示：外向性最小值（$r=0.34$，$p<0.01$）、责任心最小值（$r=0.35$，$p<0.01$）、主动性人格最小值（$r=0.38$，$p<0.001$）和政治技能最小值（$r=0.33$，$p<0.01$）与团队建言氛围（团队）显著正相关，而权力距离倾向与团队建言氛围显著负相关（$r=-0.28$，$p<0.01$）。此外，团队建言行为与团队建言氛围（团队）显著正相关（$r=0.45$，$p<0.001$）。相关分析的结果初步符合研究假设。

4. 3   假设检验

首先，本研究采用层次回归分析检验了主效应假设（假设 1、假设 2 及假设 3）。由表 3 可见：团队外向性最小值（$\beta=0.10$，$p<0.001$）、责任心最小值（$\beta=0.31$，$p<0.001$）、主动性最小值（$\beta=0.16$，$p<0.001$）显著正向预测团队建言氛围（模型 2—模型 4），假设 1a、1b、1c 得到验证；权力距离倾向最大值（$\beta=-0.08$，$p<0.05$）显著负向预测团队建言氛围（模型 5），假设 2 得到验证；政治技能最小值（$\beta=0.11$，$p<0.01$）显著正向预测团队建言氛围（模型 6），假设 3 得到验证。此外，模型 7 表明团队建言行为显著正向预测团队建言氛围（$\beta=0.19$，$p<0.01$）。

表2

描述性统计分析

	$M_{个体}$	$SD_{个体}$	$M_{团队}$	$SD_{团队}$	1	2	3	4	5	6	7
1 外向性	3.55	0.42	3.09	0.58	(0.93)	0.70***	0.64***	-0.22*	0.17	0.22*	0.05
2 责任心	4.02	0.16	3.87	0.18	0.63**	(0.76)	0.65***	-0.23**	0.17	0.35**	0.30**
3 主动性	3.92	0.37	3.55	0.35	0.55**	0.51***	(0.79)	-0.18	0.16	0.38***	0.26*
4 权力距离倾向	2.23	0.43	2.60	0.38	-0.36**	-0.34***	-0.31***	(0.74)	-0.21*	-0.28**	-0.32**
5 政治技能	3.64	0.61	3.13	0.40	0.14*	0.20**	0.06	-0.15**	(0.95)	0.33**	0.36***
6 团队建言氛围	4.06	0.26	4.07	0.15	0.31***	0.37***	0.17**	-0.29***	0.32***	(0.87)	0.45***
7 团队建言行为	/	/	4.22	0.24	/	/	/	/	/	/	(0.72)

注：表格左下部分为个体层面变量相关系数（$n = 418$），表格右上部分为团队层面相关系数（$N = 92$）；括号内为各量表的内部一致性系数，团队层面的外向性、责任心、主动性、权力距离倾向、政治技能分别对应团队成员外向性最小值、团队成员责任心最小值、团队成员主动性最小值、团队成员权力距离倾向最大值、团队成员政治技能最小值；*** 表示 $p < 0.001$，** 表示 $p < 0.01$，* 表示 $p < 0.05$，下同。

表3 　　　　　　　　　　　　　　　　层次回归分析结果

	团队建言氛围						
	模型 1	模型 2	模型 3	模型 4	模型 5	模型 6	模型 7
常量	3.73 ***	3.48 ***	2.60 ***	3.19 ***	3.97 ***	3.48 ***	2.97 ***
领导性别	0.02	−0.02	−0.02	−0.01	0.02	−0.00	0.01
领导年龄	0.01	0.01	0.01	0.01	0.01	0.01	0.01
领导受教育程度	−0.05	−0.03	−0.03	−0.04	−0.03	−0.04	−0.04
领导组织工龄	0.00	−0.00	−0.00	−0.00	0.00	−0.00	0.00
外向性最小值		0.10 ***					
责任心最小值			0.31 ***				
主动性最小值				0.16 ***			
权力距离最大值					−0.08 *		
政治技能最小值						0.11 **	
团队建言行为							0.19 **
R^2	0.14	0.27	0.27	0.28	0.19	0.22	0.24
ΔR^2		0.13 ***	0.13 ***	0.14 ***	0.05 *	0.8 **	0.10 **
F	3.51 *	6.38 ***	6.24 ***	6.67 ***	3.90 **	4.77 **	5.41 ***

注：团队总数 $N=92$，表中回归系数为非标准化结果。

其次，本研究借助 Process 程序使用拔靴法检验团队建言行为的中介效应。结果显示：团队外向性最小值（间接效应 $=0.02$，$p < 0.01$，95% CI = ［0.01，0.05］）、责任心最小值（间接效应 $=0.06$，$p < 0.01$，95% CI = ［0.01，0.14］）、主动性人格最小值（间接效应 $=0.03$，$p < 0.01$，95% CI = ［0.01，0.06］）、权力距离倾向最大值（间接效应 $=$ -0.03，$p < 0.01$，95% CI = ［−0.07，−0.01］、政治技能最小值（间接效应 $=0.03$，$p <$ 0.05，95% CI = ［0.01，0.07］）通过团队建言行为影响团队建言氛围的间接作用显著，假设 4a、4b、4c、4d 和 4e 均得到了验证。

4.4 补充分析

为深入对涌现合成法的理解和验证"坏比好更强"原则，本研究进行了补充分析，将特定特征（如外向性）的最小值和最大值置于同一个回归方程对主效应进行对比检验，以对比团队特征最小值和最大值的解释力。表4中的结果显示：外向性最小值（$\beta=0.09$，$p<0.001$）、责任心最小值（$\beta=0.29$，$p < 0.001$）、主动性最小值（$\beta=0.18$，$p<0.001$）、权力距离最大值（$\beta=-0.08$，$p<0.05$）和政治技能最小值（$\beta=0.07$，$p<0.05$）对团队建言氛围的预测作用分别大于外向性最大值（$\beta=0.07$，n. s.）、责任心最大值（$\beta=0.18$，n. s.）、主动性最大值（$\beta=-0.06$，n. s.）、权力距离最小值（$\beta=-0.02$，n. s.）和政治技

能最大值（$\beta = 0.06$，n. s. ）。

表4　　　　　　　　团队成员特征最小值、最大值对团队建言氛围的贡献度比较

	团队建言氛围					
	模型 8	模型 9	模型 10	模型 11	模型 12	模型 13
常量	3.73***	3.23***	2.20***	3.39***	4.00***	3.37***
领导性别	0.02	−0.02	−0.02	−0.01	0.02	−0.01
领导年龄	0.01	0.01	0.01	0.01	0.01	0.01
领导受教育程度	−0.05	−0.04	−0.04	−0.03	−0.04	−0.05
领导组织工龄	0.00	−0.00	−0.00	−0.00	0.00	−0.00
外向性最小值		0.09**				
外向性最大值		0.07				
责任心最小值			0.28**			
责任心最大值			0.12			
主动性最小值				0.18***		
主动性最大值				−0.06		
权力距离倾向最小值					−0.02	
权力距离倾向最大值					−0.08*	
政治技能最小值						0.07*
政治技能最大值						0.05
R^2	0.14	0.28	0.27	0.29	0.19	0.27
ΔR^2		0.14***	0.13***	0.15***	0.05*	0.13***
F	3.51*	5.37***	5.30***	5.74***	3.22**	5.14***

注：团队总数 $N = 92$，表中回归系数为非标准化结果。

5. 讨论

5.1 理论贡献

首先，本研究丰富了团队建言行为和团队建言氛围的前因研究。工作团队是由彼此相依的个人组成的群体结构，团队每个个体（包括团队领导与团队成员）均会对团队表现起到最直接的作用。在过往的团队层面研究中，团队领导和团队成员对于团队结果的影响一直是研究的焦点（Mathieu et al.，2017），但在团队建言方面，目前研究的重心仍在领导（Podsakoff et al.，2014），缺乏对团队成员作用的探究。顺应近年来研究团队成员人格

特征对团队行为和团队氛围作用的热潮（Raver et al.，2012；Beus et al.，2015），本研究探讨了团队成员责任心、外向性、主动性这三个人格变量对于团队建言行为和氛围的影响。更为重要的是，本研究在前人研究的基础上又进一步探讨了团队成员价值观（权力距离倾向）和能力（政治技能）的作用，为未来探究团队成员特征对团队结果影响的研究提供了新的切入点。

其次，本研究基于涌现理论，采用了最值合成模型来开展研究，从方法技术角度提供了启示。近年来，学界越来越关注组织中"自下而上"（低层变量影响高层结果）的影响过程，传统上此类研究均采用组合法（取平均值）来聚合低层变量（Mathieu et al.，2014）。然而，组合法取平均值的做法掩盖了单个个体对于团队结果的独特影响，无法深入理解个人的作用。相对的，涌现最值合成法强调团队成员的异质性，能够探究单个特殊个体的影响，做到真正意义上的"自下而上"（Fulmer & Ostroff，2016）。本研究将合成法应用到团队成员特征对团队层面建言的研究当中，证实了团队极端个体对于团队建言氛围的形成具有显著消极影响。这一发现为合成法的应用提供了新的实证支持，未来的研究也可以基于此方法探讨不同情境中特殊个体的独特影响。

再次，本研究揭示了组织中的"坏苹果"效应。通过对比团队特征最大值和最小值对于团队建言氛围的作用，本研究发现对于正向预测建言氛围的因子（责任心、外向性、主动性、政治技能），团队成员特征最小值的影响显著高于最大值；对于负向预测建言氛围的因子（权力距离倾向），团队成员特征最大值的影响又显著高于最小值。这一结论揭示了团队表现最差者的消极影响明显强于团队最积极个体的正面作用。尽管学者们对于组织中的"坏苹果"（bad apples）和"好鸡蛋"（good eggs）早有探讨（Felps et al.，2006），但相关的实证支持却并不多见。本研究将这一结论推广到了建言氛围上，拓展了组织中"坏苹果"效应的普适性，为组织情境下的个体作用差异研究提供了借鉴。

最后，研究深化了对"行为-氛围"间的关系的理解。与以往研究多将特定行为作为特定氛围的结果不同（Frazier，2009），本研究证实了团队建言行为不仅是建言氛围的作用结果，还是建言氛围的重要前因。团队的整体建言情况作为显著的线索，会成为团队成员评估是否建言的信息参照，从而影响建言氛围的形成。氛围与行为的关系是互为因果的，在氛围形成发展的不同阶段，行为扮演的角色并不相同。在团队氛围形成的前期，团队内的特定行为作为有力的外显线索，会影响到团队成员对相关事件和环境的感知及评价，从而对团队氛围的形成起到塑造作用。而团队发展到一定程度后，团队氛围又反过来作为团队成员行为处事的主要约束，引导团队成员按照团队期望去恰当行事（Lee et al.，2014），增加团队成员参与相关行为。

5.2　管理启示

有益于组织发展的团队建言氛围的形成不仅有赖于上层支持，也受到团队自身特征的显著影响。团队特征来源于团队成员个人特征，而某一团队成员的极端特征对团队特征的表征往往起到决定作用。基于本研究的结果，在实践中，组织和管理者不仅要关注那些表现出色的最佳员工，树立榜样和楷模，更应密切关注团队中表现最差的员工，给予正确引导并采取针对性的管理手段，以避免其损害团队的整体氛围和工作绩效。例如，管理者可以采取开展团建活动、加强企业文化建设等手段增强员工的内部凝聚力，激发员工的主人翁意识和工作积极性，以此增强弱责任心、低主动性的员工参与组织决策的意愿，减弱此类员工对于团队、组织的负面影响。也可通过加强员工关怀和建议征询等方式，增进上下级关系，减少高权力距离者与权威者之间的心理距离，使他们敢于向领导者分享自己对组织的想法。同时，针对建言能力较差的员工，管理者可组织内部培训，提升其建言献策的技巧，增强其对建言的信心。

5.3　研究局限与展望

首先，本研究的被试群体较为特殊。制造业一线工作团队为流水线式作业，工作互依性、协作要求较之一般一线团队更强，可能会放大团队极端个体的作用。未来的研究可以进一步地考察在其他类型的一线工作团队中是否同样存在研究所揭示的现象。

其次，本研究在探讨团队成员特征影响的同时，一定程度上忽略了团队领导对于团队氛围形成的重要作用。团队领导作为团队中的核心人物，其对建言的态度、认知会对团队成员的行为、心理产生显著的影响。例如，过往研究发现，领导的管理开放性与员工的建言行为高度正相关（Lebel，2016）。本研究并未在数据处理中控制相关变量，可能会对研究结果的外部效度有所影响。

再次，本研究聚焦于组织中的建言行为，考察了团队成员特征对团队建言氛围的影响。未来研究可尝试将其他组织氛围，如创新氛围、公平氛围、道德氛围等与建言行为联系起来。例如，Huang 和 Paterson（2017）的研究提出了团队道德建言的概念，并探讨了道德氛围在团队道德建言效能与团队道德建言之间的调节作用。

最后，建言行为是客观的外显行为，未来可以考虑让领导更具体地从团队成员进行建言行为的比例和团队内建言事件发生的频率来评价团队建言行为，以增加客观性。

◎　参考文献

[1]　陈文平，段锦云，田晓明．员工为什么不建言：基于中国文化视角的解析［J］．心理科学进展，2013，21（5）．

[2]　王永跃，段锦云．政治技能如何影响员工建言：关系及绩效的作用［J］．管理世界，2015（3）．

[3]　张钢，吕洁．团队心智模型和交互记忆系统：两种团队知识表征方式［J］．自然辩证法通讯，2012（1）．

[4]　周建涛，廖建桥．权力距离导向与员工建言：组织地位感知的影响［J］．管理科学，2012，25（1）．

[5]　Avery, D. R. Personality as a predictor of the value of voice［J］. *Journal of Psychology*, 2003, 137（5）.

[6]　Bateman, T. S, Crant, J. M. The proactive component of organizational behavior: A measure and correlates［J］. *Journal of Organizational Behavior*, 1993, 14（2）.

[7]　Barry, B., Stewart, G. L. Composition, process, and performance in self-managed

groups: The role of personality [J]. *Journal of Applied Psychology*, 1997, 82 (1).

[8] Baumeister, R. F. , Bratslavsky, E. , Finkenauer, C. , et al. Bad is stronger than good [J]. *Review of General Psychology*, 2001, 5 (4).

[9] Beus, J. M. , Muñoz, G. J. , Jr, W. A. Personality as a multilevel predictor of climate: An examination in the domain of workplace safety [J]. *Group & Organization Management*, 2015, 40 (5).

[10] Brown, R. Group processes: Dynamics within and between groups (2nd ed.) [M]. Oxford, England: Blackwel, 2001.

[11] Brockner, J. , Ackerman, G. , Greenberg, J. , et al. Culture and procedural justice: The Influence of power distance on reactions to voice [J]. *Journal of Experimental Social Psychology*, 2001, 37 (4).

[12] Chan, D. Functional relations among constructs in the same content domain at different levels of analysis: A typology of composition models [J]. *Journal of Applied Psychology*, 1998, 83 (2).

[13] Chow, C. W. , Harrison, G. L. , Mckinnon, J. L. , et al. Cultural influences on informal information sharing in Chinese and Anglo-American organizations: An exploratory study [J]. *Accounting Organizations & Society*, 1999, 24 (7).

[14] Cialdini, R. B. , Bator, R. J. , Guadagno R. E. Normative influences in organizations: The management of knowledge [M] //Thompson, L. L. , Levine, J. M. , Messick, D. M. Shared Congnition in organzation: The managent of knowledge. London: Psychology Press, 1999.

[15] Thompson, L. L. , Levine, J. M. , Messick, D. M. (Eds) . Shared cognition in organizations: The management of knowledge [M]. Mahwah, NJ: Erlbaum, 1999: 195-211.

[16] Daniels, M. A. , Greguras, G. J. Exploring the nature of power distance: Implications for micro- and macro-level theories, processes, and outcomes [J]. *Journal of Management*, 2014, 40 (5).

[17] Detert, J. R. , Burris, E. R. Leadership behavior and employee voice: Is the door really open? [J]. *The Academy of Management Journal*, 2007, 50 (4).

[18] Dorfman, P. W. , Howell, J. P. Dimensions of national culture and effective leadership patterns: Hofstede revisited [J]. *Advances in International Comparative Management*, 1988 (3).

[19] Epitropaki, O. , Kapoutsis, I. , Ellen, B. P. , et al. Navigating uneven terrain: The roles of political skill and LMX differentiation in prediction of work relationship quality and work outcomes [J]. *Journal of Organizational Behavior*, 2016, 37 (7).

[20] Farrell, D. , Petersen, J. C. Patterns of political behavior in organizations [J]. *Academy of Management Review*, 1982, 7 (3).

[21] Felps, W. , Mitchell, T. R. , Byington, E. How, when, and why bad apples spoil the

barrel: Negative group members and dysfunctional groups [J]. *Research in Organizational Behavior*, 2006, 27 (6).

[22] Ferris, G. R., Treadway, D. C., Kolodinsky, R. W., et al. Development and validation of the political skill inventory [J]. *Journal of Management*, 2005, 31 (1).

[23] Frazier, M. L., Bowler, W. M. Voice climate, supervisor undermining, and work outcomes: A group-level examination [J]. *Journal of Management*, 2015, 41 (3).

[24] Frazier, M. L., Fainshmidt, S. Voice climate, work outcomes, and the mediating role of psychological empowerment: A multilevel examination [J]. *Group & Organization Management*, 2012, 37 (6).

[25] Frazier, M. L. Voice climate in organizations: A group-level examination of antecedents and performance outcomes [D]. Doctoral dissertation: Oklahoma State University, 2009.

[26] Fulmer, C. A., Ostroff, C. Convergence and emergence in organizations: An integrative framework and review [J]. *Journal of Organizational Behavior*, 2016, 37 (1).

[27] Gong, Y., Cheung, S. Y., Wang, M., et al. Unfolding the proactive process for creativity: Integration of the employee proactivity, information exchange, and psychological safety perspectives [J]. *Journal of Management*, 2012, 36 (5).

[28] Herdman, A. O., Yang, J., Arthur, J. B. How does leader-member exchange disparity affect teamwork behavior and effectiveness in work groups? The moderating role of leader-leader exchange [J]. *Journal of Management*, 2014, 43 (5).

[29] Hofstede, G. H. Culture's consequences: International differences in work-related values [M]. London: Sage Publications, 1984.

[30] Huang, L., Paterson, T. A. group ethical voice: Influence of ethical leadership and impact on ethical performance [J]. *Journal of Management*, 2017, 43 (4).

[31] Kozlowski, S. W. J., Klein, K. J. A multilevel approach to theory and research in organizations: Contextual, temporal, and emergent processes [M]. San Francisco, CA: Jossey-Bass, 2000: 3-90.

[32] Klein, K. J., Kozlowski, S. W. J. Multilevel theory, research, and methods in organizations: Foundations, extensions, and new directions [M]. San Francisco, CA: Jossey-Bass, 2000: 3-90.

[33] Kraiger, K., Wenzel, L. H. Conceptual development and empirical evaluation of measures of shared mental models as indicators of team effectiveness [M]. Brannick, M.., Salas, E., Prince, C. Team performance assessment and measurement: Theory, methods, and applications. Mahwah: Lawrence Erlbaum Associates Publishers, 1997: 63-84.

[34] Brannick M. T., Salas, E., Prince, C. Team performance assessment and measurement [M]. Mahwah, NJ: Lawrence Erlbaum Associates, 1997: 63-84.

[35] Kramer, A., Bhave, D. P., Johnson, T. D. Personality and group performance: The importance of personality composition and work tasks [J]. *Personality & Individual*

Differences, 2014, 58 (2).

[36] Laird, M. D. , Zboja, J. J. , Martinez, A. D. , et al. Performance and political skill in personal reputation assessments [J]. *Journal of Managerial Psychology*, 2013, 28 (6).

[37] Liden, R. C. , Wayne, S. J. , Jaworski, R. A. , et al. Social loafing: A field investigation [J]. *Journal of Management*, 2004, 30 (2).

[38] Lebel, R. D. Overcoming the fear factor: How perceptions of supervisor openness lead employees to speak up when fearing external threat [J]. *Organizational Behavior & Human Decision Processes*, 2016, 135.

[39] Lee, G. L. , Diefendorff, J. M. , Kim, T. , et al. Personality and participative climate: Antecedents of distinct voice behaviors [J]. *Human Performance*, 2014, 27 (1).

[40] Lepine, J. A. , Van Dyne, L. Predicting voice behavior in work groups [J]. *Journal of Applied Psychology*, 1998, 83 (6).

[41] Lepine, J. A. , Van Dyne, L. Voice and cooperative behavior as contrasting forms of contextual performance: Evidence of differential relationships with big five personality characteristics and cognitive ability [J]. *Journal of Applied Psychology*, 2001, 86 (2).

[42] Levine, J. M. , Higgins, E. T. , Choi, H. S. Development of strategic norms in groups [J]. *Organizational Behavior & Human Decision Processes*, 2000, 82 (1).

[43] Li, Y. , Sun, J. M. Traditional Chinese leadership and employee voice behavior: A cross-level examination [J]. *Leadership Quarterly*, 2015, 26 (2).

[44] Liu, W. , Mao, J. , Chen, X. Leader humility and team innovation: Investigating the substituting role of task interdependence and the mediating role of team voice climate [J]. *Frontiers in Psychology*, 2017, 8.

[45] Lloyd, K. , Boer, D. , Keller, J. , Voelpel, S. C. Is my boss really listening to me? The impact of perceived supervisor listening on emotional exhaustion, turnover intention, and organizational citizenship behavior [J]. *Journal of Business Ethics*, 2015, 130 (3).

[46] Mahajan, A. , Toh, S. M. Group cultural values and political skills: A situationist perspective on interpersonal citizenship behaviors [J]. *Journal of International Business Studies*, 2017, 48 (1).

[47] Mathieu, J. E. , Hollenbeck, J. R. , Van, K. D. , et al. A century of work teams in the journal of applied psychology [J]. *Journal of Applied Psychology*, 2017, 102 (3).

[48] Mathieu, J. E. , Tannenbaum, S. I. , Donsbach, J. S. , et al. A review and integration of team composition models: Moving toward a dynamic and temporal framework [J]. *Journal of Management*, 2014, 40 (1).

[49] Mccrae, R. R. , Costa, P. T. Comparison of EPI and psychoticism scales with measures of the five-factor model of personality [J]. *Personality & Individual Differences*, 1985, 6 (5).

[50] Morrison, E. W. , Wheeler-Smith, S. L. , Kamdar, D. Speaking up in groups: A cross-level study of group voice climate and voice [J]. *Journal of Applied Psychology*, 2011,

96 (1).

[51] Morrison, E. W. Employee voice and silence [J]. *Annual Review of Organizational Psychology and Organizational Behavior*, 2014, 1.

[52] Mount, M. K. , Barrick, M. R. , Stewart, G. L. Five-factor model of personality and performance in jobs involving interpersonal interactions [J]. *Human Performance*, 1998, 11.

[53] Munyon, T. P. , Summers, J. K. , Thompson, K. M. , et al. Political skill and work outcomes: A theoretical extension, meta-analytic investigation, and agenda for the future [J]. *Personnel Psychology*, 2015, 68 (1).

[54] Newman, A. , Schwarz, G. , Cooper, B. , et al. How servant leadership influences organizational citizenship behavior: The roles of LMX, empowerment, and proactive personality [J]. *Journal of Business Ethics*, 2015, 145.

[55] Parker, S. K. , Collins, C. G. Taking stock: Integrating and differentiating multiple proactive behaviors [J]. *Journal of Management*, 2010, 36 (3).

[56] Podsakoff, N. P. , Podsakoff, P. M. , Mackenzie, S. B. , et al. Consequences of unit-level organizational citizenship behaviors: A review and recommendations for future research [J]. *Journal of Organizational Behavior*, 2014, 35 (S1).

[57] Raver, J. L. , Ehrhart, M. G. , Chadwick, I. C. The emergence of team helping norms: Foundations within members' attributes and behavior [J]. *Journal of Organizational Behavior*, 2012, 33 (5).

[58] Schneider, B. , Ehrhart, M. G. , Macey, W. H. Organizational climate and culture [J]. *Annual Review of Psychology*, 2013, 64.

[59] Seibert, S. E. , Crant, J. M. , Kraimer, M. L. Proactive personality and career success [J]. *Journal of Applied Psychology*, 1999, 84 (3).

[60] Steel, P. , Schmidt, J. , Shultz, J. Refining the relationship between personality and subjective well-being [J]. *Psychological Bulletin*, 2008, 134 (1).

[61] Viswesvaran, C. , Ones, D. S. Theory testing: Combining psychometric meta-analysis and structural equations modeling [J]. *Personnel Psychology*, 2010, 48 (4).

Antecedents of Group Voice Climate: The Emergence of Group Member Characteristics

Duan Jinyun[1] Wang Xiaotian[2] Wang Juanjuan[3]

(1 School of Psychology and Cognitive Science, East China Normal University, Shanghai, 200241;

2, 3 School of Education, Soochow University, Suzhou, 215123)

Abstract: The current research aimed to explore antecedents of group voice climate, specifically with regard to how group members' personalities, values, and abilities predict the emergence of voice climate. Based on emergence theory and climate formation perspective, the research proposed and tested a compilation model of how voice climate is influenced by the group member with particularly low （minimum） or high （maximum） levels of characteristics （i. e. , conscientiousness, extraversion, proactive personality, power distance orientation, and political skill） . Besides, we also examined the mediating effect of group voice behavior. The data were collected in a two-wave questionnaire survey from paired participants. The final valid sample consisted of 92 groups, including 92 managers and 418 employees. Empirical results showed that: （1） In the term of group members' personalities, minimum group extraversion, minimum group conscientiousness, and minimum group proactive personality have positive effects on group voice climate, and the effects were stronger than their counterparts （maximum）. （2） In the term of group members' value, maximum group power distance orientation has a negative effect on group voice climate, and the effect was stronger than its counterparts （minimum）. （3） In the term of group members' ability, minimum group political skills has a positive effect on group voice climate, and the effect was stronger than its counterparts （maximum）. In addition, results also demonstrated that group voice behavior mediated relationships mentioned above.

Key words: Group voice climate; Group voice behavior; Group member characteristics; Emergence theory; Compilation

专业主编：杜　旌

领导神经质特征对其变革决策的影响研究*

● 杜 旌[1] 范 维[2] 张光磊[3]

（1，2 武汉大学经济与管理学院 武汉 430072；3 武汉理工大学管理学院 武汉 430070）

【摘 要】组织变革影响着企业未来的发展和存亡。高管领导是组织变革的决策者，本研究探索人格特质中领导神经质特征对领导变革决策的影响机制和边界条件。本研究采用结构方程模型，基于 106 家企业的数据分析发现：（1）领导神经质特征显著正向影响领导威胁感知，进而使领导变革导向升高；（2）组织绩效调节领导神经质特征和领导威胁感知之间的正向影响关系，当组织绩效较低时，神经质和领导威胁感知之间的正向关系越强，反之越弱。本研究揭示了领导神经质特征对领导决策的影响，并讨论了其对理论和管理实践的指导意义。

【关键词】变革决策 神经质 外部环境 组织绩效 威胁

中图分类号：C93 文献标识码：A

1. 引言

变者，天道也。"变"，在组织中无处不在。尤其在"转型""升级"等趋势愈演愈烈的当下，变革成为企业最频繁的决策结果之一。选择变革，组织可能面临着失败的风险；选择不变，组织很可能被时代浪潮所淘汰。针对变革决策的领导者，在变化中探索变革决策中"不变"的规律，对企业未来进行变革决策具有重要的意义。

企业的高管通过建立共同目标、沟通愿景、管理文化的方式，影响了公司的声誉、发展方向和与关键利益相关者的关系（Boal & Hooijberg，2000；Vera & Crossan，2004；Zaccaro & Klimoski，2001）。最高层领导者对企业最终决策，尤其是攸关企业生死的变革决策的影响举足轻重。组织在组织实践、管理方法、组织结构上面临的危机对高层领导来说是极大的挑战，他们需要把握先机做出决策。最高层领导是否对外部环境的变化敏感、是否有很强的危机感，对其决定是否变革有直接的影响。

---

* 基金项目：国家自然科学基金面上项目"组织变革前非正式信息的作用机制：多层次纵向研究"（项目批准号：71572135）；国家自然科学基金面上项目"本土文化情境下领导行为对员工变革反应的影响：基于图式理论的动态研究"（项目批准号：71172202）。

通讯作者：杜旌，E-mail：jdu@whu.edu.cn。

在大五人格特质中，神经质反映的是个体的情绪稳定性，它是一种稳定的与情绪相关的人格特质（Paulus，Vanwoerden & Norton，2016）。神经质体现了个体在压力情境下表现的差异，高神经质的个体在压力情境下会体验到更多的负性情绪和感受到更多的压力（Suls，Green，& Hillis，1998）。本研究探讨领导神经质特征对变革的影响，原因是神经质特征体现了个体感知外部环境变化的敏感程度和反应情况，这会影响到领导者对外部威胁的感知，从而影响变革。以往研究探讨领导神经质特征对工作场所结果如领导有效性（Hiller，Beauchesne & Whitman，2013）、工作满意度（Judge，Heller & Mount，2002）和工作绩效的直接作用（Judge & Zapata，2015），很少关注其在决策领域的作用。低神经质的个体可能不易察觉到环境的变化，不会产生危机感和威胁感，进而不会发起组织变革，这可能导致组织在变革中失去先机。而神经质过高的个体可能会"杞人忧天"，因为高神经质个体更易将寻常情形视为威胁，将些微沮丧视为绝境（Bolger & Schilling，2010）。框架效应认为，人们在不利条件下，会冒风险改变现状。当高神经质领导者认为自身处于困难的损失框架时，往往会选择发起变革来改变现状。

总之，为了探索领导神经质特征对组织变革决策的影响，本研究关注领导神经质特征对变革导向的影响，以及领导威胁感知的中介作用，考察了组织内外部因素——组织绩效和环境动荡性对上述关系的调节作用，具体研究模型如图 1 所示。为探索以上问题，本研究选取了 120 家企业的 120 名员工作为研究对象，采用 Mplus 作为分析工具，实证研究领导神经质特征和组织变革决策的关系。

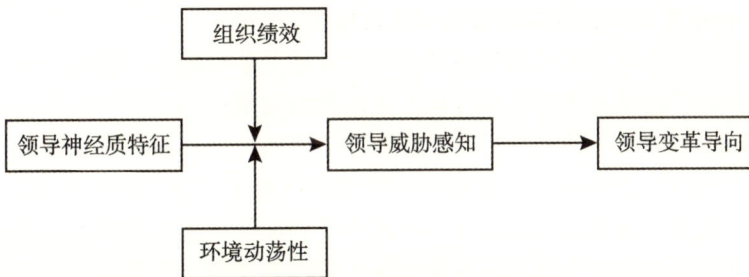

图 1　研究模型图

2. 理论基础与理论假设

2.1　领导神经质特征和领导威胁感知

威胁指的是对组织造成负面影响或有害后果的环境事件（Staw，Sandelands & Dutton，1981）。从进化心理学的角度看，敏感的威胁感知让人类可以避免危险（Brankley & Rule，2014）。在本研究中，领导威胁感知是对组织未来有可能面对的威胁的感知。Jackson 和 Dutton（1987）发现决策者的风险认知，即感知到的情境是威胁还是机会，将影响最终决策，因而对于在风险情境下的管理决策或投资决策，领导者的威胁认知是风险决策的重要步骤。根据框架效应，当领导者感觉到威胁时，即领导者认为组织处于"不利"或者"损失"状态时，领导者倾向于选择冒险的行为来改变组织目前面临的"不利"或"损失状态"，即通过发起变革来改变现状，领导者的变革导向和变革意愿增强。

神经质代表个体更有可能难以调整情绪，经历负面情绪，如焦虑、紧张、更为频繁、激烈和持久的敌意（Judge & Bono, 2002）。区别于大五人格中的其他特质，神经质关注个体对外部环境变化的敏感程度。黄敏儿和郭德俊（2003）认为高神经质者不善于调节消极情绪，对容易引起消极情绪的情境给予较多的关注（黄敏儿，郭德俊，2003；Ng & Diener, 2009）。当外部环境状况不佳时，领导者需要花费时间精力来应对这种变化，这一过程会引起领导者的消极情绪。

一方面，高神经质的领导者在外部环境的变化上极为敏感，对引起负面情绪的外部环境本身倾注注意力。高神经质个体更易将寻常情形视为威胁，将些微沮丧视为绝境（Bolger N & Schilling E A, 2010）。高神经质领导更可能对于内部因素和外部环境的改变引起重视，并且为此过分担忧，甚至在内部因素和外部环境还未对组织造成影响时就杞人忧天。另一方面，神经质个体对负性情绪信息存在加工偏向，对威胁相关刺激更加敏感（Osorio, Cohen, Escobar & Salkowski-Bartlett, 2003）。高神经质个体对负面情绪存在的加工偏向会将环境变化的信息视为威胁的信号。与低神经质领导相比，高神经质的领导对于日常生活，包括外部环境的变化保持一种负性的思考观点。在产生负面情绪后，高神经质领导者会持续地对负面信息和负面情绪进行反复加工和分析，负面情绪的加重使得高神经质领导者更为频繁地感知到威胁。因此，我们提出假设1：

H1：领导神经质特征和领导威胁感知呈正相关。

基于框架效应，本研究假设领导威胁感知对领导变革导向具有积极作用，领导威胁感知中介了领导神经质特征对领导变革导向的正向影响效果。

Herbert Simon（1997）的满意标准和有限理性模型（Bounded Rationality Model）提出人是"社会人"而非"经济人"。随后的决策理论都基于"社会人"的假设提出。框架效应沿用了以上假设，并提出人在决策中不仅会受到如前所述收益和获益的概率，还会受到自身认知加工的影响。变革决策通常发生在决策任务复杂、信息源与信息量较大、内外部环境不确定和模糊的情况下，领导者的决策常常会受到自身认知的影响（Reger R K, 1996），需要采用框架效应来进行解释。决策者需要在变革决策中整合信息，并且在理性（决策效用）和非理性（个人认知特征）中取得平衡。

框架效应最早由 Tversky 和 Kahneman（1983）用实验的方法证实。他们发现的风险框架效应认为，尽管得失的期望值相同，但是人们会因为提问的方式呈现出的获利面或损失面而做出不同的决定。同一事件的不同陈述方式会引发决策者运用不同的参考点做出不同的判断（Wright & Goodwin, 2002）。以获利的方式提问时，人们倾向于避免风险；当以损失的方式提问时，人们倾向于冒风险。但是在实际生活中，人们面临的选择本就表述模糊，需要决策者自发地收集信息，出现清晰的框架效应的情况极为少见。在决策过程中，决策者首先要做的是主动编码和加工决策信息。自我框架效应是由决策者个人理解差异而形成的决策偏差。自我框架指的是个体对情境的认知（理解），框架不再是表达上的不同，而是个人对情境的感知不同。决策者在重新表述和加工决策信息时，会形成自我框架

（张文慧和王晓田，2008），并且自我框架效应对风险偏好的作用效果和传统的风险框架效应作用效果一致，即获益框架促进风险规避，损失框架促进冒险选择。

王晓田（2008）探讨了自我框架对个体决策的影响，发现决策者会采取不同的框架（获得或者损失）来描述自己所面临的选择。当外部形势变化时，领导者需要处理来自外部竞争对手、消费者、政府和媒体等利益相关者的各方面的信息。此外，领导者在变革的大环境下，同样会受到内部因素的影响，例如各方利益的牵制、下级的抵触和干扰。因此，领导者在变革的态势下往往处于"内忧外患"的境地，感受到强烈的威胁。当领导感知到威胁，尤其是这种威胁感十分强烈时，领导者预感到自己将来可能面对的损失，所以会发起变革来改变现状。因此，处于极大威胁下的领导将表现出极强的变革导向，富有竞争性、冒险性和主动性。

对于高神经质的领导者来说，在压力状态下达到生理反应的习惯化是更为困难的（Hughes，Howard S & James J E，2011）。高神经质领导者在感受到威胁后，会关注威胁可能带来的不利后果。与低神经质领导者相比，高神经质领导者更难以适应威胁带来的压力。De Vries 和 Miller（1986）研究了在集权化企业中，独裁式领导的神经质对其组织的影响。结果发现高神经质的领导在处事时情绪不稳定，会给组织营造无序和低效的工作环境，对工作任务的短期绩效和长期绩效造成负面影响。受到内外部威胁的高神经质领导者，会认为自身的处境不佳，引起自身情绪的低落，从而寻求风险，冒险变革。认为现状良好的领导者会将关注的重点放在将来变革带来的损失上，不愿意承受变革可能失败带来的损失。感受到极大外部威胁的领导者往往有着强烈的变革意向来摆脱现有的困境，进而尝试变革。因此，我们提出假设 2：

H2：领导威胁感知中介领导神经质特征对变革导向的正向影响作用。

2.2　组织绩效的调节作用

组织绩效和组织变革两者往往是互相影响的，过往研究主要集中于组织变革对组织绩效的影响。Donaldson 之后提出的组织组合理论（organizational portfolio theory；Donaldson，2000）认为，组织绩效的变化反过来也可以促进组织变革，使组织在外部环境改变后仍能达到平衡。组织组合理论提出的新视角是将组织视为影响组织绩效的一系列因素的组合。无数的内外因素影响着组织绩效，但是反过来组织绩效也不断影响着变革，由此组织才能达到平衡。组织对于绩效水平持有一个满意水平，在这一水平上的绩效是满意的，或者说是可以接受的。当组织绩效低于这一水平，将会给组织带来危机和不平衡（misfit）。

组织绩效的高低会影响领导神经质对领导威胁感知的作用。组织绩效低时，领导神经质对领导威胁感知的正向作用更为显著。在低绩效的组织中，领导者能够感受到由于绩效低于满意水平所带来的组织不平衡，这种不平衡会表现在组织的各个方面，例如团队氛围不佳、工作效率低下等。高神经质的领导者倾向于负面地看待对组织外部环境的变化，并持续地对负面信息和负面情绪进行反复加工和分析（Osorio，Cohen & Escobar，2003），由此产生威胁感知。这时在低绩效的组织中，高神经质领导者会更深刻地感受到组织失去平衡、组织运行状况不佳的不利状况，由此产生困扰。高神经质领导者倾向于加工负面情绪，消极地思考自身所处的环境，所以很可能会夸大低组织绩效带来的负面影响，并放大组织不平衡带来的威胁感。相反，当高神经质领导者所处的组织绩效很高时，他们接收到的负面信息更少，不容易产生威胁感知。总的来说，高神经质领导者感受威胁是一个信息处理和认知加工的过程，这一过程会受到组织绩效等外部因素带来的"刺激"。当组织绩效高时，这种"刺激"不会给高神经质领导者带来威胁感。当组织绩效低时，这种"刺激"引起的负面信息就会引起高神经质领导者的关注，并且这种威胁感不会暂时消失，而是会持续地对高神经质领导者的信息处理和认知加工过程产生作用。因此，结合假设1的论述，本研究提出了假设3：

H3：组织绩效调节神经质和领导感受到的威胁之间的作用：当组织绩效较低时，神经质和领导威胁感知之间的正向关系越强，反之越弱。

2.3 环境动荡性的调节作用

组织的生存与发展和组织所在的环境密切相关。Bandura 提出的社会认知理论认为，个体的活动由认知、行为和环境三个变量不断相互作用而驱使。该理论中的人-环境交互理论认为无论是个体特征还是情境特征都无法单独对人的行为提供全面有效的解释，即人格特质的差异只能部分解释为什么在同样的变革情境下，不同的员工有截然不同的应对选择（Connor-Smith & Flachsbart, 2007）。因此，在探讨组织变革决策时，领导的神经质和领导威胁感知的关系会受到外部环境的影响。本研究聚焦于研究环境动荡性（environmental dynamism）的影响。环境动荡性作为反映外部环境的变量，是评价和衡量技术、经济、社会的发展速度和环境变化的方向、速度、程度、频率的构念。较于其他变量，环境动荡性能够更好地反映组织面临的变化和变化给组织带来的冲击。Miller 等（1982）学者在研究环境动荡性与企业战略决策、创新三者之间的关系时，将环境动荡性划分为不确定性、敌对性和异质性三个维度。不确定性衡量产业革新的速度，以及竞争者和顾客行为的不确定性；敌对性是指企业所在行业的竞争的多样性、竞争的动态性和竞争力度；异质性或者复杂性是指市场中的多样性。

环境动荡性的高低会影响领导神经质对领导威胁感知的作用。环境动荡性高时，领导神经质对领导威胁感知的正向作用更为显著。在高动荡环境下，组织的领导者作为领军人物，会率先察觉到环境的变化。高神经质的领导尤其如此，因为他们更为敏感、焦虑、紧张和消极。高动荡的环境给组织带来了不确定性，市场中的竞争更为强烈和复杂。高神经质的领导者会关注环境动荡带来的负面影响，并且感受到由市场的不确定性和竞争性带来的压力和负面情绪。高动荡的环境带来的变化是难以预测的，高神经质领导者会持续地关注和思考这些变化可能产生的后果，由此产生威胁感知。不仅仅是领导会察觉到外部环境的动荡，员工作为组织的一员，同样会忧心企业的发展和存亡。员工对于组织发展的担忧同样会作用于高神经质领导，从而增加高神经质领导者的威胁感知。相反，在环境动荡性较低的情况下，领导者面临的市场环境不确定性和竞争性较低，高神经质领导者不会担忧环境变化给组织带来的负面影响，不易产生威胁感知。因此，根据以上推论，我们提出假设4：

H4：环境动荡性会调节神经质对领导威胁感知的正向影响：当环境动荡性较高时，

神经质和领导威胁感知之间的正向关系越强，反之越弱。

3. 研究方法

3.1 样本与数据收集程序

　　研究样本来源于中部某省管理培训中的120家企业。我们从每家企业中选取了一名员工参与调查。问卷内容完全由学员报告。在问卷开始时，作者在问卷开始时，首先设置了开放性问题来了解企业进行变革的情况，要求被试回忆正在经历的变革，并向学员确定本研究所调查的变革全部是由所在企业的最高决策者做出。本研究主要分三个时点收集数据，第一时点测量领导神经质，第二时点测量领导威胁感知、环境动荡性和组织绩效，第三时点测量变革导向，各时点间隔一个月。本研究采取现场发放问卷的形式，有利于与被试就调查问卷进行现场沟通，提醒被试注意事项和解决疑惑。问卷由研究助理直接回收，以确保调查结果的保密性。本研究针对120家企业120名员工发放问卷，第一时点回收问卷108份，第二时点回收问卷106份，第三时点回收问卷106份，三次有效的问卷数为106份，问卷有效回收率是88.3%。

　　参与调查的被试平均年龄为30.13岁（SD=3.61），男性占58.7%，平均工作年限为4.5年（SD=2.93）。所调查的被试主要以本科和硕士学历为主，占总人数的97%，大专占3%。从企业所有制来看，国有企业和民营企业的占比较多，分别为35.7%和34.5%。

3.2 变量测量

　　除性别、年龄等人口统计学变量和企业基本情况外，其余变量采用李克特五点法进行测量。

　　（1）领导的神经质特征。采用已被广泛使用的McCrae和Costa（1998）的"大五人格因素测定量表"（NEO-PI-R）来测量神经质。该量表包括10个条目，其中五个条目是反向题项。示例条目为"在您看来，您公司的一把手有频繁的情绪波动"。

　　（2）领导威胁感知。采用David（2016）"对外部威胁的恐惧"的量表进行测量。示例条目为"您的领导曾在公开场合表示，行业不景气，公司会裁员"等。

　　（3）变革导向。改编自Gary（1998）的企业导向（entrepreneurial orientation）量表。示例条目为"我公司的高层管理人员认为，要实现公司目标必须采取大规模的变革力度"等。

　　（4）组织绩效。采用Gray（1998）与Walton（1985）对企业绩效的测量量表，分别测量财务绩效和人力资源绩效。示例条目为"与主要竞争对手比较，我们公司的利润很高"。

　　（5）环境动荡性。采用Miller（1982）编制的量表。示例条目为"行业内营销策略变动的频率"等。

　　（6）控制变量。为了控制个人特征对变革导向的影响，我们测量了员工年龄、性别、婚姻状况、工作年限和受教育程度。年龄和工作年限分别用实际年龄和实际工作年限数值来测量，性别测量 0 为女性、1 为男性，婚姻状况的测量 0 为单身、1 为已婚，受教育程度的测量 0 为初中、1 为高中、2 为高职、3 为专科、4 为本科、5 为硕士、6 为博士。本研究样本来源于各个性质不同的企业，为了控制企业特征对员工变革行为的影响，我们控制了企业规模和企业性质。

4. 结果

4.1 验证性因子分析

为了检验区分效度，我们对神经质、领导威胁感知、组织绩效、环境动荡性和变革导向五个变量进行验证性因子分析（confirmatory factor analysis）。五因子验证性因子分析的结果表明五因子模型最优，$\chi^2/df = 1.28$，NFI $= 0.70$，RMSEA $= 0.05$，TLI $= 0.90$，CFI $= 0.91$，AIC $= 548.01$（见表 1），具有较高的区分效度，说明本模型可以较好地区分五个变量，同源方法偏差问题并不严重。

表 1   验证性因子分析

	χ^2（df）	χ^2/df	NFI	RMSEA	TLI	CFI	AIC
五因子模型	364.01（285）	1.28	0.70	0.05	0.90	0.91	548.01
四因子模型（合并神经质和领导威胁感知）	599.33（293）	2.04	0.56	0.1	0.61	0.65	767.33
三因子模型（合并神经质、环境动荡性和组织绩效）	698.57（296）	2.36	0.42	0.11	0.5	0.54	860.57
二因子模型（合并神经质、环境动荡性、组织绩效和领导威胁感知）	805.58（298）	2.70	0.33	0.13	0.37	0.42	963.58
单因子模型	917.39（299）	3.07	0.24	0.14	0.24	0.3	1073.39

4.2 描述性统计分析

神经质、领导威胁感知及各维度与变革导向的描述性统计结果如下表所示。被试对其领导的神经质的评价较低，对领导威胁感知、组织绩效、环境动荡性和变革导向的评价都较高。尤其是环境动荡性的评分较高，说明组织确实面临着不断的变化。研究变量及各维度的信度系数均高于 0.7（见表 2），说明可靠性较高。神经质、组织绩效、环境动荡性都与领导威胁感知相关，存在检验假设 1、2、3 的可能性。

表 2 　　　　　　　　　变量及各维度描述性统计、信度与相关分析

变量名	项目数	均值	标准差	信度	1	2	3	4	5
1. 神经质	10	1.82	0.53	0.76	1				
2. 领导威胁感知	5	3.06	0.97	0.9	0.27**	1			
3. 组织绩效	4	3.22	1.20	0.80	−0.12	−0.27**	1		
4. 环境动荡性	5	3.43	0.68	0.79	−0.11	0.27**	−0.20*	1	
5. 变革导向	6	3.12	0.61	0.72	−0.10	0.08	0.27**	0.21**	1

注：* 表示 $p<0.05$，** 表示 $p<0.01$。

4.3 假设检验

4.3.1 领导威胁感知的中介效应

基于分步回归检验领导威胁感知在神经质与变革导向间中介作用的回归分析结果，见表 3。模型 1 显示被试人口学、组织两类变量对变革导向影响；模型 2 验证神经质对变革导向存在显著积极影响；模型 6 验证了神经质对领导威胁感知存在显著积极影响，假设 1 得到支持；模型 4 验证了领导威胁感知对变革导向存在显著积极影响；模型 2 和模型 4 共同验证了领导威胁感知在神经质与变革导向间起直接中介作用，因此假设 2 得到验证。此外，本研究运用 Mplus 检验了间接效应，结果表明：$\beta = 0.13$，$95\% \text{ CI} = [0.0497, 0.2513]$。置信区间不包含 0，存在间接效应，领导威胁感知的中介效应存在。

表 3 　　　　　　领导威胁感知在神经质与变革导向间中介作用的回归分析

	模型 1	模型 2	模型 3	模型 4	模型 5	模型 6
	变革导向	变革导向	变革导向	变革导向	领导威胁感知	领导威胁感知
第一步						
性别	−0.35**	−0.26	−0.39**	−0.30**	0.36**	0.30
年龄	−0.04**	−0.05**	−0.03*	−0.05**	−0.05*	−0.06**
学历	0.06	0.07	0.06	0.07	0.06	0.06
企业规模	0.11*	0.12*	0.11*	0.12*	−0.04	−0.03
企业性质	−0.02	−0.03	0.03	0.03	−0.04	0.03
第二步						
神经质		0.10*		−0.21		0.64**
第三步						
领导威胁感知			0.10*	0.20***		

	模型 1	模型 2	模型 3	模型 4	模型 5	模型 6
R^2	0.19	0.20	0.20	0.01	0.07	0.11
F	5.03 **	3.35 **	4.65 **	0.63	1.77	17.57

注：* 表示 $p<0.05$，** 表示 $p<0.01$，*** 表示 $p<0.001$。

4.3.2 组织绩效和环境动荡性的调节作用

如表 3 所示，人口统计学变量中性别和年龄对中介变量领导威胁感知和结果变量变革导向均存在显著影响。因此，样本被分为四组：年龄在 30 岁及以下的男员工、年龄在 30 岁及以下的女员工、年龄在 30 岁以上的男员工、年龄在 30 岁以上的女员工，并将自变量和调节变量进行中心化处理，以避免多重共线性。

（1）组织绩效

本研究通过 Mplus 检验组织绩效对神经质与变革导向之间关系的调节效应。从表 4 可以看出，组织绩效对神经质与领导威胁感知之间的关系具有显著的负向调节作用（表 4 模型 1，$\beta = -0.44$，$p < 0.01$）。Mplus 的间接效应检验如表 5 所示（$\beta = 0.19$，95% CI = [0.0604, 0.3751]），置信区间不包含 0，存在组织绩效的调节效应。为了进一步确认组织绩效对于神经质与变革导向之间关系的调节效应是否如原先预期，本研究分别取神经质与组织绩效的平均数加减一个标准差的值代入回归模型中，进行绘图。结果如图 2 所示，当组织绩效较高时，神经质与领导威胁感知之间的正向关联性较弱；当组织绩效较低时，神经质与领导威胁感知之间的正向关联性较强，与原先预期相符，因此假设 3 也获得证实。

表 4　　　　　　　组织绩效在神经质与变革导向间中介效应中的调节作用

	模型 1 领导威胁感知	模型 2 变革导向
第一步		
神经质	0.61 **	−0.35
第二步		
领导威胁感知		−0.25
第三步		
组织绩效	−0.33 **	−0.89
第四步		
神经质×组织绩效	−0.44 **	0.23 *
R^2	0.28	0.09
F	14.36 **	2.8 **

注：* 表示 $p<0.05$，** 表示 $p<0.01$。

表5 　　　　　　　　不同水平组织绩效下神经质对变革导向的间接效应的影响

中介变量：领导威胁感知			
	组织绩效	系数	置信区间
低	2.48	0.19	[0.0604, 0.3751]
平均	3.22	0.12	[0.0430, 0.2360]
高	3.95	0.05	[-0.0069, 0.1586]

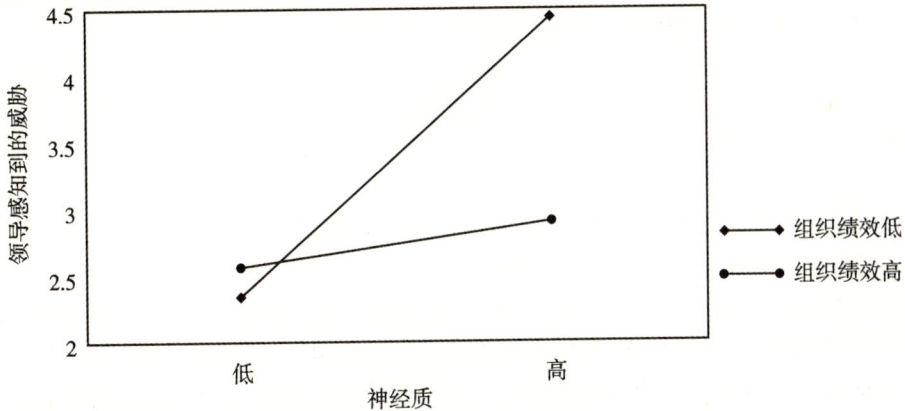

图2　组织绩效对神经质和领导威胁感知的调节作用

（2）环境动荡性

本研究采用同样的方法验证环境动荡性对神经质和领导威胁感知之间以及领导威胁感知和变革导向之间的调节作用。结果显示，环境动荡性对神经质和领导威胁感知之间的调节效应不显著（表6模型1，$\beta = -0.00$, n.s.），并且主效应不显著（表6模型2，$\beta = -0.09$, n.s.），因此有调节的中介模型不成立。假设4没有得到验证。

表6　　　　　　　　环境动荡性在神经质与变革导向间中介效应中的调节作用

	模型1	模型2
	领导威胁感知	变革导向
第一步		
神经质	0.70**	-0.09
第二步		
领导威胁感知		0.32
第三步		
环境动荡性	0.53**	-1.77

	模型 1	模型 2
	领导威胁感知	变革导向
第四步		
神经质×环境动荡性	−0.00	0.42
领导威胁感知×环境动荡性		0.31
R^2	0.32	0.05
F	17.51	2.49**

注：* 表示 $p<0.05$，** 表示 $p<0.01$。

5. 讨论

变革是当今时代的主旋律，组织变革对企业未来的发展和存亡有着重要影响。高层领导是组织变革的决策者，本研究探索人格特质中领导神经质特征对领导变革决策的影响，并考察其内在机制和环境因素的调节作用，这些环境因素包括了组织外部的环境动荡性和组织内部的组织绩效。基于 106 个样本的 Mplus 分析表明，领导神经质特征显著正向影响领导威胁感知，进而使领导变革导向升高。当组织绩效较低时，神经质和领导威胁感知之间的正向关系越强，反之越弱。以下我们将详细讨论本研究的发现。

以往研究仅探究了神经质对工作场所的一些结果如绩效、工作满意度的直接作用，对神经质和决策的关系及其中介机制研究较少。如 Levin 等（2001）虽然考察了人格特质与不同损益条件、不同框架效应类型的风险决策的关系，但是并未探讨这种影响的中介机制。以往有关变革的决策也多聚焦于群体（Dane & Pratt, 2007; Brodbeck, Kerschreiter & Mojzisch, 2007; Christopher & John, 2009），将研究重点放在决策者尤其是企业高层领导者上的研究较少。厘清企业高层领导的人格特质，特别是领导神经质特征对决策影响的内在机制，有助于深化对领导者变革决策的认识。

本文展开基于领导神经质特征的决策研究。研究的贡献之一是从微观的角度入手，运用框架效应解释领导个人特质对组织决策的影响，强调领导者神经质特征通过领导者自身的威胁感知对决策产生重要作用。框架效应表明，个体在现状良好的情况下会规避风险，在现状不佳的情况下会寻求风险（Tversky & Kahneman, 1983）。高神经质的领导者对于环境的变化更为敏感，更容易对环境变化带来的负面情绪进行加工，认为现状不佳，由此产生威胁感知，进而导致更为强烈的变革导向。领导威胁感知的中介机制有助于厘清领导者个人特质影响变革的内在过程，为领导变革决策的研究提供了新视角。

本研究的第二个贡献是结合组织组合理论探讨了组织内部因素——组织绩效的调节作用，结合社会认知理论探讨了组织外部因素——环境动荡性的调节作用。领导者是否进行变革，与其所在的组织状况有着重要的关系。因此，我们引入了组织绩效和环境动荡性，我们发现：当组织绩效较低时，神经质和领导威胁感知之间的正向关系越强，反之越弱。

根据组织组合理论，在低绩效的组织中，领导者会感受到组织失去平衡带来的困扰。高神经质领导者倾向于加工负面情绪，消极地思考自身所处的环境，所以很可能会夸大低组织绩效带来的负面影响，威胁感知增强。但是，环境动荡性的正向调节作用没有得到验证，可能原因如下：（1）样本量较小，各测量变量之间的关系还需要进一步在大样本中进行验证。（2）环境动荡性的测量方式可能存在问题。最了解公司总体现状和市场环境的可能不是员工，而是公司的高层领导者，未来研究有必要采用多来源的样本来验证我们的假设。

本研究虽然发现了高神经质的个体会更为频繁地发起变革，但是过高的神经质也有可能阻碍组织变革。我们认为，神经质和变革导向很可能为倒 U 形关系，当神经质最高和最低时，变革导向最弱。已有研究表示高神经质个体应对问题的方式是试图尽量减少情绪困扰，而不是最大限度地适应环境（Fetterman & Robinson，2010）。问题出现时，高神经质个体会致力于用自己的资源来减少自身的负面反应，而不是防患于未然（DeLongis & Holtzman，2005）。过高神经质个体在感知到威胁时有可能产生逃避的心理。例如，元分析发现神经质个体倾向于依赖不太见效的应对策略，如撤退和主观臆想（Connor-Smith & Flachsbart，2007）。因此，过高神经质的领导者有可能会消极回避，不会发起变革。然而，本研究调查样本的神经质（$M = 1.8157$）水平较低，难以准确反映过高神经质领导在变革中的实际作用。本研究推测的倒 U 形关系只有前半段领导神经质特征和变革导向呈正相关的部分得到了验证。

研究对管理实践的启示主要有以下两个方面。第一，本研究有助于高管在了解自身特质的基础上，分析自身决策的特点，避免做出不合理的决策。相较于低神经质领导者，高神经质领导者能够更为敏感、甚至是过分敏感地察觉到组织内外形势的变化。因此，高管应当了解自身在决策中可能出现的偏见和问题，从而更为客观、全面地进行决策。第二，从组织来看，本研究有助于人员甄选和组织变革。高神经质的领导者对环境敏感，更有可能发起组织变革，对于当今时代下求变的企业来说，有可能是不错的候选人。

本研究也存在如下局限：第一，本文假设 1 暗含了"内忧外患"这一前提，没有排除外部环境的影响对主效应进行分析。神经质作为比较特殊的人格特质之一，需要受到负面事件的刺激才会做出反应（Bolger & Schilling，2010），外部环境的变化是刺激高神经质个体做出反应的契机。在理论假设部分，我们在做分析时潜在地包含外部环境的影响，这使结果存在一定的偏差。第二，本研究中我们采用员工数据来测量高管的特质，且仅从各企业选取了一名员工，影响了数据的代表性和可信度。本研究在研究之初选择员工数据，是为了确保数据的真实性和有效性。对于"组织变革"这一敏感话题以及对领导者的神经质特征进行调查，往往涉及各方利益，领导者在测试中很可能会伪装自己，使研究难以收集到真实可信的信息。对于目标对象非常熟悉的观察者能够对目标对象的人格特质做出非常准确且令人信服的评价（Connelly & Ones，2010；Funder，2012），所以我们采用员工数据对领导者进行评价。但是，单独采用他评人格同样存在着局限性。未来研究应当采用多来源的数据对模型进行验证，更为严谨地对领导进行调查，并从每个企业中选取多个员工进行数据调查，将员工他评数据作为补充数据。第三，行业特征和领导职能也可能导致领导者变革导向的不同。这两者都会显著地影响最高层领导者感知到的威胁和环境动荡性，未来研究需考虑这些因素并尽量控制其影响。

尽管本研究存在以上局限，但是本研究在领导神经质特征对领导决策的影响机制和调节作用方面取得了进展。未来研究可以在以下方面开展：第一，探索领导特质背后的因素，例如领导的成长经历对领导做出变革决策的影响。社会认知理论认为个人经验是最具影响力的效能信息，因为个体通过亲身经历所获得的关于自身能力的认识最为可靠，提供的能力证据最有说服力。在缺乏对自己能力直接了解的情境中，人们的效能感更易受榜样成功或失败示范的影响（Gist & Marilyn，1987）。已有研究表明童年的持续贫困会限制随后的领导出现（Barling & Weatherhead，2016），未来研究可以考察领导的童年成长经历、家庭社会经济状况对领导变革决策的影响。第二，进一步考察本研究的外部效度。我国是一个高权力距离和高不确定性规避的国家，领导几乎在决策过程中把控全局。尽管国外学者也认为决策者的自身偏见、经验和偏好影响战略选择和公司绩效（Reger，1996），同样存在"看其想看""听其愿听"的现象（Postman，Bruner & Mcginnies，1948），但是我们的结论在其他国家中是否成立还有待探讨。第三，考察其他情境因素的影响。本研究仅证实了组织绩效对领导神经质及其对领导变革决策过程的影响机制，未来研究可以考察组织层面其他重要的情境变量，如组织氛围、领导下属关系等。

◎ 参考文献

[1] A. 班杜拉. 自我效能：控制的实施 [M]. 上海：华东师范大学出版社，2003.

[2] 黄敏儿，郭德俊. 外倾和神经质对情绪的影响 [J]. 心理科学，2003，26（6）.

[3] 张文慧，王晓田. 自我框架、风险认知和风险选择 [J]. 心理学报，2008，40（6）.

[4] Barling, J., Weatherhead, J. G. Persistent exposure to poverty during childhood limits later leader emergence [J]. *Journal of Applied Psychology*, 2016, 101 (9).

[5] Boal, K. B., Hooijberg, R. Strategic leadership research：Moving on [J]. *Leadership Quarterly*, 2000, 11 (4).

[6] Bolger, N., Schilling, E. A. Personality and the problems of everyday life：The role of neuroticism in exposure and reactivity to daily stressors [J]. *Journal of Personality*, 2010, 59 (3)：355-386.

[7] Brankley, A. E., Rule, N. O. Threat perception：How psychopathy and machiavellianism relate to social perceptions during competition [J]. *Personality & Individual Differences*, 2014, 71 (2)：103-107.

[8] Brodbeck, F. C., Kerschreiter, R., Mojzisch, A., et al. Group decision making under conditions of distributed knowledge：The information asymmetries model [J]. *Academy of Management Review*, 2007, 32 (2)：459-479.

[9] Chatterjee, A., Pollock, T. Master of puppets：How narcissistic CEOs construct their professional worlds [J]. *Academy of Management Review*, 2016, 42 (4)：703-725.

[10] Barnes, C. M., Hollenbeck, J. R. Sleep deprivation and decision-making teams：Burning the midnight oil or playing with fire？[J]. *Academy of Management Review*, 2009,

34 (1): 56-66.

[11] Connolly, J. J. , Kavanagh, E. J. , Viswesvaran, C. The convergent validity between self and observer ratings of personality: A meta-analytic review [J]. *International Journal of Selection & Assessment*, 2010, 15 (1): 110-117.

[12] Connor-Smith, J. K. , Flachsbart, C. Relations between personality and coping: A meta-analysis [J]. *Journal of Personality & Social Psychology*, 2007, 93 (6): 1080-1107.

[13] Dane, E. , Pratt, M. G. Exploring intuition and its role in managerial decision making [J]. *Academy of Management Review*, 2007, 32 (1): 33-54.

[14] Donaldson, L. Organizational portfolio theory: Performance-driven organizational change [M]. *Free Press*, 2000.

[15] Delongis, A. , Holtzman, S. Coping in context: The role of stress, social support, and personality in coping [J]. *Journal of Personality*, 2010, 73 (6): 1633-1656.

[16] Fetterman, A. K. , Robinson, M. D. , Ode, S. , et al. Neuroticism as a risk factor for behavioral dysregulation: A mindfulness-mediation perspective. [J]. *Journal of Social & Clinical Psychology*, 2010, 29 (3): 301-321.

[17] Funder, D. C. Accurate personality judgment. [J]. *Current Directions in Psychological Science*, 2012, 21 (3): 177-182.

[18] Gist, Marilyn, E. Self-efficacy: Implications for organizational behavior and human resource management [J]. *Academy of Management Review*, 1987, 12 (3): 472-485.

[19] Gray, B. , Matear, S. , et al. Developing a better measure of market orientation [J]. *European Journal of Marketing*, 1998, 32.

[20] Hiller, N. J. , Beauchesne, M. , Whitman, D. CEO Personality, demography and firm-level outcomes: A meta-analysis of upper echelons research [J]. *Academy of Management Annual Meeting Proceedings*, 2013 (1).

[21] Hughes, B. M. , Howard, S. , James, J. E. , et al. Individual differences in adaptation of cardiovascular responses to stress [J]. *Biological Psychology*, 2011, 86 (2): 129-136.

[22] Jackson, S. E. , Dutton, J. E. Discerning threats and opportunities. [J]. *Administrative Science Quarterly*, 1988, 33 (3): 370-387.

[23] Judge, T. A. , Heller, D. , Mount, M. K. Five-factor model of personality and job satisfaction: A meta-analysis. [J]. *Journal of Applied Psychology*, 2002, 87 (3): 530.

[24] Judge, T. A. , Zapata, C. P. The person-situation debate revisited: Effect of situation strength and trait activation on the validity of the big five personality traits in predicting job performance. [J]. *Academy of Management Journal*, 2015, 58 (4): 1149-1179.

[25] Knight, G. Entrepreneurship and Marketing Strategy: The SME under globalization [J]. *Journal of International Marketing*, 2000, 8 (2): 12-32.

[26] Lauriola, M. , Levin, I. P. Personality traits and risky decision-making in a controlled experimental task: An exploratory study [J]. *Personality & Individual Differences*, 2001, 31 (2): 215-226.

[27] Lebel, R. D. Overcoming the fear factor: How perceptions of supervisor openness lead employees to speak up when fearing external threat [J]. *Organizational Behavior & Human Decision Processes*, 2016, 135: 10-21.

[28] Mccrae, R. R. , Costa, P. T. , Del, G. H. , et al. Cross-cultural assessment of the five-factor model: The revised NEO personality inventory. [J]. *Journal of Cross-Cultural Psychology*, 1998, 29 (29): 171-188.

[29] Miller, D. , Friesen, P. H. Innovation in conservative and entrepreneurial firms: Two models of strategic momentum [J]. *Strategic Management Journal*, 1982, 3 (1): 1-25.

[30] Ng, W. , Diener, E. Feeling bad? The "power" of positive thinking may not apply to everyone [J]. *Journal of Research in Personality*, 2009, 43 (3): 455-463.

[31] Osorio, L. C. , Cohen, M. , Escobar, S. E. , et al. Selective attention to stressful distracters: Effects of neuroticism and gender [J]. *Personality & Individual Differences*, 2003, 34 (5): 831-844.

[32] Paulus, D. J. , Vanwoerden, S. , Norton, P. J. , et al. From neuroticism to anxiety: Examining unique contributions of three transdiagnostic vulnerability factors [J]. *Personality & Individual Differences*, 2016, 94: 38-43.

[33] Postman, L. , Bruner, J. S. , Mcginnies, E. Personal values as selective factors in perception. [J]. *Journal of Abnormal Psychology*, 1948, 43 (2): 142-154.

[34] Reger, R. K. Strategic leadership: Top executives and their effects on organizations [J]. *Australian Journal of Management*, 1996, 22 (2): 221-224.

[35] Simon, H. A. Models of bounded rationality [J]. *Aaai Fall Symposium on Rational Agency*, 1997 (13): 2756-2757.

[36] Staw, B. M. , Sandelands, L. E. , Dutton, J. E. Threat-rigidity effects in organizational behavior: A multilevel analysis. [J]. *Administrative Science Quarterly*, 1981, 26 (4): 501-524.

[37] Suls, J. , Green, P. , Hillis, S. Emotional reactivity to everyday problems, affective inertia, and neuroticism [J]. *Personality & Social Psychology Bulletin*, 1998, 24 (2): 127.

[38] Tversky, A. Prospect theory: An analysis of decision under risk [J]. *Econometrica*, 1979, 47 (2): 263-291.

[39] Vera, D. , Crossan, M. Strategic leadership and organizational learning [J]. *Academy of Management Review*, 2004, 29 (2): 222-240.

[40] Vries, M. F. R. K. D, Miller D. Personality, culture, and Organization [J]. *Academy of Management Review*, 1986, 11 (2): 266-279.

[41] Walton, R. E. Toward a strategy of eliciting employee commitment based on policies of mutuality [M] //Walton, R. E. , Lawrence, P. R. HRM Trends and Challenges. Boston: Harvard Business School Press, 1985: 35-65.

[42] Wright, G. , Goodwin, P. Eliminating a framing bias by using simple instructions to "think

harder" and respondents with managerial experience: Comment on "breaking the frame"
[J]. *Strategic Management Journal*, 2010, 23 (11): 1059-1067.

[43] Zaccaro, S. J., Klimoski, R. J. The nature of organizational leadership: An introduction [M] //Zaccaro, S. J., Klimoski, R. J. The nature of organizationalship: Understanding the performance imperatives confirming today's leaders. San Francisco: Jossey-Bass, 2001: 3-41.

The Study of Mechanism of Leader's Neuroticism on Leader's Decision Making in Organizational Change

Du Jing[1]   Fan Wei[2]   Zhang Guanglei[3]

(1, 2 Economics and Management School of Wuhan University, Wuhan, 430072;

3   School of Management, Wuhan University of Technology, Wuhan, 430070)

Abstract: Organizational change affects the future development and survival of enterprises. An executive leader is the decision maker of organizational change. This study explored the mechanism and boundary conditions of leader's neuroticism on leader's decision-making in organazational change. The structural equation model based on the survey data of 120 enterprises suggested that: (1) Leader's neuroticism positively affects leader's perceived threat, and then leads to higher leader's change orientation. (2) Organizational performance moderates the positive effect between leader's neuroticism and perceived threat. The lower the organizational performance is, the higher the positive relationship between neuroticism and perceived threats is, and vice versa. The study revealed the influence of leader's neuroticism on leadership decision-making, and discussed the importance to theory and management practice.

Key words: Decision making; Neuroticism; Environment; Organazational performance; Threat

责任编辑：路小静

仁慈型领导与员工追随力*

——一个有调节的中介作用模型

● 赵书松¹ 吴俣含² 史珈铭³

（1 中南大学公共管理学院 长沙 410083；

2 圣安德鲁斯大学管理学院 圣安德鲁斯 KY169RJ；

3 浙江大学公共管理学院 杭州 310058）

【摘 要】随着下属在组织中的作用日渐凸显，追随者和追随力的相关研究逐渐成为学术界的热门话题，但中国本土化的仁慈型领导对员工追随力影响的理论研究仍需不断完善。本研究以社会交换理论为基础，从核心自我评价与组织内信任的视角出发，构建了仁慈型领导对员工追随力影响的有调节的中介作用模型。本研究基于对 390 名员工的有效调查发现：（1）仁慈型领导能够显著促进员工追随行为和提高员工组织内信任；（2）组织内信任正向影响员工追随力；（3）组织内信任在仁慈型领导和员工追随力之间起部分中介作用；（4）核心自我评价负向调节仁慈型领导和组织内信任对员工追随力的影响；（5）核心自我评价负向调节组织内信任在仁慈型领导与员工追随力之间关系的中介效应。研究结论对于企业管理者有效提升员工追随力和管理效率具有借鉴意义。

【关键词】仁慈型领导 核心自我评价 组织内信任 员工追随力

中图分类号：C939 文献标识码：A

1. 引言

随着信息时代的到来，推动企业发展的力量发生了重大改变。一方面，全球化背景下企业竞争逐步加剧，为了提升企业应变能力，组织结构日益扁平化，这导致自上而下的传统管理方式逐步瓦解；另一方面，随着网络化、大数据以及教育事业的发展，员工不再是只知道执行命令的"机器"，"不安分的员工"变得越来越多，他们如今的创造力甚至能

* 基金项目：国家自然科学基金项目"基于跨界共享的组织竞合与突破性创新机制研究"（项目批准号：71832004）；湖南省自然科学基金项目"上级绩效考核政治对下级伦理行为的影响机制：从二元关系到三元关系"（项目批准号：2018JJ2540）。

通讯作者：吴俣含，E-mail：yw88@ st-andrews. ac. uk。

够决定企业的成败（Brown & Thornborrow，1999）。因此，当今时代企业的成功并非领导者一人之功，而是领导与全体员工共同努力的结果。Kellerman（2008）甚至指出："随着时代的发展，下属对领导者产生的影响要远大于领导者对部属的影响。"但是，学术界长期以来在企业如何健康发展的问题上过多关注领导者和领导力，忽略了在企业成长中具有重要地位的追随者（Bjugstad et al.，2006）。当领导理论已经无法再对企业的变化做出充分解释时，人们开始关注追随者。员工追随力逐渐引起学界重视，并成为学术研究的重要方向，所谓员工追随力是指员工在追随领导的过程中表现出的行为、愿望和能力（Carsten et al.，2017）。近年来，已有大量学者从追随力的角度出发，探讨员工追随力对组织的影响。已有研究证实员工对领导追随能够提高其创新力、工作绩效以及工作投入，同时，下属对领导积极的追随能够正向影响领导效能感（许晟等，2014；李淑杰，2017）。由此可见，员工的追随力能够对组织和领导产生重要的影响，激发员工追随力也成为领导者的一项重要责任。

什么样的领导能够激发员工追随力呢？追随力作为员工的一种行为，往往是在和领导互动的过程中产生的。已有研究从变革型领导和真实型领导出发，探讨其对员工追随力的影响，结果都表明领导给员工带来积极感知时，员工更容易产生追随意愿（李浩澜等，2015；张璐等，2015）。社会交换理论认为，人际交往的过程中，往往是由潜在的一种互惠规范所主导，双方在互惠的情况下进行交互，更能够产生积极感知（Gouldner，1960；Blau，1964）。在组织中，互惠规范被理解为员工之间进行的互惠，并在解释领导者对下属行为的影响以及员工心理机制发生的作用中起着关键性作用（梁建，2014；Lawrence & Kacmar，2012）。在集体主义的中国，员工更加希望得到来自领导的信任和帮助。在仁慈型领导通过组织内信任影响员工追随力的过程中，一方面仁慈型领导能够有效提升员工组织内信任，达到员工追随的目的；另一方面，员工通过增加对领导的追随行为来表达对组织和领导的信任与感激，在这个过程中员工不断维持和巩固社会交换关系。此外，在双方进行互动时，当其中一方的物质需求或心理需求得到满足，便会产生信任并以回报的方式维持交换的关系（Blau，1964）。仁慈型领导的施恩行为能够给予员工帮助，满足员工物质和精神上的需求，让员工产生对领导和组织的信任感和回报义务并通过积极的行为来回馈领导。同时，根据社会交换理论普适性的原则即个人特质会影响社会交换的质量（Gouldner，1960），员工价值观、责任感和认知差异会对工作绩效、公民行为和离职率等产生影响（段锦云等，2013）。核心自我评价作为一种人格特质，尤其体现在对领导者行为和组织内信任的不同感知，能够影响社会交换的质量。基于以上分析，本研究立足于华人背景下特有的仁慈型领导，探讨其对员工追随力的影响，旨在构建一个具有调节作用的中介作用模型，希望组织重视追随者的地位和作用，并逐步形成管理者与下属并重的管理意识。

2. 理论与假设

2.1 仁慈型领导与员工追随力

仁慈型领导是家长式领导中重要的组织部分，也是一种目前普遍认为具有建设性、最受员工支持和喜欢的领导风格（曾楚宏等，2009；Chan & Mak，2012）。国内学术界把仁慈型领导定义为上级对下属福祉所表现出的个别、全面而长久的关怀，上级对员工家庭或工作方面的困难给予帮助，以期望员工给予上级更多的信任和支持（郑伯埙等，2000）。在西方国家，员工的家庭生活属于个人隐私范畴，仁慈型领导仅对员工工作进行体谅和帮助（Chua et al.，2008）。尽管中西方对仁慈型领导的解释略有不同，但国内外研究都表明仁慈型领导对员工心理和工作两方面均能产生积极的影响，如：仁慈型领导正向影响员工创造性，有效提升组织公民承诺等（Zhang，2015），这对研究仁慈型领导对员工积极行为产出如追随力的影响具有一定借鉴意义。

员工追随力是指员工在追随领导的过程中表现出的行为、愿望和能力（Carsten et al.，2017）。根据文化背景的不同，追随力维度的划分有所差别。国外研究认为员工追随力包括自我管理与控制、承诺兑现度、胜任力、奉献精神、可靠性、挑战权威（Kelly，1992）。而我国学者周文杰等基于中国文化，通过实证研究提出了员工追随力的六维度模型，包括：权威维护、积极执行、忠诚奉献、尊敬学习、有效沟通与意图领会，并在此基础上开发出了员工追随力量表（周文杰等，2015），后续研究证实该量表拥有较高信度和效度（李浩澜等，2015；张璐等，2015）。

在中国本土化之下，仁慈型领导能够影响员工追随力的六个维度。施恩与仁慈是领导的一种利他行为，能激发下属对领导的感激之情，增加员工对领导者的支持和权威的维护（林姿莹、郑伯埙，2012）。在工作方面，仁慈型领导注重下属职业发展，有利于下属把工作能力转化为积极的工作投入和工作行为，增强员工对领导决策的执行力（彭坚等，2016）。仁慈型领导宽容和平易近人的特点有利于营造和谐的人际氛围进而拉近领导者和下属的距离（徐悦等，2017），便于下属和领导进行积极、有效的沟通。在生活中，领导者对员工进行个性化的照顾，能让下属产生"圈内人"的想法，为获得领导更多的信任，下属会更加忠于领导、奉献组织（祝振兵等，2017）。同时，当仁慈型领导给予下属"父亲般关怀"时，员工会放大领导的优良品德，有利于领导良好形象的树立（郑伯埙等，2000），以此增进员工对仁慈型领导的尊敬和学习。在仁慈型领导者和下属交互的过程中，仁慈型领导能和下属建立起更深的情感纽带（Colquitt et al.，2007），下属为维系这种纽带，会愿意更深层次地理解领导者，加强对领导的意图领会。根据社会交换理论，即人会对他人给予自己的有利行为产生回报义务感，以及追随力六维度模型，本研究提出以下假设：

H1：仁慈型领导正向影响员工追随力。

2.2 组织内信任的中介作用

组织内信任是指员工对所在组织整体的一种信任感知，源于下属对上级的行为、决策和组织治理模式、激励制度所产生的整体印象（Nyhan & Marlowe，1997）。在中国本土化研究中，组织内信任被认为是员工对管理者行为、目的怀有美好期待，为此愿意承受一定风险的行为，是员工对领导的一种主观心理期待和感知。国内外学者都已证实组织内信任包括员工对同事、上级、组织整体的信任（鞠芳辉等，2008），但基于中国特殊的文化背景，领导和员工之间的权力距离普遍较大，中国企业更多地依靠人治而非法治，导致员工不得不依靠上级来得到组织资源（郑伯埙，1999）。因此，领导者和组织对下属的影响最大，所以本文重点关注下属对领导的信任，即员工个体感知中的组织信任。

领导风格是员工产生信任的前置因素，领导的行为、情感投入以及特质均能有效影响员工对上级信任的建立（Yang & Mossholder，2010）。已有研究表明，领导者积极的行为能够提升员工对组织的依附感和组织承诺，增强员工对组织的信任，降低员工的离职率；在情感方面，上级与员工进行互动并带给下属积极感知时，员工会更加依赖领导，进而增加对领导的情感信任（郑伯埙，1995）。上级的特质如善意与宽容能有效影响下属对组织和领导信任的产生与建立，仁慈在构建同事之间的信任感时有着积极作用（Mayer et al.，1995）。仁慈型领导本身具有的人格特质，以及仁慈型领导积极的行为和情感投入能够加强领导和下属之间的情感互动，有利于激发员工对领导的信任。根据社会交换理论，领导善意的行为会被员工认为是一种重要的交换资源，有利于激发员工对领导的信任（刘顿、古继宝，2018）。可以推测，仁慈型领导善意的行为和情感投入能够被员工感知并被认为是一种重要的交换资源。基于此，本研究提出如下假设：

H2：仁慈型领导正向影响组织内信任。

组织内信任能够影响员工追随力的六个维度。信任是产生积极行为和态度的前置因素，如组织内信任正向影响下属的工作投入和组织忠诚，进而达到奉献组织的目标（于桂兰等，2017）。Roberts 和 O'Reilly（1974）发现信任会影响沟通的准确性，对上级的不信任会让部属抵制或者扭曲传递上级的信息。反之，当员工组织内信任度高时，能够有效和上级沟通交流并准确领会上级的意图。Tan（2000）发现组织内信任可以促进下属对上级与工作的满意度。随着满意度提升，员工会更加认同上级的决策，表现出积极执行的行为。此外，信任的形成和领导者本身有着密切的关系，如领导者面对决策时能够考虑员工诉求的行为会提高员工的信任水平（祁顺生，2006），进而下属展现出对领导的尊敬和支持。根据社会交换理论，双方进行积极互惠时会向产生相互的信任与积极的状态发展，最终建立高质量的社会交换关系。高组织内信任感知的员工更倾向于表现出积极的行为和态度来建立和巩固社会交换关系。基于此，本研究提出以下假设：

H3：组织内信任正向影响员工追随力。

另外，当领导和员工按照互惠原则进行交换，双方关系就可能发展出相互承诺以及信任，获得情感及经济资源的员工会感到有回报领导或者组织的义务感，提高积极的态度和行为产出（Cropanzano & Mitchell，2005）。在此互动过程中，信任感是维系交换关系的安全保障，当付出能得到预期收益时，员工会为组织付出更多（于桂兰等，2017）。信任也在解释领导效能时起着关键性作用，当下属信任管理者的能力、品行和仁慈时，就更愿意表现出积极行为和态度来回报领导（Mayer et al.，1995；Yang & Mossholder，2010）。社会交换理论认为社会交换关系是在交换双方善意和信任的基础上进行的，在双方互动中，一方感知到对方的善意，会产生信任并给予回报和正向的反馈。仁慈型领导给予员工帮助和关怀，能够让员工获得来自物质和精神的支持，并产生回报的愿望，从而增加员工积极行为和态度的产出。基于此，本文提出如下假设：

H4：组织内信任在仁慈型领导和员工追随力之间起中介作用。

2.3　核心自我评价的调节作用

核心自我评价是在自尊、一般自我效能感、控制点和情绪稳定性的基础上提出的人格构念，是一种总体的自我评价，具体是个体对自身价值、能力的评估（Judge et al.，1997）。我国学者杜建政等人（2007）基于中国本土化情境也验证了核心自我评价这一人格构念的存在。核心自我评价的提出，说明除了组织的情境能够影响员工行为，员工的个人特质也会对他们的工作态度和行为产生影响。由于员工人格特质的差异，面对同样的领导风格，甚至面对同一个领导，其工作行为和态度往往也会产生差异。国内外已有研究证实核心自我评价对人际关系、组织承诺以及对领导风格作出反应方面均有影响（张华磊、袁庆宏，2014；Scott & Judge，2009）。因此，在核心自我评价的调节下，仁慈型领导对员工追随行为影响程度应有所差别。

前文已阐述，社会交换的过程和质量会因为个人特质的不同而产生变化，因此核心自我评价的高低能够影响管理者和下属互动过程中社会交换的质量。由于领导行为的效果取决于员工对领导者行为的感知程度，具有较高核心自我评价的员工会认为自身的成败取决于自己而不是外界环境（Kacmar et al.，2009），这削弱了其对仁慈型领导行为的感知程度，导致仁慈型领导的施恩、关照等行为抵消了高核心自我评价的影响，进而不利于形成高质量的社会交换关系。与此相反，当下属处于低水平核心自我评价时，仁慈型领导的行为更容易被下属感知，弥补了低水平核心自我评价的影响（刘顿、古继宝，2018）。员工的核心自我评价越低，就越倾向于认可领导对自己的帮助，有利于维持高质量的社会交换关系。根据互惠规范，交换质量越高，下属回报管理者的责任感和义务感就会越强（段锦云等，2013）。因此，当低核心自我评价的员工获得来自上级的帮助后，其与上级的社会交换关系将变得更加紧密，更容易产生追随行为来强化这种社会交换关系。基于此，本研究提出如下假设：

H5：核心自我评价负向调节仁慈型领导对员工追随力的影响，即核心自我评价越低的员工，仁慈型领导对员工追随力的影响越强。

另外，工作环境对低水平核心自我评价员工的影响强于对高核心自我评价员工的影响（Kacmar et al.，2009）。在自尊方面，领导风格和组织更容易影响低自尊水平员工的行为，因为他们不确定什么是正确的态度和行为，更容易受到外界的影响或干扰；然而，高自尊水平的员工可以从自身利益和安全的角度出发，忽略了外部环境的影响（Avey et al.，2011）。在内控和自我效能感方面，低内控者和低自我效能感的员工更倾向于认为成功需要依靠外界来获得，而高内控者和高自我效能感的员工则坚信他们有能力控制和改变外在的环境，相信自身的行为能够影响行为结果，难以受到外部环境的影响（郑晓明、王倩倩，2016）。根据互惠规范，人们认为交换所得到的好处越多，越容易产生互惠义务感并以此来支配以后的交换。高核心自我评价的员工更相信和依靠自己来获得有利资源，低核心自我评价的员工往往更需要获得组织内更多的社会性支持。组织内信任本质上为员工提供了组织资源，相比较而言，低核心自我评价的员工比高核心自我评价者更需要依赖于组织内信任来获得成功。因此，从回报义务感而言，低核心自我评价者往往高于高核心自我评价者。综合上述分析，本研究提出如下假设：

H6：核心自我评价负向调节组织内信任对员工追随力的影响，即核心自我评价越低的员工，组织内信任对员工追随力的影响越强。

H7：核心自我评价调节仁慈型领导通过组织内信任影响员工追随力的间接效应，相比高核心自我评价的员工，仁慈型领导通过组织内信任对低核心自我评价员工追随力的间接影响更强。

整体框架如图 1 所示。

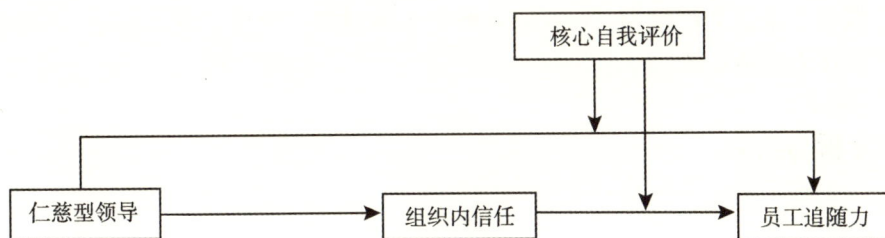

图 1　整体研究框架

3. 研究设计

3.1　数据收集

由于考察领导风格对员工追随力的影响，为确保测量效果的有效性和研究结论的适用性，本文选样对象十分广泛，总共回收了 510 份问卷。剔除卷面未填写完整、过分潦草、正反向计分有明确逻辑矛盾和填写有明显规律性的问卷，本次研究总共得到有效问卷 390 份，问卷有效率达到 76.5%。被调研人员中，50.8% 为女性，49.2% 为男性；年龄方面，35 岁及以上的人员占比最多为 43%；入职时间方面，56% 的员工工作超过 5 年；学历方面，90% 的员工具有本科及以下学历；职位方面，普通人员占比最多，为 58%；收入方面，每月 1000~5000 元的人员占比最多，达 64%；在员工工作组织性质方面，来自企业的人员数量占比为 66%，其中来自私营企业的人数占比为 45%。

3.2　变量测量

问卷采用李克特 7 点量表，从 1 "非常不同意" 到 7 "非常同意"，研究变量由仁慈型领导、组织内信任、员工追随力、核心自我评价构成。本研究在中国背景下进行，除核心自我评价的测量量表采用国外的量表，其余变量测量量表均采用中国本土化的成熟量表，并从员工感知角度进行测量。仁慈型领导采用李忆等（2012）编制的仁慈型领导问卷，共 5 道题，如 "领导对我的照顾会扩及我的家人" "领导会关心我的个人生活情况" 等。组织内信任采用郑晓涛等（2008）编制的员工组织内信任问卷，共 6 道题，如 "我信任我的领导""我的领导会保护我的利益"等。员工追随力，采用周文杰等（2015）编制的员工追随力量表，共 21 道题，包括 6 个维度。其中 5 道题项测量尊敬学习，如"我敬佩和学习领导的为人和品行"；3 道题项测量忠诚奉献，如"为完成领导交办的任务，我会牺牲业余时间甚至健康"；4 道题项测量权威维护，如"我不会公开同领导唱反调"；3 道题项测量意图领会，如"我的工作总结总是能达到领导要求"；4 道题项测量有效沟通，如"我经常向领导积极建言、出谋划策"；2 道题项测量积极执行，如"对于领导布置的任务，我会想尽办法克服困难完成"。核心自我评价采用 Judge 等（2003）开发的核心自我评价量表，共 12 道题，如"我有信心在生活中取得成功""我的人生由我自己决定"等。同时，本研究把性别、职位、年龄、入职时间、学历、收入水平、所在组织性质七个方面作为控制变量。

4. 数据分析与结果

4.1 量表的信度与效度

采用 SPSS20.0 软件检验量表信度（Cronbach's α 系数）。仁慈型领导量表的信度为 0.929，组织内信任量表的信度为 0.948，员工追随力量表的信度为 0.945，核心自我评价量表的信度为 0.788。各量表都具有较高的信度。采用方差最大旋转主成分分析方法发现，四个变量的因子载荷值均大于 0.5，KMO 值符合验证性因子分析要求。参见表 1。

表 1 量表的信度

变量名称（信度）	变量维度（信度）	累计解释方差比例	因子载荷	KMO
仁慈型领导（0.929）	—	77.87%	0.85~0.92	0.883
组织内信任（0.948）	—	79.33%	0.85~0.93	0.893
员工追随力（0.945）	尊敬学习（0.89）	68.55%	0.51~0.78	0.940
	忠诚奉献（0.77）			
	权威维护（0.75）			
	意图领会（0.87）			
	有效沟通（0.91）			
	积极执行（0.88）			
核心自我评价（0.788）	—	57.24%	0.50~0.65	0.833

采用 Amos22.0 软件进行证性因子分析。四个变量的 AVE 值都在 0.5 可接受水平之上，拟合度指数都达到理想水平。RMSEA 指数均小于 1，说明模型可接受，收敛度可接受。整体说明该量表具有较好的聚合效度。参见表 2。

表 2 　　　　　　　　　　　　　　验证性因子分析

变量		AVE （平均抽取变异量）	CR （组合信度）	拟合优度指标
仁慈型领导		0.592	0.875	RMSEA = 0.078, X^2/df = 1.778, GFI = 0.987, NFI = 0.988, CFI = 0.995, IFI = 0.995
组织内信任		0.660	0.905	RMSEA = 0.000, X^2/df = 0.981, GFI = 0.993, NFI = 0.995, CFI = 1.000, IFI = 1.000
核心自我评价		0.511	0.839	RMSEA = 0.007, X^2/df = 1.017, GFI = 0.995, NFI = 0.993, CFI = 1.000, IFI = 1.000
员工追随力	尊敬学习　0.602		0.858	RMSEA = 0.091, X^2/df = 2.869, GFI = 0.868, NFI = 0.903, CFI = 0.934, IFI = 0.935
	忠诚奉献　0.545		0.708	
	权威维护　0.504		0.670	
	意图领会　0.728		0.889	
	有效沟通　0.706		0.906	
	积极执行　0.846		0.967	

4.2 共同方法偏差检验

为避免存在共同方法偏差的问题，本文进行了 Harman 单因子分析以检验同源误差。对所有变量进行因子载荷分析，结果发现八个因子中，单一因子最大变异解释率为38.038%，最小为2.375%。因此，本研究没有可以解释变量之间共同方差的单一因子，能够排除来自共同方法偏差所产生的误差。

4.3 相关性分析

统计表明，仁慈型领导、组织内信任、员工追随力和核心自我评价四个变量之间均存在中等程度相关性，并且都在 0.01 水平上显著。在控制变量中，职位和员工追随力显著相关（r=-0.14，$*p$<0.05），其余变量与员工追随力相关性不显著（见表3）。

表 3　　　　　　　　　变量的均值、标准差和相关系数（n=390）

	SEX	YEAR	POS	EDU	AGE	INC	ORG	BL	OT	F	CS
均值	1.51	3.04	3.34	1.69	3.67	3.31	2.91	4.54	4.73	4.94	4.57
标准差	0.50	1.21	0.91	0.68	1.31	1.09	1.64	1.61	1.43	0.96	0.75
SEX	—										
YEAR	-0.18**	—									
POS	0.14**	-0.24**	—								

	SEX	YEAR	POS	EDU	AGE	INC	ORG	BL	OT	F	CS
EDU	0.01	-0.15**	-0.19**	—							
AGE	-0.16**	0.84**	-0.30**	-0.21**	—						
INC	-0.91	0.13*	-0.42**	0.40**	0.13*	—					
ORG	0.16**	-0.19	0.04	0.16**	-0.04	0.03	—				
BL	-0.10*	-0.06	-0.08	0.01	-0.06	0.04	-0.05	—			
OT	-0.11*	-0.37	-0.57	-0.03	-0.04	0.01	-0.05	0.82**	—		
F	-0.09	-0.07	-0.14**	0.01	-0.04	0.06	-0.08	0.66**	0.67**	—	
CS	-0.50	0.04	-0.18**	0.11*	0.03	0.16**	0.06	0.25**	0.24**	0.28**	—

注：①SEX 表示性别，YEAR 表示入职时间，POS 表示职位，EDU 表示学历，AGE 表示年龄，INC 表示收入，ORG 表示组织性质，BL 表示仁慈型领导，OT 表示组织内信任，F 表示员工追随力，CS 表示核心自我评价；② ** 表示 $p<0.01$，* 表示 $p<0.05$（2-tailed）。

4.4 假设检验

本文按照 Baron 等（1986）的方法检验中介作用，分层回归分析结果如表 4 所示。Model 4 表明仁慈型领导显著正向影响员工追随力（$\beta=0.640$，$p<0.001$），假设 1 通过检验；Model 2 表明仁慈型领导显著正向影响组织内信任（$\beta=0.817$，$p<0.001$），假设 2 通过检验；Model 5 表明组织内信任正向影响对员工追随力（$\beta=0.653$，$p<0.001$），假设 3 通过检验。Model 6 表明，纳入组织内信任之后，员工追随力对仁慈型领导的回归系数由 0.640（$p<0.001$）减小为 0.319（$p<0.001$），组织内信任对仁慈型领导与员工追随力之间的关系起部分中介作用，假设 4 通过检验。

表 4　组织内信任对仁慈型领导-员工追随力关系的中介作用标准化回归系数统计表

变量	组织内信任			员工追随		
	Model 1	Model 2	Model 3	Model 4	Model 5	Model 6
性别	-0.108*	-0.029	-0.075	-0.014	-0.005	-0.002
入职时间	-0.008	0.042	-0.115	-0.076	-0.110	-0.092
职位	-0.084	-0.009	-0.158**	-0.100*	-0.103*	-0.096*
学历	-0.056	-0.025	-0.054	-0.030	-0.017	-0.020
年龄	-0.091	-0.043	-0.022	0.016	0.037	0.033
收入	-0.007	-0.026	0.031	0.016	0.035	0.026
组织性质	-0.025	-0.002	-0.052	-0.034	-0.036	-0.033

变量	组织内信任			员工追随		
	Model 1	Model 2	Model 3	Model 4	Model 5	Model 6
仁慈型领导		0.817***		0.640***		0.319***
组织内信任					0.653***	0.393***
R^2	0.024	0.673	0.043	0.443	0.460	0.493
调整 R^2	0.006	0.667*	0.026*	0.431***	0.449***	0.481***
F	1.314	98.212***	2.456*	37.849***	40.571***	41.101***

＊表示 $p<0.05$，＊＊表示 $p<0.01$，＊＊＊表示 $p<0.001$（2-tailed）。

本文根据温忠麟等（2006）的方法检验调节作用，分层回归结果参见表5。Model 3 表明核心自我评价负向调节仁慈型领导对员工追随力的影响（$\beta=-0.104$，$p<0.01$），即核心自我评价越低的员工，仁慈型领导对员工追随力的影响越大，假设5通过检验。

表5　　核心自我评价对仁慈型领导和员工追随力之间的调节作用回归系数统计表

变量	员工追随力		
	Model 1	Model 2	Model 3
性别	−0.075	−0.012	−0.016
入职时间	−0.115	−0.082	−0.084
职位	−0.158**	−0.085*	−0.094
学历	−0.054	−0.034	−0.031
年龄	−0.022	0.021	0.023
收入	0.031	0.005	0.005
组织性质	−0.052	−0.042	−0.033
仁慈型领导		0.611***	0.592***
核心自我评价		0.122**	0.139**
仁慈型领导×核心自我评价			−0.104**
R^2	0.043	0.456	0.466
调整 R^2	0.026	0.443***	0.452**
F	2.456	35.418***	33.102***

＊表示 $p<0.05$，＊＊表示 $p<0.01$，＊＊＊表示 $p<0.001$（2-tailed）。

该模型中核心自我评价的调节作用是发生在中介之后的，根据温忠麟等（2006）关于有调节的中介的检验方法，首先做因变量对调节变量和自变量的回归，自变量系数显著；第二步，做中介变量对调节变量及自变量的回归，自变量系数显著；第三步，做因变量对自变量、调节变量和中介变量的回归，中介变量的系数显著（表明中介变量的效应显著）；第四步，做因变量对中介变量、调节变量与自变量交互作用项的回归，交互作用项的系数显著，具体见表6。

表6　　　　核心自我评价对组织内信任和员工追随力之间的调节作用

变量	第一步		第二步		第三步		第四步
	Model 1	Model 2	Model 3	Model 4	Model 5	Model 6	Model 7
性别	-0.075	-0.012	-0.108	-0.029	-0.075	-0.001	-0.003
入职时间	-0.115	-0.082	-0.008	0.040	-0.115	-0.097	-0.086
职位	-0.158**	-0.085*	-0.084	-0.004	-0.158**	-0.084*	-0.089*
学历	-0.054	-0.034	-0.056	-0.027	-0.054	-0.024	-0.021
年龄	-0.022	0.021	-0.091	-0.041	-0.022	0.036	0.035
收入	0.031	0.005	-0.007	-0.029	0.031	0.017	0.006
组织性质	-0.052	-0.042	-0.025	-0.005	-0.052	-0.040	-0.032
仁慈型领导		0.611***		0.806***		0.304***	0.293***
组织内信任						0.381***	0.372***
核心自我评价		0.122**		0.043		0.106**	0.121**
组织内信任× 核心自我评价							-0.131***
R^2	0.043	0.456	0.024	0.675	0.043	0.503	0.520
调整 R^2	0.026	0.443***	0.006	0.667***	0.026	0.490***	0.506***
F	2.456	35.418***	1.314	87.736***	2.456	38.392***	37.163***

*表示 $p<0.05$，** 表示 $p<0.01$，*** 表示 $p<0.001$（2-tailed）。

Model 6 中组织内信任系数显著（$\beta=0.381$，$p<0.001$），说明组织内信任在仁慈型领导和员工追随力之间起中介作用，和上文中介分析结果一致，假设4通过检验。Model 7 中交互项系数显著（$\beta=-0.131$，$p<0.001$），说明核心自我评价负向调节组织内信任对员工追随力的影响，即核心自我评价水平越低的员工，组织内信任对员工追随力的影响越大，假设6通过检验。

为了进一步刻画核心自我评价对仁慈型领导与员工追随力关系、组织内信任与员工追随力关系的调节作用，本文通过坐标图的形式进一步直观地展现其关系，分别如图2和图3所示（图中数据已做中心化处理）。

为了更清晰地描述有调节的中介效应，我们采用 Preacher 等提出的统计显著检验方法，将样本按照核心自我评价高低分为两组，高于核心自我评价均值一个标准差的数据作

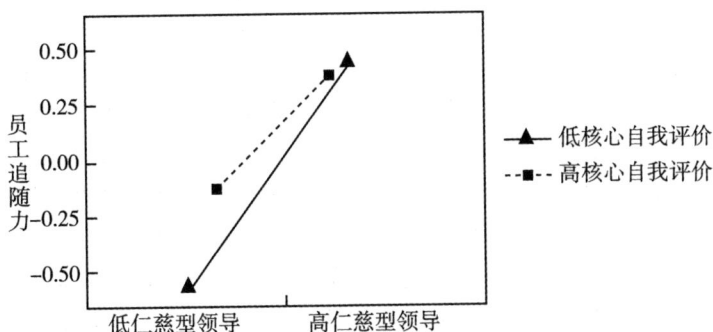

图 2　核心自我评价对仁慈型领导与员工追随力关系的调节效应

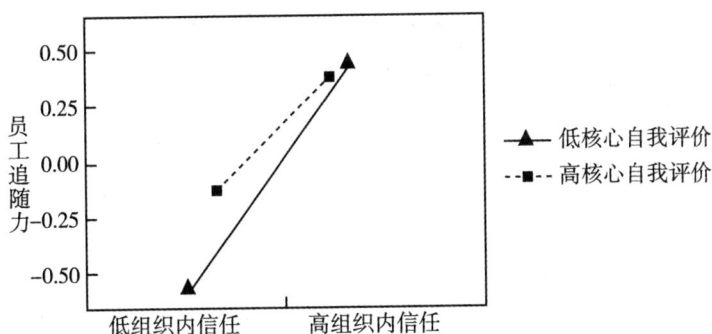

图 3　核心自我评价对组织内信任与员工追随力关系的调节效应

为第一组,低于核心自我评价均值一个标准差的数据作为第二组,分别对两组的中介作用进行估计(见表7)。结果显示,当核心自我评价水平高时,该中介效应较弱且显著($\beta = 0.20$, $p < 0.001$);当核心自我评价水平低时,该中介效应更强且显著($\beta = 0.41$, $p < 0.001$)。因此,与核心自我评价水平高相比,核心自我评价水平低时,组织内信任在仁慈型领导和员工追随力之间的中介效应更强,假设7得到检验。

表7　　　　　　　　　　　　　　　　有调节中介效应的检验结果

核心自我评价	有调节的中介效应			
	β	SD	Z	p
5.32(高于均值一个标准差)	0.20	0.063	8.54	0.000
3.82(低于均值一个标准差)	0.41	0.073	15.50	0.000

5. 结论与讨论

随着企业面临的环境发生的巨大变化,员工及其追随力是中国企业在转型和发展中重要的推动力。提高员工追随力、激发员工工作积极性成为管理者提高管理效率的重要手段之一。本研究探讨了仁慈型领导对员工追随力的影响机制，并以社会交换理论为基础，从员工感知视角出发，探讨了组织内信任的中介作用，以及核心自我评价对仁慈型领导与员工追随力关系、组织内信任与员工追随力关系调节效应的发生机理。通过数据分析，得到以下五点结论：第一，仁慈型领导能够显著促进员工追随力；第二，组织内信任在仁慈型领导对员工追随力影响的过程中起部分中介作用；第三，组织内信任显著影响员工追随力；第四，核心自我评价负向调节仁慈型领导对员工追随力的影响，即低核心自我评价的员工，仁慈型领导对员工追随力的影响更大；第五，核心自我评价负向调节中介变量和员工追随力之间的关系，即核心自我评价水平越低的员工，组织内信任对员工追随力的影响越大。上述的研究结论，对组织具有一定的理论和实践借鉴的价值。

首先，仁慈型领导正向影响员工追随力。以往基于本土化的领导风格和追随力的研究都是以家长式领导为前因变量，忽略了家长式领导中道德型领导、威权型领导和仁慈型领导的差异。本研究只针对家长式领导中的仁慈型领导进行实证研究，具体考察了员工在领导展现出仁慈、善意的行为之下所产生的行为和心理反应，为家长式领导理论的进一步发展奠定了基础。本文已证明仁慈型领导能够激发员工追随行为的产生，结合已有关于变革型领导和真实型领导正向影响追随力的研究，可以发现当领导者表现出积极互惠行为和善意的品性时，可以增强员工追随行为的产出，完善了领导风格—追随力的理论研究。其次，组织内信任对员工追随力的产生具有重要影响。本研究发现，组织内信任正向影响员工追随力，并在仁慈型领导对追随力影响过程中起部分中介的作用。信任感能提高员工对企业愿景的认同度和领导的支持，同时能促进员工积极行为的产出。员工组织内信任越高，则能让员工产生对组织更多的依赖感和积极追随行为，对将来探讨员工行为产出的影响因素方面具有积极意义。最后，核心自我评价在员工追随行为产生过程中起负向调节的作用。本研究已证实，核心自我评价在仁慈型领导影响员工追随力以及组织内信任影响追随力的过程中起到负向调节的作用，即核心自我评价较低的员工更容易受到领导风格和组织环境的影响。员工个性特质差异是员工行为产出和心理感知不同的主要原因之一，员工在自尊、自信、情绪稳定性及控制点方面的感知强弱能够让员工对外界影响产生判断差异，并作出不同的反应。因此，员工核心自我评价对员工追随行为的产生具有重要影响，也是员工面对相同事物产生不同反应的重要因素。本文围绕着领导与员工的互动过程，站在员工的角度，关注员工的核心自我评价与组织内信任，尝试着打开仁慈型领导如何影响员工追随力的"黑箱"，一定程度上丰富了领导风格和追随力之间关系的研究。

本文的研究发现对于中国文化背景下的组织管理具有一定的实践意义。第一，领导可以通过关照下属、施以更多的仁慈行为来提升员工的追随力。随着组织结构的扁平化发展以及追随者地位的提升，领导者应改变其层级观念，管理者不应再以高姿态与员工相处，而应该以平等、友好的姿态与员工进行沟通交流。领导对员工进行关怀和照顾，有利于增加员工对领导的支持和信任，这对于提高企业绩效是较为重要的。第二，管理者应该重视提升员工组织内的信任感知。本研究已证实组织内信任是员工追随行为产生中重要的影响因素，领导者可以通过提升员工信任感来增加员工追随行为。Mayer 等（1995）指出上级的仁慈（benevolence）、能力（ability）和正直（integrity）是员工组织内信任产生的重要因素。对于领导者而言，除了增加仁慈行为以外，同时也要注重自身实力和德行的提升来进一步促进员工组织内信任感知的提高。第三，为提高整体员工追随力的水平，领导者应该更多地关注核心自我评价较高的员工。核心自我评价较高的员工能够积极地处理来自外界的信息，相信自己能够掌握自己的命运，一般情况下很难受到外部环境影响，反之，领导者往往更容易影响低核心自我评价的员工。所以，只有当核心自我评价高的员工也更加倾向于追随领导，才能够真正提高领导者的效能感。同时，高核心自我评价的员工往往表现出更多的工作投入、创新等行为，企业在招聘时，可以倾向于招聘核心自我评价较高的员工；另外，核心自我评价是可以培养的，企业可以通过培训等方式提升员工的自尊、自信，进而使员工的核心自我评价水平得到提升。

本研究存在着以下三点不足：（1）测量核心自我评价的问卷来自外国文献的翻译，在中国情境下的适用性如何并未得到验证。（2）员工行为产出由个体因素和环境因素两个方面构成，本文主要探讨员工个体因素方面对员工行为的影响，而忽略了环境因素如组织文化等对员工追随行为的影响，可能会对研究结论的有效性产生影响。（3）本研究采用横截面数据检测变量之间的关系，虽然理论假设得到了验证，但是不能把其他可能的解释排除在外。

本文对未来的研究有以下三点建议：第一，以后的研究可以考虑把环境因素纳入员工追随行为影响因素中，以完善环境对员工追随力影响的研究。对组织环境进行讨论，以了解仁慈型领导在什么情境下能够发挥其更大功效。第二，未来的研究可以扩大调查范围，并加入访谈等手段，通过对不同职位的员工进行深度访谈来弥补自陈量表的局限性。第三，可以构建有中介的调节模型，深入考察组织内信任中介作用的边界条件。

◎ 参考文献

[1] 杜建政，张翔，赵燕. 核心自我评价：人格倾向研究的新取向 [J]. 心理科学进展，2007，15（1）.

[2] 段锦云，田晓明，王先辉. 情绪智力对员工创造力的影响 [J]. 科研管理，2013，34（8）.

[3] 鞠芳辉，谢子远，宝贡敏. 西方与本土：变革型、家长型领导行为对民营企业绩效影响的比较研究 [J]. 管理世界，2008，5（1）.

[4] 李浩澜，宋继文，周文杰. 中国文化背景下变革型领导风格对员工追随力的作用机制 [J]. 中国人力资源开发，2015，1（15）.

[5] 李忆，傅晓，司有和. 家长式领导对创新的影响：一个整合模型 [J]. 南开管理评论，2012，15（2）.

[6] 李淑杰. 新生代员工的追随力、领导授权与创新绩效模型研究 [J]. 中文企业家，2017，4（1）.

[7] 梁建. 道德领导与员工建言：一个调节—中介模型的构建与检验 [J]. 心理学报，2014，46（2）.

[8] 刘顿，古继宝. 领导发展性反馈、员工工作卷入与建言行为：员工情绪智力调节作

用 [J]. 管理评论, 2018, 30 (3).

[9] 林姿葶, 郑伯埙. 华人领导者的嘘寒问暖与提携教育: 仁慈领导之双构面模式 [J]. 本土心理学研究, 2012, 1 (37).

[10] 彭坚, 王霄, 冉雅璇, 韩雪亮. 积极追随特质一定能提升工作产出吗——仁慈领导的激活作用 [J]. 南开管理评论, 2016, 19 (4).

[11] 祁顺生. 组织内信任的影响因素 [J]. 心理科学进展, 2006, 14 (6).

[12] 温忠麟, 张雷, 侯杰泰. 有中介的调节变量和有调节的中介变量 [J]. 心理学报, 2006, 38 (3).

[13] 徐悦, 段锦云, 李成艳. 仁慈领导对员工建言的影响: 自我预防和自我提升的双重路径 [J]. 心理与行为研究, 2017, 15 (6).

[14] 许晟, 杨同华, 郑燕平. 基于 LMX 调节作用的追随力与领导效能关系研究 [J]. 商业研究, 2014, 1 (1).

[15] 于桂兰, 姚军梅, 张蓝戈. 家长式领导、员工信任及工作绩效的关系研究 [J]. 东北师大学报, 2017, 1 (2).

[16] 曾楚宏, 李青, 朱仁宏. 家长式领导研究述评 [J]. 外国经济与管理, 2009, 5 (1).

[17] 张华磊, 袁庆宏. 核心自我评价、领导风格对研发人员跨界行为的影响研究 [J]. 管理学报, 2014, 11 (8).

[18] 张璐, 胡君辰, 吴泳臻. 真实型领导对下属追随力的影响机制: 信任与领导——成员交换的作用 [J]. 人力资源开发, 2015, 1 (21).

[19] 郑伯埙, 周丽芳, 樊景立. 家长式领导: 三元模式的建构与测量 [J]. 本土心理学研究, 2000, 1 (14).

[20] 郑伯埙. 差序格局与华人组织行为 [J]. 本土心理研究, 1995, 1 (3).

[21] 郑伯埙. 企业组织中上下属的信任关系 [J]. 社会学研究, 1999, 1 (2).

[22] 郑晓明, 王倩倩. 伦理型领导对员工助人行为的影响: 员工幸福感与核心自我评价的作用 [J]. 科学学与科学技术管理, 2016, 37 (2).

[23] 郑晓涛, 石金涛, 郑兴山. 员工组织内信任对其工作态度的影响 [J]. 管理评论, 2008, 20 (11).

[24] 周文杰, 宋继文, 李浩澜. 中国情境下追随力的内涵、结构与测量 [J]. 管理学报, 2015, 1 (3).

[25] 祝振兵, 罗文豪, 曹元坤. 领导会视谁为圈内人? 内隐追随与领导-成员交换关系研究 [J]. 科技进步与对策, 2017, 34 (11).

[26] Avey, J. B., Palanski, M. E., & Walumbwa, F. O. When leadership goes unnoticed: The moderating role of follower self-esteem on the relationship between ethical leadership and follower behavior [J]. *Journal of Business Ethics*, 2011, 98 (4).

[27] Baron, M., & Kenny, A. The Moderator-mediator variable distinction in social psychological research [J]. *Journal of Personality and Social Psychology*, 1986, 51 (6).

[28] Bjugstad, K., Thach, C., Thompson, J., & Morris, A. A fresh look at followership: A model for matching followership and leadership styles [J]. *Journal of Behavioral and*

Applied Management, 2006, 1 (5).

[29] Blau, P. M. Exchange and power in social life [M]. New York: Wiley Press, 1964.

[30] Brown, D. , Thornborrow, T. Do organizations get the followers they deserve? [J]. *Leadership & Organization Development Journal*, 1996, 1 (17).

[31] Carsten, K. , Uhlbien, M. , Huang, L. Leader perceptions and motivation as outcomes of followership role orientation and behavior [J]. *Leadership*, 2017, 13 (3).

[32] Chan, H. , Mak, M. Benevolent leadership and follower performance: The mediating role of leader-member exchange (LMX) [J]. *Asia Pacific Journal of Management*, 2012, 1 (29).

[33] Chua, J. , Ingram, P. , Morris, W. From the head and the heart: Locating cognition and affect based trust in managers' professional networks [J]. *Academy of Management Journal*, 2008, 1 (51).

[34] Colquitt, A. , Scott, A. , Lepine, A. Trust, trustworthiness, and trust propensity: A meta-analytic test of their unique relationships with risk taking and job performance [J]. *Journal of Applied Psychology*, 2007, 92 (4).

[35] Cropanzano, R. , Mitchell, S. Social exchange theory: An interdisciplinary review [J]. *Journal of Management*, 2005, 31 (6).

[36] Gouldner, A. W. The norm of reciprocity: a preliminary statement [J]. *American Sociological Review*, 1960, 25 (2) .

[37] Judge, A. , Locke, A. , Durham, C. The dispositional causes of job satisfaction: A core evaluations approach [J]. *Research in Organizational Behavior*, 1997, 1 (19).

[38] Judge, T. A. , Bono, J. E. , Thoresen, C. J. The core self-evaluations scale: Development of a measure [J]. *Personnel Psychology*, 2003, 56 (1).

[39] Kacmar, K. M. , Collins, B. J. , Harris, K. J. Core self- evaluations and job performance: The role of the perceived work environment [J]. *Journal of Applied Psychology*, 2009, 94 (6).

[40] Kellerman, B. Followership: How Followers are Creating Change and Changing Leaders [M]. Boston: Harvard Business Press, 2008, 1 (2).

[41] Kelly. The power of followership: How to create leaders people want to follow and followers who lead themselves. [M] New York: Doubleday, 1992.

[42] Lawrence, E. R. , Kacmar, M. Leader-member exchange and stress: The mediating role of job involvement and conflict [J]. *Journal of Behavioral and Applied Management*, 2012, 14 (1).

[43] Mayer, R. C. , Davis, J. H. , Schoorman, F. D. An integrative model of organizational trust [J]. *Academy of Management Review*, 1995, 20 (3).

[44] Nyhan, R. C. , Marlowe, H. A. The psychometric properties of the organizational trust inventory [J]. *Evaluation Review*, 1997, 1 (21).

[45] Roberts, H. , O'Reilly, A. Failures in upward communication in organizations: Three

69

possible culprits [J]. *Academy of Management*, 1974, 17 (2).

[46] Scott, B. A., Judge, T. A. The popularity contest at work: Who wins, why, and what do they receive? [J]. *Journal of Applied Psychology*, 2009, 1 (94).

[47] Tan, H., Tan, F. Toward the definition of trust of supervisor and trust in organization [J]. *Genetic, Social and General Psychology Monographs*, 2000, 126 (2).

[48] Yang, X., Mossholder, W. Examining the effects of trust in leaders: A bases-and-foci approach [J]. *The Leadership Quarterly*, 2010, 1 (21).

[49] Zhang, Y., Huai, M. Y., Xie, Y. H. Paternalistic leadership and employee voice in China: A dual process model [J]. *The Leadership Quarterly*, 2015, 26 (1).

How does Benevolent Leadership Influence Employees' Followership
—An Intermediation Model with Regulation Effect

Zhao Shusong[1]   Wu Yuhan[2]   Shi Jiaming[3]

(1   School of Public Administration, Central South University, Changsha, 410083;

2   School of Management, University of St Andrews, St Andrews, KY16 9RJ;

3   School of Public Affairs, Zhejiang University, Hangzhou, 310058)

Abstract: With the increasingly obvious function of subordinate staff in organizations, related studies on followers and followership have gradually become a hot topic in academic circles. Nevertheless, constant improvement should still be made on the theoretical researches related to the influences of benevolent leadership, a localized leader style in China, on employees' followership. Based on the social exchange theory, a moderated mediation model of benevolent leadership influencing on employees' followership is established in this research from the perspectives of core self-evaluations and trust of employees in organization. Through the effective survey on 390 employees, following findings are obtained in this study: (1) Benevolent leadership can obviously improve employees' followership and enhance the trust of employees in organization; (2) Trust of employees in organization can positively affect employees' followership; (3) Trust of employees in organization can partially exert a mediating effect of benevolent leadership on employees' followership; (4) Core self-evaluations can negatively moderate the influence of benevolent leadership and trust of employees in organization on employees' followership; (5) Core self-evaluations can negatively moderate the indirect effect of benevolent leadership on employees' followership via trust of employees in organization. The research results can provide reference for enterprise managers to effectively improve their employees' followership and management efficiency.

Key words: Benevolent leader; Core self-evaluations; Trust of employees in organization; Employees' followership

专业主编: 杜　旌

高管个人事项申报、政治风险与国有企业创新投资*

● 余明桂[1]　石沛宁[2]　钟慧洁[3]

（1, 2　武汉大学经济与管理学院　武汉　430072；
3　中南财经政法大学会计学院　武汉　430073）

【摘　要】中共中央办公厅和国务院办公厅于 2010 年 5 月联合颁布了《关于领导干部报告个人有关事项的规定》（以下简称《规定》）。本次颁布的《规定》一方面要求包括国企高管在内的领导干部报告本人婚姻变化和配偶、子女移居国（境）外、从业等事项，另一方面也要求报告收入、房产、投资等财产状况。《规定》的颁布使国企高管受到了更严格的监督，很可能增加其政治风险，从而引起高管对高风险投资活动的相对厌恶。因此，国企高管很可能会减少研发投入这类经营风险大的创新投资，牺牲企业的长期发展潜力，从而导致额外的代理问题。本文以 2007—2012 年沪深 A 股上市公司为样本，运用 DID 方法，检验结果发现《规定》的颁布所导致的国企高管政治风险的增加显著地抑制了地方国企的创新投资。进一步研究发现，这种抑制效应在那些经营风险大的企业以及高新技术行业中更加显著。最后，本文还发现，《规定》的颁布显著降低了地方国企的创新绩效。本文一方面从国企高管政治风险的角度拓展了国企高管代理问题的相关研究，另一方面从高管政治风险的角度丰富了关于企业创新影响因素的相关文献。同时，本文对于进一步增强反腐有效性和深化国企改革具有重要的政策含义。

【关键词】个人事项申报　代理问题　企业创新　政治风险　国企高管

中图分类号：F123.7；F124.3　　　　文献标识码：A

1. 引言

改革开放以来，中国经济保持了四十年的高速增长，但是以政治、人事权的高度集中

＊ 基金项目：我们衷心感谢国家自然科学基金项目（71872137、71672134、71502161、71372126）、教育部新世纪优秀人才支持计划（ NCET-13-0444）、国家社会科学基金重大项目（18ZDA113）和教育部人文社科项目（15YJA630057、19YJA630114）的慷慨资助。

通讯作者：余明桂，E-mail：mingyu@ whu. edu. cn。

和经济控制权高度放权为特征的制度设计，使政府官员拥有资源分配的自由裁量权。在对官员缺乏有效监督和约束的情况下，这种制度特征引发了日益严重的腐败问题（Xu，2011）。为了加强廉政建设、健全党内监督制度，中共中央办公厅和国务院办公厅于2010年5月联合修订并颁布了《关于领导干部报告个人有关事项的规定》，以应对领导干部廉洁自律方面出现的新情况和新问题。本次《规定》的适用对象不仅包括各个党政机关、人民团体、事业单位中的副处级及以上干部，而且包括了国有企业的领导班子。《规定》一方面要求包括国企高管在内的领导干部应当报告本人婚姻变化和配偶、子女移居国（境）外、从业等事项，另一方面还要求报告收入、房产、投资等财产状况。同时，此次颁布的修订版《规定》进一步增加了更加严厉的惩罚措施，例如调整工作岗位或者免职等。

自20世纪90年代以来，为提高国有企业效率，实现政企分开，政府推行了一系列以分权为核心的国有企业改革，把特定的决策权授予国有企业，但政府仍然保留了一些最终决策权，如收购兼并、资产处置，以及企业高管的任命和解雇（张维迎，2015；Chang and Wong，2009）。经过公司化改造的国有企业尽管形式上设置了董事会，但高管通常还是由政府任命，然后由董事会在形式上进行批准（Tenev et al.，2002；Chang and Wong，2009）。政府曾尝试取消国有企业的行政级别，但效果甚微。实践中，国企领导仍然拥有与本企业对应的行政级别，他们的升迁、奖惩和调动也通常比照公务员的规则进行（王红领，2006）。因此，国企高管一方面是国有企业的管理者，另一方面也是国家行政序列中具有特定行政级别的官员，兼具了"经济人"和"政治人"的双重身份，甚至后者的身份更为突出（郑志刚等，2012；杨瑞龙等，2013）。

因此，从理论上来说，国企高管主要面临着两类风险，一类是与企业经营管理相关的经营风险，另一类则是与自身政治考核有关的政治风险。这两类风险构成了国企高管的总风险。当政治风险较大时，从事经营风险较大的投资活动造成的业绩波动会对高管职业生涯的稳定或升迁产生不利影响，导致高管对高风险投资活动的相对厌恶（金宇超等，2016）。因此，面临较大的政治风险时，国企高管可能会减少经营风险较大的投资活动。在企业的经营活动中，创新投资对企业长期发展具有重要意义，但同时也具有投入大、回收期长、失败率高等特点（Schumpeter，1911；Francis and Smith，1995；Graham et al.，2005；Tian and Wang，2014），属于企业运营中经营风险较大的投资活动。同时，研发活动多由企业根据实际情况自行掌握，因此很容易被管理层操纵（孙刚等，2016；杨国超等，2017），而且削减研发费用短期内不仅不会影响企业的日常运营，还可以起到控制成本费用、稳定企业业绩的作用。本次《规定》的颁布很可能增加国企高管的政治风险，当这种政治风险难以规避时，国企高管为了控制其总风险水平，很可能会减少研发投入这类经营风险大的创新投资，降低这类高失败率的投资活动给高管职业升迁带来的影响，牺牲企业的长期发展潜力，由此引发了额外的代理问题。

本文尝试以2010年5月颁布的《规定》作为外生政策冲击，研究国企高管个人政治风险的变化对创新投资决策的影响及其经济后果。之所以选择此次《规定》的发布作为研究对象，主要有以下两方面的原因：

第一，目前文献鲜有从高管政治风险的视角对国有企业代理问题进行研究，这可能是因为难以找到一个只影响国企高管政治风险变化的外生政策冲击。而本次《规定》的颁布为我们研究政治风险如何影响企业的创新投资活动提供了一个很好的切入点。本次《规定》可以使上级领导部门更加清楚地了解和掌握高管的个人情况，这些情况会成为领导部门评价高管政治表现的重要依据。这也意味着高管会受到更加严格的监督，使考核体系中的"非绩效"指标得到更好的落实，而且不报或虚报等违规行为也会遭到调岗、降职等严肃处理，这增加了高管的政治风险。

第二，《规定》的颁布为本文的研究提供了良好的准自然实验条件。《规定》是由党中央和国务院联合颁布的文件，对于企业而言属于外生事件。而且，这项规定的实施对象仅仅是国有企业，对于民营企业没有影响。因此，我们可以采用双重差分法（difference-in-differences，DID）来检验《规定》的实施效果。我们以国有企业为实验组，以民营企业为对照组，检验《规定》实施前后企业创新投资决策的变化。因此，《规定》的颁布实施为本文提供了很好的准自然实验来检验高管政治风险对企业创新投资的影响。

本文选择 2007—2012 年 A 股上市公司为样本，以国有企业作为实验组、民营企业作为对照组进行 DID 检验①。结果发现，相对于不受《规定》约束的民企，国企在《规定》颁布后的创新投资显著减少。经过 PSM 匹配、调整样本区间以及调整样本结构等一系列稳健性检验之后，检验结果依然保持稳健。进一步地，我们通过分组检验还发现，这种抑制效应在经营风险更大的企业和高新技术行业内显著。最后，我们还发现《规定》的颁布显著降低了地方国企的创新绩效。以上研究结果表明，国企高管在政治风险增加后，为了控制总风险水平，会显著减少企业的创新投资，牺牲企业的创新能力和长期发展潜力，进而引发额外的代理问题。

本文的学术贡献可能有如下两点：

第一，有助于从高管政治风险的视角丰富和拓展对国企高管代理问题的相关研究。现有文献主要从高管薪酬（辛清泉等，2007；冯根福和赵珏航，2012；姜付秀等，2014；方芳和李实，2015）、高管政治晋升（张霖琳等，2015；周铭山和张倩倩，2016）、政府干预（程仲鸣等，2008；唐雪松等，2010）和监督机制（陈仕华和卢昌崇，2014；王兵等，2017）等方面对国企高管代理问题的影响因素进行了研究。但是，鲜有文献研究国企高管的政治风险对代理问题的影响，本文以《规定》的颁布为切入点，系统地研究个人事项申报制度导致的国企高管政治风险对企业创新投资的影响，丰富和拓展了对国企高管代理问题的相关研究。

第二，有助于从高管政治风险的角度丰富和拓展企业创新影响因素的相关研究。现有文献主要从公司治理机制（温军和冯根福，2012；鲁桐和党印，2014；周铭山和张倩倩，2016；Lerner and Wulf，2007；Balsmeier et al.，2017；Bernile et al.，2018）、管理层特征（Hirshleifer et al.，2012；Sunder et al.，2017）、企业内部其他因素（张璇等，2017；Zhong，2018）和外部制度因素（He and Tian，2013；Hsu et al.，2014；Dannhauser，

---

① 根据余明桂等（2016）的研究，2010 年央企实施的《中央企业负责人经营业绩考核暂行办法》会促进央企的创新，但不会影响地方国企。因此，为了避免央企样本对结果的影响，我们只选择地方国企作为实验组。

2017；Jiang and Yuan，2018）等视角对企业创新的影响因素进行了研究，但是，鲜有文献研究高管的政治风险和企业创新的关系。因此，本文以《规定》的颁布为切入点，系统地研究个人事项申报制度导致的国企高管政治风险对企业创新投资的影响，丰富和拓展了企业创新影响因素的相关研究。

此外，本文的研究还具有重要的政策含义。个人事项申报制度是一项旨在推进反腐倡廉制度建设的重要举措，对促进领导干部廉洁自律、完善领导干部人事任用制度具有重要意义。这项制度的建立很可能会对国企高管起到监督和威慑作用，进而抑制腐败。但是，国企高管政治风险的增加很可能会使他们为了控制总风险水平而减少企业的创新投资，牺牲企业的长期发展潜力。本文以国有企业高管为研究对象，研究个人事项申报制度增加高管的政治风险后所引发的对企业创新投资的抑制效应及其经济后果，不仅有助于为进一步推进反腐制度建设、完善反腐配套措施以及整顿官员"不作为"风气提供理论借鉴，而且有助于为进一步在反腐败的背景下完善国有企业高管激励机制提供理论依据和政策参考。

本文其余部分的结构安排如下：第二部分为制度背景和研究假设，第三部分为研究设计，第四部分为检验结果和分析，第五部分列示了进一步研究结果，第六部分是创新绩效检验，最后是简短的结论。

2. 制度背景和研究假设

2.1 制度背景

为了促进领导干部廉洁自律，加强领导班子和干部队伍建设，推进反腐倡廉制度建设，特别是健全党内监督制度，完善领导干部人事任用制度，党中央和国务院从 20 世纪 90 年代起就开始在党内推行关于领导干部的个人事项申报制度。1995 年 4 月，中共中央办公厅和国务院办公厅正式颁布了《关于党政机关县（处）级以上领导干部收入申报的规定》，要求各级党政机关的领导干部以及国有大中型企业的负责人按要求申报自己的各项收入来源，主要包括工资、各类奖金、补贴以及从事咨询、讲学等劳务所得。1997 年 1 月，中共中央办公厅和国务院办公厅发布了《关于领导干部报告个人重大事项的规定》，要求各级党政机关的领导干部以及各社会团体、事业单位和国有企业的党员领导干部应该向组织报告一些重大的个人事项，主要包括个人及共同生活的家庭成员买卖私房的状况，与外国人的通婚以及出国（境）定居情况，干部个人因私出国（境）和境外活动等。2006 年，中共中央办公厅对 1997 年版的《关于领导干部报告个人重大事项的规定》进行了局部修订①，但是主体内容没有发生大的变化。

2010 年 5 月，中共中央办公厅和国务院办公厅对 2006 年的《关于领导干部报告个人重大事项的规定》进行了重大修订。与之前颁布的相关制度相比，此次《规定》修订最重要的变化主要有以下两点：

---

① 2006 年修订版的全称为《关于党员领导干部报告个人有关事项的规定》。

第一，新增了更加严厉的惩罚办法。之前的文件中对违反报告要求的惩处措施只设计了批评教育、限期改正、责令做出检查、诫勉谈话和通报批评等责任追究方式，这些惩罚措施在实践中被认为力度不够、刚性不强。本次修订在之前的基础上增加了调整工作岗位、免职等处罚办法，加大了对违反《规定》的处罚力度。一旦受到这样的处罚，高管的政治升迁会受到严重影响，甚至政治生涯很可能就此结束。因此，修订后的处罚措施大大增加高管的政治风险。

第二，本次修订还明确规定，组织（人事）部门在干部监督工作和干部选拔任用工作时，可以查阅有关领导干部个人事项的材料，而纪检和监察机关在履行职责时，也可以查阅和调用这些材料。这意味着国企高管会受到上级组织（人事）和纪检以及检察机关更加严格的监督，进一步增加了高管的政治风险。

2.2 研究假设

从理论上说，《规定》的颁布既有可能会抑制企业的创新投资（抑制观），也有可能促进企业的创新投资（促进观）。

2.2.1 抑制观

对民营企业的管理层而言，其职业生涯的稳定、升迁几乎完全取决于企业的经营业绩。因此，在经营企业的过程中，民营企业的高管只需要应对与企业基本面相关的经营风险。这种风险既可能与外部因素有关，如市场变动、政策变化等，也可能与企业内部因素有关，如投资融资决策、成本控制、内部控制等（吴武清等，2012；高明华和杜雯翠，2013）。因此，经营风险是民营企业高管需要考虑的主要风险因素。

与民企高管相比，国企高管一方面是企业的管理层，需要关注企业的经营绩效（张霖琳等，2015；Cao et al.，2014），从这个意义上说，他们具有和民企高管类似的"经济人"特征。另一方面，国企高管同时是政府行政序列中具有行政级别的官员。对于绝大部分央企和地方国企来说，其实际控制人都是中央或地方国有资产管理委员会（简称"国资委"）或者其他的政府部门，例如财政部门。这些政府部门一方面对国有资产的保值增值进行监管，另一方面也有权会同组织部门对所属国企的负责人进行调动、任用和奖惩。因此，国企高管一方面需要关注企业的业绩表现，同时也需要关注那些可能会对其政治升迁产生影响的非绩效因素，例如对官员的政治考核等①，具有突出的政治人特征。

虽然会关注企业的经营绩效，但是对"政治人"身份突出的国企高管来说，他们更加渴望行政级别的提高，并关心政治与行政机构中的监管者如何评价自己（Tenev et al.，2002）。在国企高管的考核和评价体系中，企业绩效并不是唯一的考核标准，高管人员政

---

① 中组部颁发的《中央企业领导班子和领导人员综合考核评价办法》中明确指出："要结合企业实际，运用多维度测评、定量考核与定性评价结合等办法，对中央企业领导班子和领导人员的政治素质、业务能力、工作实绩、勤勉尽职和廉洁自律等情况进行综合考核评价。"许多地方国有企业的考核办法也有类似的规定，例如，北京市颁布的《国有企业领导班子和领导人员综合考核评价办法》中也要求"全面、客观、科学地评价领导班子建设和经营管理水平，以及领导人员的政治素质、业务能力、工作实绩、勤勉尽责和廉洁自律等情况"。

治上的可靠性、廉洁状况等政治表现也是整个考核体系中的重要组成部分，对这些非绩效因素的考察会直接影响到高管的政治考核（Du et al.，2012），而政治考核的结果也将直接影响高管职业生涯的稳定及其升迁。因此，除了与企业经营管理相关的经营风险之外，国企高管还面临着与政治考核有关的政治风险。

对国企高管来说，既然政治考核是影响高管政治风险的重要因素，那么，考核的方式、执行力度等因素的变化无疑会对高管个人政治风险水平产生影响。在我国的政治实践中，个人事项申报制度是对各党政机关、事业单位以及国有企业等组织中的领导干部实行政治考核的重要方式。本次《规定》不仅将所有的国企高管纳入了申报对象，同时还明确规定组织（人事）部门在干部监督和干部选拔任用时，可以查阅有关领导干部个人事项的材料；而纪检和监察机关在履行职责时，也可以查阅和调用这些材料，而且进一步新增了更加严厉的惩罚办法。本次《规定》的颁布，可以使上级领导部门更加清楚地了解和掌握高管的个人情况，这些情况会成为领导部门评价高管政治表现的重要依据。这也意味着高管会受到更加严格的监督，使考核体系中的"非绩效"指标得到更好的落实，而且不报或虚报等违规行为也会遭到调岗、降职等严肃处理。上述修订不仅将国企高管纳入考核范围之内，而且考核的执行较之前更趋严格。对国企高管来说，考核方式及执行力度的变化使其未来职业生涯的稳定或升迁面临的不确定性增加，很可能提高其政治风险。

已有研究表明，政治因素对国企高管行为具有重大影响。由于高管对企业的经营决策具有决定权，所以，国有企业的经营活动不可避免地受到高管政治动机的影响（郑志刚等，2012；陈仕华等，2014；金宇超等，2016；Poitroski et al.，2015）。对面临企业经营风险和个人政治风险的国企高管来说，当政治风险较大时，从事经营风险较大的投资活动所造成的业绩波动会对其职业生涯的稳定或升迁产生不利影响，导致高管对高风险投资活动的相对厌恶（金宇超等，2016）。因此，面临较大的政治风险时，国企高管可能会减少经营风险较大的投资活动。在企业的运营中，创新投资具有回收期长、投入大、失败率高等特点，是一项经营风险较大的投资活动（Francis and Smith，1995；Graham et al.，2005；Tian and Wang，2014）。同时，研发活动多由企业根据实际情况自行掌握，因此很容易被管理层操纵（孙刚等，2016；杨国超等，2017），削减研发投入在短期内不仅不会影响企业的日常运营，而且可以起到控制成本费用、稳定企业业绩的作用。

因此，当本次《规定》的颁布增加了国企高管的政治风险，且这种政治风险难以规避时，国企高管为了控制其总风险水平，很可能会减少研发投入这类经营风险大的创新投资，以降低这类高失败率的投资活动给高管职业升迁带来的影响，进而牺牲企业的长期发展潜力，由此引发额外的代理问题。基于以上分析，可以提出如下假设：

H1：《规定》的颁布导致的国企高管政治风险的增加会抑制国有企业的创新投资。

2.2.2 促进观

国有企业的高管面临着薪酬管制，这种管制使薪酬契约难以对高管形成有效激励，因此高管很可能通过一些替代性的报酬方式进行自我激励。这种自我激励一方面体现为在职消费，另一方面体现为对国有资产的侵占，这两种形式都是对企业资源的侵害（陈冬华等，2005）。对国企高管而言，个人事项的申报要求高管详细地向上级组织（人事）部门披露自己的财产收入状况，这会对高管侵占企业资源的行为产生威慑作用，因此可能会减少高管侵占国有资产以增加自己非法收入的行为。

同时，个人事项申报也适用于国企高管的上级领导和所在地方的政府官员，《规定》的颁布会增加上级领导和所在地方政府官员为国有企业进一步提供保护或者为国企高管个人提供便利而获取私人收益的风险，进而抑制上级部门或所在地方官员的受贿行为。所以，个人事项的申报也可能会减少国企高管将企业资源用于向上级部门或所在地方政府官员寻租的机会。

根据党力等（2015）的研究，反腐败会增加企业谋求政治关联的相对成本，从而增加企业的创新激励。在资源有限的情况下，企业会更多地通过创新来寻求发展。因此，《规定》作为一项旨在抑制官员腐败的措施，它的实施对企业创新投资的影响也存在另外一种可能性，即《规定》的颁布可能会抑制国企高管对企业资源的侵占以及将企业资源用于向上级领导部门或所在地方官员寻租，转而将企业资源更多地用于创新投资。

基于以上分析，可以提出如下假设：

H2：《规定》的实施会减少国企高管对企业资源的侵害，进而增加企业的创新投资。

3. 研究设计

3.1 数据

本文以 2007—2012 年，即《规定》颁布的前后三年为样本区间①，选取沪深两市 A 股上市公司作为初始样本，删除中央企业、金融类企业和 ST、＊ST 企业。我们得到了 6 年 6608 个年度观测值，其中地方国企 3267 个，民营企业 3401 个。我们将上市公司的实际控制人为地方国资委或地方政府部门的企业界定为地方国企，将实际控制人为自然人的企业界定为民企②。R & D 数据来自国泰安数据③，其他的财务数据和企业特征数据也来源于国泰安数据库。我们对所有连续变量进行 1% 水平的缩尾处理，以缓解极端值的可能影响。同时，在处理过程中，我们删除了数据库中变量数据缺失的样本。

3.2 模型和变量

本次《规定》的修订和颁布，为我们研究高管政治风险的变化对企业创新投资的影响提供了一个很好的准自然实验。我们采用双重差分法，以地方国企作为实验组，以民营企业作为对照组，检验《规定》的颁布所导致高管政治风险的增加对国企创新投资的影响。具体而言，就是比较国企在《规定》颁布前后的创新投资变化差异程度是否显著低于民营企业。模型设定如下：

---

① 本次《规定》于 2010 年 5 月 26 日颁布，并自发布之日起施行，因此实际上事件后期间是两年半，为了避免 2012 年 12 月 25 日中央发布的"八项规定"的影响，没有将研究期间延后至 2013 年。

② 我们没有将数据库中实际控制人类型既不是地方国资委或财政部门，也不是自然人的部分纳入样本中。

③ 部分资本化的研发费用来自同花顺数据库。

$$RD = \alpha + \beta_1 \times SOE + \beta_2 \times After + \beta_3 \times SOE \times After + \beta_4 \times Controls + \delta \quad (1)$$

参考党力等（2015）、袁建国等（2015）、张璇等（2017）的研究，我们以研发投入（R & D）作为企业创新投资的度量指标。SOE 是虚拟变量，企业为地方国企（实验组）时取值 1，为民企（对照组）时取值 0。After 表示《规定》颁布前后的虚拟变量，颁布前年度取值 0，颁布后年度取值 1①。交乘项 SOE×After 系数反映的是，消除时间趋势（同时影响实验组和对照组的系统因素）后，《规定》实施前后对地方国有企业创新投资的真实影响。Controls 代表一系列公司特征的控制变量。根据以往文献（付明卫等，2015；Hsu et al.，2014；Jia et al.，2016；余明桂等，2016），它主要包括董事会规模、企业规模、杠杆水平、托宾 Q、现金比率、机构投资者持股比例以及年度虚拟变量、行业虚拟变量。已有的研究表明，作为企业技术创新的最终决策者，高管的性别、年龄等个人特征会影响企业的创新决策（刘运国和刘雯，2007；Dechow and Sloan，1991；Hambrick and Fukutomi，1991；Huang and Kisgen，2013），因此，我们还控制了 CEO 年龄、任职期限以及性别。各变量的定义见表 1。

表 1　　　　　　　　　　　　　　　　变　量　定　义

变量	符号	变 量 定 义
创新投资	RD	企业研发的费用化和资本化之和与销售收入的比
创新产出	Patent	上市公司的授权专利数量
董事会规模	Lnnum	董事会人数的自然对数
企业规模	Size	期末总资产的自然对数
杠杆水平	Lev	负债/总资产
托宾 Q	Tobin Q	（公司股票总数×股票价格）/总资产
现金比率	Cash	期末货币资金/总资产
总资产回报率	ROA	净利润/总资产
机构投资者持股比例	Fundown	机构投资者持有股份占公司股票总数的份额
赫芬达尔指数	HHI	企业所属行业当年的赫芬达尔指数
融资约束程度	KZ	按照 Kaplan and Zingales（1997）的方法计算得到该指数
固定资产	PPECF	构建固定资产等的现金支出/总资产
高管性别	Gender	CEO 性别为女时取 1，否则为 0
高管年龄	Age	CEO 年龄
高管任职年限	Tenure	CEO 任职年限
年度虚拟变量	Year	控制年度
行业虚拟变量	Ind	控制行业（证监会 2012 年的行业分类）

---

① 在这一部分的实证检验中，我们将 2010 年之后年份定义为政策实施后期间，在稳健性检验部分，我们将 2009 年之后的年份定义为政策实施后期间。

3.3 描述性统计

表2列示了相关变量的描述性统计。从中可以看出，R & D 的样本观测值的平均值为 0.014，这意味着，平均而言，上市公司研发投入占到当年销售收入的1.4%，标准差为 0.029，约为样本平均值的两倍，说明样本公司在研发投入上的差异较大。进一步地，R & D 投入的最小值、25分位数和中位数上都为0，75分位数上的值为0.017，最大值为 0.172，说明我国上市公司研发投入的分布不均匀，存在着较为明显的右偏分布。

表2 描述性统计

variable	N	mean	sd	min	p25	p50	p75	max
RD	6608	0.014	0.029	0	0	0	0.017	0.172
Lnnum	6608	2.337	0.198	1.792	2.303	2.303	2.485	2.89
Size	6608	21.71	1.169	18.87	20.91	21.62	22.44	24.85
Lev	6608	0.506	0.231	0.059	0.347	0.506	0.65	1.473
Tobin Q	6608	2.528	1.907	0.913	1.396	1.942	2.887	12.69
Cash	6608	0.173	0.122	0.006	0.086	0.141	0.228	0.608
ROA	6608	0.048	0.073	−0.227	0.014	0.041	0.078	0.302
PPECF	6608	0.057	0.055	0	0.016	0.041	0.082	0.26
KZ	6608	−7.688	12.14	−68.06	−12.49	−3.673	0.854	6.034
Fundown	6608	5.157	8.285	0	0.007	1.017	6.653	37.95
HHI	6608	0.056	0.098	0.008	0.009	0.009	0.061	0.477
Age	6608	47.48	6.166	33	43	47	51	63
Tenure	6608	4.167	2.858	1	2	3	6	13

4. 检验结果和分析

4.1 单变量分析

表3列出了实验组和对照组在《规定》颁布前后创新投资的差异。从表中对全样本的分析可以看出，无论是实验组还是对照组，《规定》颁布之后的创新投资都有所增长，且在1%的水平下显著。这说明在分析个人事项申报制度的影响时，由于时间趋势的影响，如果不考虑样本之间的横向差异，可能会得到不恰当的结论，影响我们对因果关系的判断。第（7）列列示了用实验组的变动减去对照组的变动，以消除时间趋势上的变动差异，结果表明创新投资均值的双重差分值在1%的水平上显著为负。表3的结果初步验证了我们的抑制观假设，即《规定》的颁布所导致的高管政治风险的增加会抑制国有企业

的创新投资。此外，表中最后两行还列出了按照经营杠杆系数进行经营风险分组的分析结果，可以看出，在高风险组和低风险组中的双重差分结果都是显著的，但是高风险组的显著性更高，而且系数的绝对值更大，这说明《规定》的实施可能对经营风险较高的企业影响更显著。

表3 实验组和对照组在个人事项申报制度实施前后的创新水平差异

	实验组		对照组		Difference		DID
	政策前(1)	政策后(2)	政策前(3)	政策后(4)	(5)=(2)-(1)	(6)=(4)-(3)	(7)=(5)-(6)
全样本	0.005	0.013	0.012	0.037	0.008*** (6.54)	0.025*** (14.43)	−0.015*** (8.29)
高风险组	0.004	0.009	0.005	0.017	0.006*** (6.78)	0.012*** (6.51)	−0.006*** (−2.86)
低风险组	0.005	0.011	0.008	0.018	0.007*** (3.04)	0.100*** (5.35)	−0.003** (−2.44)

注：括号内为 t 值。*** 和 ** 分别代表1%和5%的显著性水平。

4.2 双重差分检验

表4列出了《规定》的颁布是否会影响地方国企研发投入的检验结果。第（1）列为没有控制企业个体特征、行业固定效应以及年度固定效应的结果，交乘项 SOE×After 的系数显著为负，且显著性水平在1%以上。这初步说明，相对于不受《规定》影响的民企来说，地方国企在《规定》颁布后创新投资显著更低。第（2）列控制了企业的个体效应，但是没有控制行业和年度效应，虽然系数的绝对值有所下降，但是交乘项的系数仍然在1%的显著性水平上显著为负，这说明企业的个体特征会影响企业的创新投资，如果不加以控制，很可能会高估《规定》的颁布对企业研发投入的负面影响。在最后一列，我们控制了企业个体特征、行业特性以及时间效应，结果仍然保持了1%的显著性水平，这表明《规定》的颁布确实会抑制企业的创新投资。

表4 检验结果

Variables	(1)	(2)	(3)
Constant	0.011*** (13.273)	0.050*** (3.963)	0.032** (2.546)
SOE	−0.007*** (−7.344)	−0.005*** (−5.331)	−0.002* (−1.951)
After	0.022*** (20.492)	0.018*** (18.728)	0.027*** (20.983)

Variables	(1)	(2)	(3)
SOE×After	−0.015***	−0.009***	−0.008***
	(−11.507)	(−7.960)	(−6.896)
Lnnum		−0.001	−0.003
		(−0.428)	(−1.250)
Size		−0.002***	−0.002***
		(−3.440)	(−3.366)
Lev		−0.021***	−0.020***
		(−9.924)	(−9.592)
Tobin Q		0.000	−0.000
		(0.508)	(−0.077)
Cash		0.040***	0.027***
		(8.594)	(6.654)
ROA		−0.019***	−0.010*
		(−2.819)	(−1.665)
PPECF		0.047***	0.041***
		(6.084)	(5.407)
KZ		−0.000*	−0.000
		(−1.932)	(−1.199)
Fundown		0.000***	0.000***
		(4.363)	(5.093)
HHI		0.019**	0.091***
		(2.348)	(4.276)
Age		0.000	0.000
		(0.924)	(0.806)
Tenure		−0.001***	−0.001***
		(−4.085)	(−4.438)
Gender		−0.002	0.002
		(−0.883)	(1.137)
Year	no	no	yes
Ind	no	no	yes
Observations	6608	6608	6608
R-Squared	0.147	0.264	0.398

注：括号内为 t 值。***、** 和 * 分别代表1%、5%和10%的显著性水平（双尾检验）。上述所有标准误都经过企业群聚效应调整。

4.3 稳健性检验

4.3.1 PSM-DID 检验

DID 方法的使用要求实验组和对照组的选择是随机的，而本文的实验组和对照组是地方国企和民企，两类企业产权性质不同，企业目标也不同，因此，我们的分组可能会存在自选择问题。为了进一步缓解可能由此产生的内生性问题，我们采用倾向得分匹配（propensity score matching，简称 PSM 方法）对实验组和对照组进行了匹配。我们以模型 1 中的所有控制变量为匹配变量进行 Probit 估计，然后根据得分以最邻近匹配的方法对实验组和对照组进行匹配，最后再进行双重差分检验。相关的检验结果如表 5 所示。

表 5   PSM-DID 检验结果

Variables	（1）	（2）	（3）
Constant	0.009***	0.026*	0.018
	(8.679)	(1.916)	(1.383)
SOE	−0.005***	−0.005***	−0.002*
	(−4.185)	(−4.062)	(−1.950)
After	0.011***	0.012***	0.020***
	(10.113)	(10.116)	(12.851)
SOE×After	**−0.004*****	**−0.004*****	**−0.004*****
	(−3.194)	**(−2.950)**	**(−3.002)**
Lnnum		0.002	0.002
		(0.924)	(0.767)
Size		−0.001*	−0.001**
		(−1.815)	(−2.185)
Lev		−0.013***	−0.013***
		(−6.053)	(−6.863)
Tobin Q		0.000	0.000
		(0.839)	(0.157)
Cash		0.015***	0.006
		(3.184)	(1.496)
ROA		−0.007	0.003
		(−0.925)	(0.436)
PPECF		0.022***	0.019***
		(3.112)	(2.642)
KZ		−0.000	−0.000
		(−0.492)	(−0.534)

Variables	(1)	(2)	(3)
Fundown		0.000 **	0.000 **
		(2.026)	(2.398)
HHI		0.000	0.058 ***
		(0.043)	(3.109)
Age		0.000	0.000
		(0.410)	(0.217)
Tenure		−0.000	−0.000
		(−1.199)	(−1.611)
Gender		−0.003 **	0.000
		(−1.979)	(0.386)
Year	no	no	yes
Ind	no	no	yes
Observations	4563	4563	4563
R-Squared	0.066	0.111	0.267

注：括号内为 t 值。*** 、** 和 * 分别代表 1%、5% 和 10% 的显著性水平（双尾检验）。上述所有标准误都经过企业群聚效应调整。

从表 5 的结果可以看出，在经过 PSM 匹配之后，交互项的系数仍然在 1% 的水平上显著为负。与表 4 的检验结果相比，表 5 中交乘项系数的绝对值有所降低，这说明可能存在的内生性问题夸大了个人事项申报对企业创新投资的影响。但是在控制了可能存在的内生性问题之后，表 5 中的交乘项系数仍然显著为负，这样的结果与我们之前的结论一致，即《规定》的颁布确实会抑制国有企业的创新投资。

4.3.2　去掉高管职位变动的样本

根据刘青松和肖星（2015）的研究，国企高管的降职与业绩负相关，但是晋升与企业业绩不相关。因此，我们的结果可能是由于国企高管在面对可能的升迁机会时，为了业绩的稳定而减少创新投资这类高风险的投资行为。为了减少这种顾虑，我们去掉了 CEO 职位有变动的样本并进行了检验。检验结果见表 6。

表 6　　　　　　　　　　去掉 CEO 职位变动的样本

Variables	(1)	(2)	(3)
Constant	0.012 ***	0.054 ***	0.041 ***
	(12.167)	(3.687)	(2.858)
SOE	−0.008 ***	−0.005 ***	−0.002
	(−6.845)	(−4.491)	(−1.435)

Variables	(1)	(2)	(3)
After	0. 023 ***	0. 019 ***	0. 028 ***
	(18. 937)	(17. 290)	(19. 077)
SOE×After	**−0. 016 *****	**−0. 010 *****	**−0. 008 *****
	(−10. 580)	**(−7. 095)**	**(−6. 061)**
Lnnum		−0. 002	−0. 005 *
		(−0. 769)	(−1. 729)
Size		−0. 002 ***	−0. 002 ***
		(−2. 860)	(−3. 360)
Lev		−0. 024 ***	−0. 021 ***
		(−9. 666)	(−8. 483)
Tobin Q		0. 000	−0. 000
		(0. 680)	(−0. 129)
Cash		0. 045 ***	0. 030 ***
		(8. 419)	(6. 139)
ROA		−0. 025 ***	−0. 014 *
		(−2. 942)	(−1. 791)
PPECF		0. 046 ***	0. 040 ***
		(5. 138)	(4. 569)
KZ		−0. 000	−0. 000
		(−0. 770)	(−0. 315)
Fundown		0. 000 ***	0. 000 ***
		(4. 175)	(4. 866)
HHI		0. 027 ***	0. 097 ***
		(2. 749)	(4. 014)
Age		0. 000	0. 000
		(0. 556)	(0. 366)
Tenure		−0. 001 ***	−0. 001 ***
		(−4. 698)	(−4. 940)
Gender		−0. 001	0. 003
		(−0. 462)	(1. 351)
Year	no	no	yes
Ind	no	no	yes
Observations	5498	5498	5498
R-Squared	0. 151	0. 279	0. 413

注：括号内为 t 值。***、** 和 * 分别代表1%、5%和10%的显著性水平（双尾检验）。上述所有标准误都经过企业群聚效应调整。

从上表中可以看出，在去掉了高管职位变动的样本后，交乘项的系数依然显著为负，说明我们的检验结果是稳健的。

4.3.3 样本期间调整（前后期限两年）

在前文的检验中，我们将《规定》颁布当年（2010 年）包括在样本中。由于《规定》在 2010 年中期发布施行，我们无法得到一个前后一致的窗口期，因此，这里我们去掉了 2010 年和 2007 年，得到了一个在《规定》实施前后各两年的样本区间。检验结果见表 7。

表 7　　　　　　　　　　　　　**样本期间调整（前后期限两年）**

Variables	（1）	（2）	（3）
Constant	0.010***	0.061***	0.042***
	(10.132)	(4.216)	(3.031)
SOE	−0.006***	−0.005***	−0.001
	(−5.874)	(−4.404)	(−1.055)
After	0.023***	0.019***	0.026***
	(18.315)	(16.930)	(19.431)
SOE×After	**−0.016*****	**−0.009*****	**−0.007*****
	(−10.482)	**(−6.720)**	**(−5.530)**
Lnnum		−0.000	−0.004
		(−0.153)	(−1.409)
Size		−0.002***	−0.002***
		(−3.696)	(−3.277)
Lev		−0.025***	−0.023***
		(−9.760)	(−9.226)
Tobin Q		−0.000	−0.000
		(−0.146)	(−0.442)
Cash		0.048***	0.035***
		(8.443)	(6.928)
ROA		−0.030***	−0.018**
		(−3.614)	(−2.332)
PPECF		0.051***	0.047***
		(5.524)	(5.254)
KZ		−0.000	−0.000
		(−1.540)	(−0.362)
Fundown		0.000***	0.000***
		(3.809)	(4.439)

Variables	（1）	（2）	（3）
HHI		0.029***	0.066***
		（3.039）	（2.627）
Age		0.000	0.000
		（0.400）	（0.358）
Tenure		−0.001***	−0.001***
		（−3.704）	（−4.136）
Gender		−0.002	0.002
		（−0.838）	（1.143）
Year	no	no	yes
Ind	no	no	yes
Observations	4679	4679	4679
R-Squared	0.143	0.273	0.414

注：括号内为 t 值。***、** 和 * 分别代表 1%、5% 和 10% 的显著性水平（双尾检验）。上述所有标准误都经过企业群聚效应调整。

从表 7 中可以看出，在将样本期间调整为政策发生年度前后各两年的区间后，交乘项的系数仍然显著为负，与之前的检验结果一致。因此，我们的结论依然保持稳健。

4.3.4 样本期间调整（前后期限一年）

相对于其他的投资活动（例如固定资产投资），企业对创新投资的削减不会影响企业短期内的日常运营，而且效果也能够在短期内体现出来。因此，我们进一步考虑去掉 2008 年和 2012 年的样本，得到了一个在制度实施前后一年的样本区间并进行了检验。结果见表 8。

表 8　　　　　　　　　　样本期间调整（前后期限一年）

Variables	（1）	（2）	（3）
Constant	0.012***	0.058***	0.049***
	（11.844）	（4.238）	（3.585）
SOE	−0.007***	−0.005***	−0.003**
	（−6.242）	（−4.288）	（−2.282）
After	0.007***	0.006***	0.008***
	（9.073）	（8.323）	（9.799）
SOE×After	**−0.005*****	**−0.003*****	**−0.003*****
	（−5.255）	（−3.291）	（−3.245）

Variables	（1）	（2）	（3）
Lnnum		−0.000	−0.000
		（−0.071）	（−0.161）
Size		−0.002***	−0.002***
		（−4.244）	（−4.214）
Lev		−0.015***	−0.014***
		（−6.787）	（−6.445）
Tobin Q		0.000	−0.000
		（0.059）	（−0.417）
Cash		0.028***	0.020***
		（5.970）	（4.677）
ROA		0.005	0.010
		（0.668）	（1.416）
PPECF		0.052***	0.044***
		（6.057）	（5.098）
KZ		−0.000***	−0.000***
		（−3.031）	（−3.137）
Fundown		0.000***	0.000***
		（3.827）	（4.227）
HHI		−0.000	−0.010
		（−0.006）	（−0.368）
Age		0.000	0.000
		（1.199）	（1.187）
Tenure		−0.001***	−0.001***
		（−4.583）	（−4.503）
Gender		−0.001	0.003
		（−0.455）	（1.403）
Year	no	no	yes
Ind	no	no	yes
Observations	3387	3387	3387
R-Squared	0.072	0.210	0.330

注：括号内为 t 值。***、** 和 * 分别代表1%、5%和10%的显著性水平（双尾检验）。上述所有标准误都经过企业群聚效应调整。

从表8中可以看出，在政策发生年度前后一年的短期窗口内，交乘项系数的绝对值相比表7有所降低，但是仍然在1%的水平上显著为负，与之前的检验结果一致。

4.3.5　After 变量的调整

《规定》于 2010 年 5 月颁布且自发布之日起实施，在上述分析中，我们将 2010 年纳入政策实施之前。如果《规定》在当年就会对国有企业的创新投资产生影响，而我们将其包括在政策实施年度之前，可能会在结果上产生偏误，所以我们在这里将 2010 年及其之后的年份定义为 After。具体的检验结果见表 9。

表 9　　　　　　　　　　　　　　　　**After 变量的调整**

Variables	（1）	（2）	（3）
Constant	0.009 ***	0.057 ***	0.032 ***
	（10.525）	（4.469）	（2.615）
SOE	−0.005 ***	−0.005 ***	−0.001
	（−5.786）	（−4.792）	（−1.217）
After	0.020 ***	0.016 ***	0.026 ***
	（20.079）	（18.361）	（21.343）
SOE×After	**−0.014 *****	**−0.008 *****	**−0.007 *****
	（−11.614）	**（−7.685）**	**（−6.378）**
Lnnum		0.001	−0.003
		（0.366）	（−1.270）
Size		−0.002 ***	−0.002 ***
		（−4.461）	（−3.475）
Lev		−0.021 ***	−0.020 ***
		（−9.800）	（−9.565）
Tobin Q		−0.000	−0.000
		（−1.354）	（−0.246）
Cash		0.040 ***	0.028 ***
		（8.407）	（6.684）
ROA		−0.017 **	−0.010
		（−2.533）	（−1.628）
PPECF		0.047 ***	0.041 ***
		（6.148）	（5.471）
KZ		−0.000 ***	−0.000
		（−2.986）	（−1.281）
Fundown		0.000 ***	0.000 ***
		（4.329）	（5.100）
HHI		0.020 **	0.093 ***
		（2.558）	（4.308）

Variables	（1）	（2）	（3）
Age		0.000	0.000
		（1.010）	（0.828）
Tenure		−0.001***	−0.001***
		（−4.226）	（−4.472）
Gender		−0.002	0.002
		（−0.881）	（1.138）
Year	no	no	yes
Ins	no	no	yes
Observations	6608	6608	6608
R-Squared	0.132	0.253	0.396

注：括号内为 t 值。*** 、** 和 * 分别代表1%、5%和10%的显著性水平（双尾检验）。上述所有标准误都经过企业群聚效应调整。

可以看出，相比较将 2010 年纳入政策发生年度之前的结果，表 9 中交乘项系数的绝对值有所降低，但是仍然在 1%的水平上显著为负，与我们之前的检验结果一致。

4.3.6 样本结构调整

有一种忧虑认为事件年度前后的样本结构可能发生变化，从而导致本文所发现的统计现象，而与事件本身无关。例如，如果某些样本在事件年度后存在，但在事件年度前不存在，如果这些样本的 R & D 支出与其他样本存在系统性差异，就有可能导致本文发现的现象。因此，我们去掉了 2007 年之后上市的企业，并且删除了上市时间不超过 6 年（样本期间）的样本，保证样本结构在事件前后没有发生变化，并再次进行了检验。具体结果见表 10。

表 10 样本结构调整

Variables	（1）	（2）	（3）
Constant	0.006***	0.012	0.007
	（9.121）	（0.980）	（0.557）
SOE	−0.002***	−0.002***	−0.001
	（−2.590）	（−2.656）	（−1.141）
After	0.012***	0.012***	0.018***
	（13.352）	（12.451）	（13.357）
SOE×After	**−0.006*****	**−0.005*****	**−0.005*****
	（−5.337）	**（−4.502）**	**（−4.259）**

Variables	(1)	(2)	(3)
Lnnum		−0.000	−0.002
		(−0.062)	(−0.832)
Size		−0.000	−0.000
		(−0.413)	(−0.757)
Lev		−0.009 ***	−0.009 ***
		(−5.758)	(−5.856)
Tobin Q		0.000	−0.000
		(0.528)	(−0.528)
Cash		0.009 ***	0.004
		(2.657)	(1.326)
ROA		−0.008	−0.003
		(−1.331)	(−0.595)
PPECF		0.024 ***	0.019 **
		(3.289)	(2.452)
KZ		−0.000	−0.000
		(−0.967)	(−0.405)
Fundown		0.000 ***	0.000 ***
		(4.071)	(4.679)
HHI		−0.005	0.071 ***
		(−0.704)	(3.107)
Age		−0.000	0.000
		(−0.081)	(0.212)
Tenure		0.000	−0.000
		(0.008)	(−0.694)
Gender		−0.005 ***	−0.002 *
		(−3.930)	(−1.680)
Year	no	no	yes
Ind	no	no	yes
Observations	5, 014	5, 014	5, 014
R-Squared	0.070	0.114	0.242

从上表可以看出，在对样本结构进行调整后，交乘项的系数依然显著为负，这说明我们的结果是稳健的。

5. 进一步研究

前文的检验结果表明，本次《规定》的颁布确实会因增加国企高管的政治风险，导致国企高管为了控制总风险水平而减少企业的创新投资。在这一部分，我们进一步分析在不同的情况下这种抑制效应是否存在显著差异。下面我们将从企业经营风险和企业是否属于高新技术行业两个方面做进一步研究。

5.1 企业层面的差异：经营风险

根据前文的分析，国企高管的总风险由政治风险和企业经营风险构成。《规定》是由中共中央办公厅和国务院办公厅联合颁布的，每一个国企高管都必须遵照执行。因此，对于每一个国企高管来说，由此导致的政治风险是难以规避的。相反，国企高管对企业的经营管理具有很大的决策权（Chang and Wong，2009）。因此，他们可以通过各种可能的手段来控制国有企业的经营风险。当《规定》的颁布提高了国企高管的政治风险后，为了控制总风险水平，他们很可能会倾向于减少研发投入这类经营风险大的投资活动。当企业面临的经营风险越大时，国企高管控制总风险水平的动机越强，因而削减研发投入的力度越大。相反的，当企业面临的经营风险较小时，国企高管控制总风险水平的动机相对较弱，因而削减研发投入的力度较小。因此，我们预测，在经营风险较大的企业中，政治风险增加对国企创新投资的抑制作用更强；在经营风险比较小的企业中，政治风险增加对国企创新投资的抑制作用较弱。

为了检验上述问题，参考黄晓波等（2015）的方法，我们采用经营杠杆系数来度量经营风险，经营杠杆系数越大，经营风险越大。该指标的数据直接来自 CSMAR 数据库。我们将 2007 年的经营杠杆系数按行业计算出平均值，并且把样本划分为高风险和低风险两组，然后进行分组回归。具体的检验结果见表 11。

表 11　　　　　　　　　　　　　　　企业经营风险差异

Variables	（1） 高风险	（2） 低风险	（3） 高风险	（4） 低风险	（5） 高风险	（6） 低风险
Constant	0.005 ***	0.007 ***	0.024	0.006	0.026	−0.004
	(5.796)	(7.276)	(1.527)	(0.306)	(1.625)	(−0.213)
SOE	−0.002	−0.004 ***	−0.002	−0.004 ***	−0.001	−0.002
	(−1.365)	(−3.519)	(−1.351)	(−3.184)	(−1.069)	(−1.581)
After	0.012 ***	0.010 ***	0.012 ***	0.011 ***	0.019 ***	0.018 ***
	(6.311)	(9.194)	(6.229)	(8.683)	(7.343)	(9.455)

Variables	（1） 高风险	（2） 低风险	（3） 高风险	（4） 低风险	（5） 高风险	（6） 低风险
SOE×After	**−0.006*****	**−0.004****	**−0.006*****	**−0.003***	**−0.005****	**−0.003***
	（−2.833）	**（−2.438）**	**（−2.685）**	**（−1.880）**	**（−2.574）**	**（−1.905）**
Lnnum			−0.002	0.001	−0.003	−0.001
			（−0.702）	（0.160）	（−1.188）	（−0.261）
Size			−0.000	0.000	−0.001	0.000
			（−0.667）	（0.208）	（−1.453）	（0.368）
Lev			−0.008**	−0.010***	−0.008***	−0.011***
			（−2.458）	（−4.516）	（−2.755）	（−4.457）
Tobin Q			−0.000	0.001	−0.001	0.000
			（−0.566）	（1.118）	（−1.145）	（0.532）
Cash			0.003	0.008*	−0.004	0.004
			（0.489）	（1.794）	（−0.708）	（0.957）
ROA			−0.004	−0.018*	0.002	−0.014*
			（−0.321）	（−1.963）	（0.218）	（−1.685）
PPECF			0.025**	0.017*	0.012	0.020*
			（2.350）	（1.767）	（1.123）	（1.952）
KZ			0.000	−0.000	0.000	−0.000
			（0.864）	（−0.702）	（0.954）	（−0.684）
Fundown			0.000	0.000***	0.000***	0.000***
			（1.501）	（3.647）	（2.940）	（3.432）
HHI			−0.005	−0.002	0.047	0.087***
			（−0.399）	（−0.207）	（1.106）	（3.161）
Age			0.000	−0.000	0.000	−0.000
			（0.047）	（−0.494）	（0.645）	（−1.043）
Tenure			−0.000	−0.000	−0.000	−0.000
			（−0.825）	（−0.385）	（−1.354）	（−0.860）
Gender			0.001	−0.006***	0.002	−0.003**
			（0.313）	（−5.023）	（1.034）	（−2.473）
Year	no	no	no	no	yes	yes
Ind	no	no	no	no	yes	yes

Variables	（1） 高风险	（2） 低风险	（3） 高风险	（4） 低风险	（5） 高风险	（6） 低风险
Observations	1726	2820	1726	2820	1726	2820
R-Squared	0.068	0.063	0.086	0.117	0.235	0.223

注：括号内为 *t* 值。***、** 和 * 分别代表 1%、5% 和 10% 的显著性水平（双尾检验）。上述所有标准误都经过企业群聚效应调整。

从上表中可以看出，交乘项的系数在高风险组和低风险组都显著为负，但是高风险组交乘项系数的显著性更强，而且系数的绝对值也更大。这意味着《规定》颁布之后，面临更高企业风险的高管会更多地削减企业的研发投入，这与我们之前的理论分析是一致的。

5.2 行业层面的差异：是否属于高新技术行业

我们之前的检验结果支持了抑制观，但是从理论上说，《规定》的实施对高新技术行业和非高新技术行业企业创新投资的影响仍然存在着两种可能性：

第一，那些处于高新技术行业的企业自身研发需求就比较大，对这些企业来说，研发投入是企业投资中的主要内容，关系到企业的未来可持续性和发展潜力，因此难以被轻易地削减；相反的，那些非高新技术行业中的企业创新需求可能相对较低，短期内研发投入的削减不会对企业产生太大的影响。

第二，出于高新技术行业中的企业本身的经营风险就比较高，对风险的变化也比较敏感，因此当《规定》的颁布提高了国企高管的政治风险时，高管会更大幅度地削减创新投资。相反的，在非高新技术行业中，企业通过减少创新投资来降低经营风险的空间比较小，可能会转而通过其他的方式来降低经营风险。

为了检验《规定》的实施对不同行业中企业的创新投资究竟会产生哪种影响，我们参照邵红霞和方军雄（2006）① 的研究，将行业分为高新技术行业和非高新技术行业，并进行了检验。具体的检验结果见表 12。

表 12 行业差异分析

Variables	（1） 高新	（2） 非高新	（3） 高新	（4） 非高新	（5） 高新	（6） 非高新
Constant	0.020*** （10.630）	0.006*** （9.555）	0.066* （1.687）	0.014 （1.538）	0.054 （1.270）	0.024** （2.512）

---

① 邵红霞和方军雄（2006）的研究依据 2001 年证监会的行业分类，我们在他们的基础上参照 2012 年的分类标准进行了相关调整。

Variables	(1) 高新	(2) 非高新	(3) 高新	(4) 非高新	(5) 高新	(6) 非高新
SOE	−0.011 ***	−0.003 ***	−0.005 **	−0.003 ***	−0.002	−0.001
	(−4.941)	(−4.017)	(−2.140)	(−3.538)	(−0.784)	(−1.479)
After	0.031 ***	0.014 ***	0.025 ***	0.012 ***	0.038 ***	0.018 ***
	(15.420)	(13.986)	(12.910)	(13.538)	(14.356)	(15.099)
SOE×After	**−0.018 *****	**−0.008 *****	**−0.010 *****	**−0.006 *****	**−0.010 *****	**−0.004 *****
	(−6.103)	**(−7.012)**	**(−3.345)**	**(−5.352)**	**(−3.359)**	**(−4.259)**
Lnnum			−0.007	0.003	−0.009	0.001
			(−1.184)	(1.635)	(−1.515)	(0.448)
Size			−0.001	−0.001 **	−0.002	−0.001 ***
			(−0.922)	(−2.157)	(−1.439)	(−3.617)
Lev			−0.028 ***	−0.012 ***	−0.027 ***	−0.012 ***
			(−5.938)	(−6.383)	(−5.993)	(−6.398)
Tobin Q			−0.000	0.000	−0.000	−0.000
			(−0.162)	(0.536)	(−0.418)	(−0.458)
Cash			0.056 ***	0.017 ***	0.042 ***	0.014 ***
			(6.026)	(4.195)	(4.538)	(3.622)
ROA			−0.015	−0.013 **	−0.012	−0.009
			(−1.131)	(−2.017)	(−0.969)	(−1.465)
PPECF			0.047 ***	0.046 ***	0.050 ***	0.037 ***
			(2.737)	(6.601)	(3.014)	(5.438)
KZ			0.000	−0.000 **	0.000	−0.000 *
			(0.194)	(−2.240)	(1.281)	(−1.946)
Fundown			0.000 ***	0.000 **	0.001 ***	0.000 ***
			(3.301)	(2.152)	(4.121)	(3.686)
HHI			0.055 ***	−0.024 ***	0.218 ***	0.019
			(4.042)	(−4.568)	(3.409)	(1.563)
Age			−0.000	0.000 **	−0.000	0.000
			(−0.053)	(2.071)	(−0.255)	(1.373)
Tenure			−0.001 **	−0.000 ***	−0.001 ***	−0.000 ***
			(−2.427)	(−4.099)	(−2.700)	(−3.989)

Variables	（1） 高新	（2） 非高新	（3） 高新	（4） 非高新	（5） 高新	（6） 非高新
Gender			0.008 （1.462）	−0.002 （−1.097）	0.007 （1.445）	0.001 （0.421）
Year	no	no	no	no	yes	yes
Ind	no	no	no	no	yes	yes
Observations	2039	4569	2039	4569	2039	4569
R-Squared	0.177	0.107	0.345	0.185	0.421	0.321

注：括号内为 t 值。***、** 和 * 分别代表1%、5%和10%的显著性水平（双尾检验）。上述所有标准误都经过企业群聚效应调整。

从上表可以看出，交乘项 SOE×After 的系数在每一列中都显著为负，但是在高新技术行业中的绝对值更大，说明《规定》的实施对研发强度比较高的企业影响更大，从而验证了第二种可能性。

6. 创新绩效检验

在前文的分析中，我们采用研发投入作为企业创新的代理变量，这是因为研发投入作为企业当期的投资行为，更能反映高管当期的风险决策（张敏等，2015）。但是，由于研发活动存在失败率高、不确定性强等特征，与研发投入相比，创新产出更直观地体现了企业的创新绩效。这里，我们检验创新投资的减少是否也会导致创新绩效的下降，以此来进一步研究《规定》的颁布实施导致国有企业创新投资的减少是否也会导致国有企业创新绩效的下降。

我们参考以往文献（He and Tian, 2013; Cornaggia et al., 2015; Balsmeier et al., 2017），采用发明授权专利数量作为创新绩效的代理变量进行检验。由于这里的被解释变量是发明授权专利数量，而专利数量是一个计数变量（count variable），具有离散性和非负整数的性质，所以难以采用传统的线性回归模型。因此，我们参考现有文献（如陈思等，2017；贾俊生等，2017；Aghion et al., 2013），采用负二项回归（Negative Binomial Regression）方法来检验《规定》颁布实施的经济后果。由于从研发投入到专利产出需要一个过程，我们分别采用未来一期、未来二期、未来三期和未来四期的发明授权专利数量来衡量企业的创新绩效。具体的检验结果见表13。

表 13   创 新 绩 效

	未来一期	未来二期	未来三期	未来四期
SOE	0.203 （0.78）	0.212 （0.93）	0.141 （0.62）	0.006 （0.03）

	未来一期	未来二期	未来三期	未来四期
After	0.186	0.415**	0.604***	0.247
	(0.71)	(1.98)	(2.81)	(1.04)
SOE×After	**−0.234**	**−0.494****	**−0.656*****	**−0.460***
	(−0.77)	**(−1.98)**	**(−2.60)**	**(−1.66)**
Lnnum	0.197	0.179	−0.129	−0.435
	(0.42)	(0.38)	(−0.28)	(−0.91)
Size	0.345***	0.494***	0.602***	0.528***
	(2.96)	(4.31)	(5.58)	(4.85)
Lev	−1.166**	−0.997**	−0.420	−0.821*
	(−2.13)	(−2.04)	(−0.92)	(−1.75)
Tobin Q	−0.040	0.004	0.018	−0.058
	(−0.69)	(0.07)	(0.33)	(−0.92)
Cash	1.368*	2.224***	2.947***	2.563***
	(1.86)	(2.96)	(3.42)	(3.40)
ROA	1.271	0.048	0.228	−0.002
	(1.36)	(0.05)	(0.18)	(−0.00)
PPECF	−2.620*	−3.279**	−4.588***	−1.187
	(−1.74)	(−2.03)	(−3.24)	(−0.73)
KZ	0.003	0.001	−0.005	−0.017*
	(0.45)	(0.11)	(−0.80)	(−1.66)
Fundown	0.048***	0.061***	0.066***	0.063***
	(4.63)	(6.11)	(7.06)	(5.81)
HHI	−5.554***	−6.055***	−4.278***	−4.024***
	(−4.00)	(−5.13)	(−3.94)	(−4.00)
Age	−0.031**	−0.036**	−0.036**	−0.034**
	(−2.13)	(−2.40)	(−2.43)	(−2.32)
Tenure	0.052	0.025	0.020	0.055*
	(1.45)	(0.75)	(0.59)	(1.73)
Gender	0.344	1.137**	1.747***	1.003***
	(1.01)	(2.19)	(3.03)	(2.74)
_cons	−5.812**	−8.977***	−11.086***	−8.672***
	(−2.18)	(−3.43)	(−4.29)	(−3.53)
lnalpha				
_cons	2.895***	2.796***	2.753***	2.780***
	(35.87)	(37.14)	(36.90)	(36.86)

	未来一期	未来二期	未来三期	未来四期
N	6593	6593	6593	6593
Loglikelihood	−5122.581	−5353.433	−5466.748	−5788.341

注：括号内为 z 值。***、** 和 * 分别代表1%、5%和10%的显著性水平。

从表13中可以看出，在对未来一期授权专利的检验中，交乘项系数虽然不显著，但为负，而在对未来二期、三期和四期授权专利的检验中，交乘项的系数都显著为负。这说明《规定》实施对创新投资的抑制效应在未来二到四年会对企业的创新绩效产生不利的影响。

7. 结论

本文以2010年5月中共中央办公厅和国务院办公厅对《规定》的修订和颁布作为准自然实验，研究了国企高管个人的政治风险对企业创新投资决策的影响。我们利用2007—2012年A股上市公司为样本，以地方国企为实验组，民企为对照组，采用DID方法对上述问题进行了检验。结果发现，《规定》的实施导致的高管政治风险的增加会显著抑制国有企业的创新投资。经过一系列的稳健性检验，检验结果依然保持稳健。进一步的研究发现，这种抑制效应在经营风险更大的企业以及高新技术行业中会更严重。最后，我们还发现《规定》的颁布实施显著降低了地方国企的创新绩效。本文的研究有助于从高管政治风险的视角，丰富和拓展国企高管代理问题的相关文献和企业创新影响因素的相关研究。同时，本文对于如何在反腐败的背景下进一步完善国企高管激励机制、缓解国企高管代理问题、深化国企改革具有重要的政策含义。

◎ 参考文献

[1] 陈冬华，陈信元，万华林. 国有企业中的薪酬管制和在职消费 [J]. 经济研究，2005（2）.

[2] 陈仕华，卢昌崇. 国有企业党组织的治理参与能够有效抑制并购中的"国有资产流失"吗 [J]. 管理世界，2014（5）.

[3] 陈思，何文龙，张然. 风险投资与企业创新：影响和潜在机制 [J]. 管理世界，2017（1）.

[4] 程仲鸣，夏新平，余明桂. 政府干预、金字塔结构与地方国有上市公司投资 [J]. 管理世界，2008（9）.

[5] 党力，杨瑞龙，杨继东. 反腐败与企业创新：基于政治关联的解释 [J]. 中国工业经济，2015（7）.

[6] 方芳，李实. 中国企业高管薪酬差距研究 [J]. 中国社会科学，2015（8）.

［7］冯根福，赵珏航．管理者薪酬、在职消费与公司绩效——基于合作博弈的分析视角［J］．中国工业经济，2012（6）．

［8］黄晓波，张琪，郑金铃．上市公司客户集中度的财务效应与市场反应［J］．审计与经济研究，2015（2）．

［9］贾俊生，伦晓波，林树．金融发展、微观企业创新产出与经济增长——基于上市公司专利视角的实证分析［J］．金融研究，2017（1）．

［10］姜付秀，朱冰，王运通．国有企业的经理激励契约更不看重绩效吗？［J］．管理世界，2014（9）．

［11］金宇超，靳庆鲁，宣扬．"不作为"或"急于表现"：企业投资中的政治动机［J］．经济研究，2016（10）．

［12］李涛．国有股权、经营风险、预算软约束与公司业绩：中国上市公司的实证发现［J］．经济研究，2005（7）．

［13］刘青松，肖星．成也业绩，败也业绩？国企高管变更的实证研究［J］．管理世界，2015（3）．

［14］刘运国，刘雯．我国上市公司的高管任期与 R & D 支出［J］．管理世界，2007（1）．

［15］鲁桐，党印．公司治理与技术创新：分行业比较［J］．经济研究，2014（6）．

［16］邵红霞，方军雄．我国上市公司无形资产价值相关性研究——基于无形资产明细分类信息的再检验［J］．会计研究，2006（12）．

［17］唐雪松，周晓苏，马如静．政府干预、GDP 增长与地方国企过度投资［J］．金融研究，2010（8）．

［18］王兵，鲍圣婴，阚京华．国家审计能抑制国有企业过度投资吗？［J］．会计研究，2017（9）．

［19］王红领．决定国企高管薪酬水平的制度分析［J］．现代经济探讨，2006（1）．

［20］温军，冯根福．异质结构、企业性质与自主创新［J］．经济研究，2012（3）．

［21］吴武清，陈暮紫，黄德龙，等．系统风险的会计决定：企业财务风险、经营风险、系统风险的时变关联［J］．管理科学学报，2012（4）．

［22］辛清泉，林斌，王彦超．政府控制、经理薪酬与资本投资［J］．经济研究，2007（8）．

［23］杨瑞龙，王元，聂辉华．"准官员"的晋升机制：来自中国央企的证据［J］．管理世界，2013（3）．

［24］杨国超，刘静，廉鹏，等．减税激励、研发操纵与研发绩效［J］．经济研究，2017（8）．

［25］余明桂，钟慧洁，范蕊．业绩考核制度可以促进央企创新吗［J］．经济研究，2016（12）．

［26］袁建国，后青松，程晨．企业政治资源的诅咒效应——基于政治关联与企业技术创新的考察［J］．管理世界，2015（1）．

［27］张敏，童丽静，许浩然．社会网络与企业风险承担——基于我国上市公司的经验证据［J］．管理世界，2015（11）．

[28] 张霖琳, 刘峰, 蔡贵龙. 监管独立性、市场化进程与国企高管晋升机制的执行效果——基于 2003—2012 年国企高管职位变更的数据 [J]. 管理世界, 2015 (10).

[29] 张维迎. 企业理论与中国企业改革 [M]. 上海: 上海人民出版社, 2015.

[30] 张璇, 刘贝贝, 汪婷, 等. 信贷寻租、融资约束与企业创新 [J]. 经济研究, 2017 (5).

[31] 郑志刚, 李东旭, 许荣, 等. 国企高管的政治晋升与形象工程——基于 N 省 A 公司的案例研究 [J]. 管理世界, 2012 (10).

[32] 周铭山, 张倩倩. "面子工程" 还是 "真才实干"? ——基于政治晋升激励下的国有企业创新研究 [J]. 管理世界, 2016 (12).

[33] Aghion, P., J. Reenen, Zingales, L. Innovation and institutional ownership [J]. *American Economic Review*, 2013, 103 (1).

[34] Balsmeier, B., L. Fleming, Manso, G. Independent boards and innovation [J]. *Journal of Financial Economics*, 2017, 123 (3).

[35] Bernile, G., V. Bhagwat,, Yonker, S. Board Diversity, firm risk, and corporate policies [J]. *Journal of Financial Economics*, 2018, 127 (3).

[36] Cao, X., Michael, L., Pan, X., et al. Political promotion, CEO incentives and the relationship between pay and performance [J]. Management Science, 2018.

[37] Chang, E. C., Wong, S. Governance with multiple objectives: Evidence from top executive turnover in China [J]. *Journal of Corporate Finance*, 2009, 15 (2).

[38] Cornaggia, C., Mao, Y., Tian, X. et al. Does banking competition affect innovation? [J]. *Journal of Financial Economics*, 2015, 115 (1).

[39] Dannhauser, C. D. The impact of innovation: Evidence from Corporate Bond Exchange-Traded Funds (ETFs) [J]. *Journal of Financial Economics*, 2017, 125 (3).

[40] Du, F., G. Tang, Young, S. M. Influence activities and favoritism in subjective performance evaluation: Evidence from Chinese state-owned enterprises [J]. *The Accounting Review*, 2012, 87 (5).

[41] Dechow, P. M., Sloan, R. G. Executive incentives and the horizon problem [J]. *Journal of Accounting and Economics*, 1991, 14 (1).

[42] Francis, J., Smith, A. Agency costs and innovation some empirical evidence [J]. *Journal of Accounting and Economics*, 1995, 19 (2-3).

[43] Graham, J. R., Harvey, C. R., Rajgopal, S. The economic implications of corporate financial reporting [J]. *Journal of Accounting and Economics*, 2005, 40 (1-3).

[44] Hirshleifer, D., Low, A., Teoh, S. H. Are overconfident CEOs better innovators? [J]. *The Journal of Finance*, 2012, 67 (4).

[45] Hsu, P. H., Tian, X., Xu, Y. Financial development and innovation: Cross-country evidence [J]. *Journal of Financial Economics*, 2014, 112 (1).

[46] He, J. J., Tian, X. The dark side of analyst coverage: The case of innovation [J]. *Journal of Financial Economics*, 2013, 109 (3).

[47] Hambrick, D. C., Fukutomi, G. D. S. The seasons of a CEO's tenure [J]. *Academic Management*, 1991, 16 (4).

[48] Huang, J., and Kisgen, D. J. Gender and corporate finance: Are male executives overconfident relative to female executives? [J]. *Journal of Financial Economics*, 2013, 108 (3).

[49] Jiang, X., Yuan, Q. Institutional investors' corporate site visits and corporate innovation [J]. *Journal of Corporate Finance*, 2018 (48).

[50] Lerner, J., Wulf, J. Innovation and incentives: Evidence from corporate R & D [J]. *Review of Economics and Statistics*, 2007, 89 (4).

[51] Schumpeter, J. *The Theory of Economics Development* [M]. Cambridge, MA : Harvard University Press, 1911.

[52] Sunder, J., Sunder, S. V., Zhang, J. Pilot CEOs and corporate innovation [J]. *Journal of Financial Economics*, 2017, 123 (1).

[53] Tenev, S., Zhang, C., Brefort, L. *Corporate governance and enterprise reform in China: Building the institution of modern market* [M]. Washington, DC: World Bank Publications, 2002.

[54] Tian, X., Wang, T. Y. Tolerance for failure and corporate innovation [J]. *The Review of Financial Studies*, 2011, 27 (1).

[55] Xu, C. The fundamental institutions of China's reforms and development [J]. *Journal of Economic Literature*, 2011, 49 (4).

[56] Zhong, R. I. Transparency and firm innovation [J]. *Journal of Accounting and Economics*, forthcoming, 2018, 66 (1).

The Reporting of Personal Matters of Top Management, Political Risks, and Innovation Investment of State-Owned Enterprises

Yu Minggui[1]　Shi Peining[2]　Zhong Huijie[3]

(1, 2　Economics and Management School, Wuhan University, Wuhan, 430072;

3　Accounting School, Zhongnan University of Economics and Law, Wuhan, 430073)

Abstract: The Communist Party of China (hereinafter referred to be as CCP), CCP issued the revision of the Provision Relating to the Declaration of the Leader's Personal Matters (hereinafter referred to be as the Provision) in May 2010. On the one hand, the Provision requires leading cadres including executives of SOEs to declare their marital status, their family members' emigrant status and employment status as well as their property declaration. On the other hand, it adds further new punitive measures such as adjusting the officials' position in the government and dismissal when they break the Provision. The implement of the Provision can raise political risk of executives of SOEs and they might try to cut some projects with high operational risk to control the total risk when the increase of political risk because of the Provision is inevitable. The whole innovation is not only long, idiosyncratic, and unpredictable, but also involves a very high probability of failure. Therefore, we speculate that executives of SOEs may reduce innovation investments with high operational risk to control total risk. Drawing on a sample of Chinese listed firms in the period of 2007—2012, we find a significant decrease of innovation investment of SOEs after the Provision putting into force using difference-in-differences method (DID). We also find this effect is more pronounced in the firms with higher operational risk and the firms in high-tech industry. This study contributes to corporate innovation literature and SOEs agency problem literature from the perspective of executives' political risk, and we also enrich recent research about economic consequences of property declaration. The results of this paper can also provide policy reference to further promote anti-corruption campaign and deepen SOEs reform in China.

Key words: Declaration of personal matters; Agency problem; Corporate innovation; SOE Executive; Political risk

专业主编：潘红波

敬畏情绪对绿色消费行为的影响机制研究[*]

● 胡　静[1]　杨　艳[2]　景奉杰[3]

（1，3　华东理工大学商学院　上海　200237；

2　华东理工大学体育科学与工程学院　上海　200237）

【摘　要】绿色消费需要牺牲个人短期利益以换取公众长期利益，这给绿色消费的推广带来了阻碍。传统绿色消费行为影响因素研究大多侧重于个体认知变量，较少探讨对个体行为影响更为直接和深刻的情绪因素。本研究聚焦于个体普遍经历的一种特定情绪——敬畏对绿色消费行为的影响，并试图从联结性视角解释敬畏对绿色消费行为的作用机理。实证研究结果表明，敬畏情绪可以积极影响个体的自然联结和社会联结，并提升绿色消费行为。性别调节了敬畏情绪对绿色消费行为的作用。研究结论证实了绿色环保理念可以通过影响个体情绪来实现，对于采用柔性方式提升绿色消费价值观及引导绿色消费行为具有重要的理论意义和实践意义。

【关键词】敬畏　自然联结　社会联结　绿色消费

中图分类号：C93；F713.5　　　文献标志码：A

1. 引言

绿色消费对于环境保护具有重要意义。目前，环境保护的提倡和引导往往以各级公共部门为主角，出台一系列的环境保护法律和法规来引导和规范民众行为。公共政策研究也成为绿色消费研究领域的主旋律。然而，从经济理性的角度来看，相对于非绿色产品，绿色消费往往以牺牲个人利益为代价换取公众及社会的整体利益，如绿色产品一般定价较高，使用不便，获取途径有限（吴波等，2014）。因此，基于引导理性认知诉求价值观的刚性公共政策对个体绿色消费行为的影响相对较为有限。有学者提出，对于环境保护相关的行为，情感因素比认知因素的影响更加直接和深刻（汪兴东和景奉杰，2012）。在这种背景下，社会管理学家提出以人的情感为根本出发点的柔性管理方式，通过形成共同的价值观和意识形态影响个体行为（陈建军，2012）。相较于外部刚性政策管控，真正从引导

---

* 基金项目：国家自然科学基金项目"敬畏感对消费者选择的影响及作用机制——基于自然和社会联结性的双向视角"（项目批准号：71772064）。

通讯作者：杨艳，E-mail：yangyan@ecust.edu.cn。

消费者个体内在情感的角度出发，采用柔性方式提升绿色环保理念的接受度正在成为绿色消费理论研究和实践管理的新的探索方向。

以往研究关注的影响环境保护行为的情绪，大多由与环境保护相关的情境诱发。如学者们研究了由社会规范所带来的对于从事环境保护行为的预期自豪情绪，对于未从事环境保护行为的预期内疚情绪以及对于气候变化产生的恐惧情绪对个体环境保护行为的影响（Onwezen et al.，2013；Chen，2016）。以上情绪均能显著促进环境保护行为。这些研究结论为我们研究情绪对绿色消费行为的影响提供了有效的理论支撑和指导。为了进一步讨论一般情境中情绪对环境保护行为的影响，本文聚焦于敬畏情绪——一种个体在日常生活中经常能够体验到的，深刻但又常常被研究者忽略的情绪，并从联结性视角探索敬畏情绪对绿色消费行为的影响机制，以此对宏观政策和营销实践提供借鉴。

2. 相关研究述评

2.1 敬畏情绪

在直面壮阔自然景观，欣赏美轮美奂的艺术品或者瞻仰伟大领袖时，我们最容易引发的情绪就是敬畏。敬畏是个体在面对广阔的、浩大的，以及超越我们当前理解范围的事物时产生的复杂情绪体验（董蕊等，2013）。敬畏情绪的诱发来源非常广泛，Keltner 和 Haidt（2003）将其诱发因素进行了分类，包括物理因素（如自然景观、教堂、唤起人类敬畏感的音乐等），社会因素（如伟人、上帝等）和认知因素（如伟大的理论等）（Keltner & Haidt，2003）。诱发来源的广泛性使得敬畏情绪体验包含多种情绪成分，如愉悦、困惑、钦佩、惊奇和服从等（董蕊等，2013）。由于敬畏情绪在诱发因素以及内在成分等多方面存在特殊性，心理学界对于敬畏情绪的内涵与界定起步较晚。随着 Keltner 和 Haidt（2003）基于原型理论对敬畏情绪进行了解构，国内外学者近年来围绕敬畏情绪对个体心理及行为的影响开展了大量的研究。作为典型的自我超越情绪，敬畏可以使个体延长对时间的直觉，促进个体感知到时间相对充裕；激发个体更加热爱生活，拥有更高的生活幸福感水平（Rudd et al.，2012）；还可以扩大个体的自我概念，将自我概念扩展到外部世界（Van Cappellen & Saroglou，2012）。目前，敬畏情绪对个体行为影响的研究主要集中于社会领域。有研究指出，敬畏情绪可以促进亲社会行为倾向，使得个体更倾向于表现得更为大方，更为乐于助人（Claire & Vassilis，2016），更愿意做出道德决策（Piff et al.，2015），减少攻击行为等（Yang et al.，2016）。然而，与社会领域研究相对应的自然领域，具体到敬畏情绪对自然环境相关行为影响的研究目前仍处于空白阶段。为了填补研究空白，本研究将具体关注敬畏对以亲环境为导向的绿色消费行为的影响。

2.2 自然联结与社会联结

联结性是人类意识的本质特性之一，是人与动物的本质区别所在。联结是意识形成的核心环节，意识的形成过程也是心理的形成过程。认同理论认为个体会根据自我认同的不同维度和对象构建出自我与广泛的社会结构的心理联结。最早的联结性研究来源于认知心理学领域，仅关注个体与社会的联结。最近有研究将自我认同的范围从人类社会扩展到更为广泛的范围。个体认同的对象不仅包括人类，还包括动物、植物，乃至身边的一切对象（Arnocky et al.，2007）。这种泛化的认同或超级自我的构念表现为自我与身边一切事物的不同的联结程度，可以分为两类，一类是与物（如狗、树、地球）的联结性，被称为"自然联结"（Lee et al.，2015）；一类是自我与人类社会汇总其他人的联结性，被称为"社会联结"（Lee，1995）。自然联结体现的是人与自然世界之间的一种亲密关联，个体从情感上对自然产生依恋，从认知上将自然与自我合为一体，从身体体验上感受到自然的吸引力，愿意与自然共处（李一茗等，2018）。社会联结体现了同社会世界亲密关系的主观感受，这种亲密感构筑为个体对社会世界的归属感的重要成分（Lee，1995，1998）。个体从事以亲环境为动机的绿色消费行为既包含对自然环境的利益的关注，也包含对全体人类利益的关注。所以，本研究将从自然联结和社会联结的角度出发，进一步探讨敬畏情绪对绿色消费行为的影响机制。

3. 研究假设

3.1 敬畏情绪与绿色消费行为

绿色消费行为是消费者在商品的购买、使用和用后处理过程中努力保护生态环境并使消费对环境的负面影响最小化的消费行为（劳可夫，2013）。由于对生态环境的关注，以及出于保护自然环境的基本动机，绿色消费往往伴随着消费者个人时间、经济以及精力等成本的增加。这就需要消费者能够建立自我超越的价值观，降低对个人利益的关注。而敬畏作为典型的自我超越情绪体验，会削弱对自我的关注，增强对外部世界的感知，促使个体认为自我是外部世界的一部分（Lee et al.，2015），因此有利于建立基于外部整体利益（包括自然世界以及人类社会）的决策视角（Shiota et al.，2007）。现有研究已经证实敬畏情绪可以通过对自我关注的削弱和对外部世界感知的增强，对以外部世界（如人类社会、其他人）利益为导向的行为产生影响（Piff et al.，2015）。可以推断，敬畏情绪同样可以促进以另一外部世界的重要组成部分——自然环境利益为导向的绿色消费行为。另外，资源支持理论也为敬畏对绿色消费行为的积极影响提供了理论依据。该理论认为注意力是有限资源，个体对自我过多的关注将削弱其关注周边环境的精力。而个体的关注点将影响行为导向，如对自我的高度关注会增加自我导向行为的可能性，比如炫耀消费（Sivanathan & Pettit，2010）。所以，敬畏情绪将个体从对自我的关注转移到对周边环境的关注，有利于提高个体从事以亲环境为导向的绿色消费的行为倾向。基于此，我们提出以下假设：

H1：敬畏情绪提升绿色消费行为。

3.2 敬畏情绪、自然联结与社会联结

敬畏情绪诱发因素，内在成分以及情感效价均存在高度复杂性（叶巍岭等，2018）。Haidt 和 Keltner（2003）基于原型理论，提出了原型敬畏情绪的两个核心特点为知觉到的

浩大和顺应的需要（Keltner & Haidt，2003；董蕊、彭凯平、喻丰，2013）。这两个核心特点有助于理解敬畏情绪对个体自然联结和社会联结的影响。首先，知觉到的浩大指所有比自我强大的外部存在（董蕊等，2013）。敬畏情绪的诱发因素，一般都是在物理尺寸、社会身份或者认知感受等层面挑战个体既有认知结构的事物，比如宏大的景观，震撼的感情，美轮美奂的艺术品。这些冲击性的事物或场景往往让人引发超越性的体验，产生世间万物都是相互联系、互相依赖的感知（Van Cappellen & Saroglou，2012）。其次，顺应则指外部的浩大刺激物所带来的新体验与现有的认知参考框架不相适应时的心理重建过程（Keltner & Haidt，2003）。这一过程中认知参考框架的调整将促进个体吸收新的信息以及提升个体对新体验的开放性。对新体验的开放性可以模糊自我与外部世界的意识边界，而联结感的特征即为人类与其他人或生物的边界的模糊化（Lee et al.，2015）。根据以上关于敬畏情绪的核心特点对个体心理影响的论述，可以推断，敬畏体验会提升个体对外界的联结性感知。另外，有学者进一步指出，敬畏体验中，往往伴随着联结性的感受，倾向于将自我归属于外部更大的世界，如人类社会、自然环境等（Bonner & Friedman，2011）。所以，我们进一步假设：

H2：敬畏情绪提升个体的自然联结。

H3：敬畏情绪提升个体的社会联结。

3.3 自然联结、社会联结与绿色消费行为

自然和社会是人类接触的最核心的两大外部世界来源。人类对自然和社会的关系感知也将对个体的心理和行为产生影响。自然联结侧重于个体对自我与自然世界关系的主观感受。由于关系亲密度会有效促进个体对对方的同理心（Aron et al.，1992），所以，当个体与自然在认知与情感上的亲密度逐渐增强，会有效提升个体从自然世界认知与考虑问题的意愿和行为倾向（李一茗等，2018）。如高自然联结的个体有更多保护植被的意愿（Gosling & Williams，2010），以及更多的环保行为，如及时关灯、给环保组织捐款等（Clayton，2003）。同理，社会联结包含自我与社会世界关系的主观感受（周会娜，2011）。高社会联结会提升个体与他人的关系感知以及对他人的同理心，使得个体更倾向于基于他人利益考虑问题（Aron et al.，1992）。由于环境保护的出发点不仅仅基于自然世界的利益，也是基于全体人类的福祉，所以社会联结同样可以促进以保护环境为动机的行为意向。有研究证实，社会联结可以对消费者的环保消费重购意愿产生积极影响（熊小明等，2018）。综合以上，现有研究结论为自然联结和社会联结对绿色消费行为的积极影响提供了理论支持和实证依据，我们进一步假设：

H4：自然联结提升个体的绿色消费行为。

H5：社会联结提升个体的绿色消费行为。

3.4 人口统计变量的调节作用

人口统计变量是绿色消费理论研究最初关注的影响因素，包括性别、年龄、受教育程度和收入等。有些研究认为，年轻人、女性、受教育程度较高和高收入人群的绿色消费行为会更多（Fotopoulos & Krystalli，2002）。而很多学者指出，总体上人口统计变量对绿色

消费行为的解释力较低，并不能作为绿色消费行为的内在影响因素。虽然学者们对于人口统计变量对绿色消费行为的影响并没有达成一致，但普遍认为，个体的心理因素较人口统计变量对消费者环境保护行为的预测能力更强，同时，个体心理因素对消费者环境保护相关行为的影响容易受到人口统计因素这一情境变量的调节（王建明和郑冉冉，2011）。所以，本研究认为人口统计变量（性别、年龄、受教育程度和月收入）将调节个体敬畏情绪对绿色消费行为的影响。基于此，我们假设：

H6： 性别调节敬畏情绪对绿色消费行为的影响。

H7： 年龄调节敬畏情绪对绿色消费行为的影响。

H8： 受教育程度调节敬畏情绪对绿色消费行为的影响。

H9： 月收入调节敬畏情绪对绿色消费行为的影响。

综合以上，本研究的概念模型如下（见图1）：

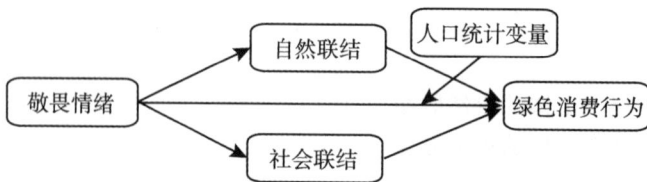

图1　敬畏情绪对绿色消费行为影响的概念模型

4. 研究设计

4.1　数据样本

研究所用样本通过网络样本服务平台收集。整个过程共回收有效问卷483份。其中，女性样本数量为266个（55.1%），男性样本数量为217个（44.9%）。样本主要集中在40岁以下人群，其中25岁及以下样本109个（22.6%），26到30岁样本118个（24.4%），31到40岁样本184个（38.1%），41岁及以上样本72个（14.9%）。学历层次主要集中在本科，其中，专科及以下学历79个（16.4%），本科学历360个（74.5%），硕士及以上学历44个（9.1%）。近半数样本月收入在5001~10000元，其中月收入5000元及以下样本147个（30.4%），月收入5001~10000元样本233个（48.2%），月收入10000元以上样本103个（21.3%）。

4.2　变量测量

本研究的自变量及因变量的测量方法均得到过良好验证，来源于前人文献。总量表采用李科特7点测量，并采取回译技术，确保中英文量表内容的一致性。具体量表内容请见表1。

表 1

量 表 内 容

变量		测 量 语 句	来源
敬畏情绪	X01	我经常感到敬畏	Shiota 等（2006）
	X02	我周围充满美好	
	X03	我几乎每天都感到惊奇	
	X04	我经常在周围的事物中找寻规律	
	X05	我有很多机会欣赏大自然的美景	
	X06	我寻求某些体验来挑战自己对世界的理解	
自然联结	X07	我感觉与周围的自然世界是一体的	Perrin 和 Benassi（2009）
	X08	我认为自己所属的自然世界是一体的	
	X09	我能够察觉并欣赏其他生命体的智慧	
	X10	我经常感受到与动物、植物之间的亲切感	
	X11	我对我的行为如何影响自然世界有很深刻的理解	
	X12	我经常感觉自己是生命网络的一部分	
	X13	我感觉到地球所有的居民（人类以及非人类）在分享共同的生命力	
	X14	就像树木是森林的一部分，我感觉到自己属于更广阔的自然世界	
社会联结	X15	在熟悉的人中间，我感觉到真正的归属感	Lee（1995）
	X16	我感觉自己与人亲近	
	X17	我有和同伴们在一起的感觉	
	X18	对于朋友，我有兄弟姐妹的感觉	
	X19	我觉得我和某个人或某个团体有关系	
绿色消费行为	X20	购买产品时，我会选择对环境污染小的产品	王建明（2010）
	X21	一旦得知某产品对环境有污染，我就尽量不再购买或使用它	
	X22	我常劝说家人购买对环境污染小的产品	
	X23	我尽量购买节能的家用产品	
	X24	购买产品时，我会考虑其是否有环境标志（如节能标志、节水标志等）	
	X25	我通常把废旧纸张（废纸箱、旧报纸等）积累起来，然后卖掉或给别人	
	X26	我通常把空饮料瓶、酒瓶或其他瓶罐积累起来，然后卖掉或给别人	

（1）敬畏情绪。为了更好地反映一般情境下个体稳定的敬畏情绪水平，本文采用 Shiota 等（2006）开发的敬畏情绪倾向测量量表，共 6 个题项，Cronbach's α 值为 0.891，表明量表具有较高的内部一致性。对量表进行探索性因子分析，KMO 值为 0.906，$p = 0.000$，方差解释为 65.174%，所有题项因子载荷都在 0.5 以上。

（2）自然联结。参考 Mayer 和 Frantz（2004）修订形成 8 题项的量表，Cronbach's α

值为 0.901，表明量表具有较高的内部一致性。对量表进行探索性因子分析，KMO 值为 0.927，$p = 0.000$，方差解释为 59.619%，所有题项因子载荷都在 0.5 以上。

（3）社会联结。参考 Lee（1995）修订形成 5 题项量表，Cronbach's α 值为 0.872，表明量表具有较高的内部一致性。对量表进行探索性因子分析，KMO 值为 0.856，$p = 0.000$，方差解释比率为 66.225%，所有题项因子载荷都在 0.5 以上。

（4）绿色消费行为。参考王建明（2010）修订形成了 7 题项量表，Cronbach's α 值为 0.892，表明量表具有较高的内部一致性。对量表进行探索性因子分析，KMO 值为 0.923，$p = 0.000$，方差解释比率为 61.261%，所有题项因子载荷都在 0.5 以上。

5. 模型分析与假设检验

5.1 验证性因子分析

首先对敬畏情绪、自然联结、社会联结以及绿色消费行为四个潜变量进行验证性因子分析。结果如表 2 所示，各潜变量组合信度大于 0.7，且各潜变量 AVE 均高于 0.5，说明量表具有较好的收敛效度。然后进行判别效度检验，结果如表 3 所示，敬畏情绪、自然联结、社会联结以及绿色消费行为四个潜变量 AVE 平方根均大于对应潜变量与其他潜变量的相关系数，说明各量表具有较好的判别效度。

表 2　　　　　　　　　　　　　　验证性因子分析

潜变量	题项	因子载荷	C. R.	AVE
敬畏情绪	X01	0.752	0.894	0.585
	X02	0.764		
	X03	0.848		
	X04	0.735		
	X05	0.800		
	X06	0.757		
自然联结	X07	0.716	0.904	0.541
	X08	0.712		
	X09	0.704		
	X10	0.684		
	X11	0.754		
	X12	0.810		
	X13	0.674		
	X14	0.672		

潜变量	题项	因子载荷	C. R.	AVE
社会联结	X15	0.710	0.875	0.586
	X16	0.759		
	X17	0.727		
	X18	0.868		
	X19	0.782		
绿色消费行为	X20	0.700	0.895	0.549
	X21	0.780		
	X22	0.690		
	X23	0.730		
	X24	0.706		
	X25	0.680		
	X26	0.715		

表3 判别效度检验

	均值	标准差	敬畏情绪	自然联结	社会联结	绿色消费行为
敬畏情绪	5.522	0.906	0.765			
自然联结	5.861	0.785	0.401***	0.736		
社会联结	5.550	0.920	0.284***	0.412***	0.766	
绿色消费行为	5.768	0.852	0.373***	0.590***	0.487***	0.741

注：*** 表示 $p<0.001$；对角线上括号内的数值为平均萃取变异量（AVE）的平方根。

5.2 假设检验

本研究利用 AMOS 21.0 软件计算得到的模型适配度指标如下：$\chi^2/df = 1.519$，NFI = 0.937，RFI = 0.930，CFI = 0.977，GFI = 0.934，PGFI = 0.783，PNFI = 0.847，RMSEA = 0.033。各项指标均在可接受范围且非常良好，这说明本研究提出的模型通过了整体拟合优度检验，可以基于该模型检验本研究所提出的各个假设。表 4 的路径系数结果表明，敬畏情绪对绿色消费行为有显著正向影响（$\beta = 0.109$，$p = 0.005$），H1 得到支持；敬畏情绪对自然联结有显著正向影响（$\beta = 0.483$，$p < 0.001$），H2 得到支持；敬畏情绪对社会联结有显著正向影响（$\beta = 0.258$，$p<0.001$），H3 得到支持；自然联结对绿色消费行为有显著正向影响（$\beta = 0.389$，$p<0.001$），H4 得到支持；社会联结对绿色消费行为有显著正向影响（$\beta = 0.306$，$p<0.001$），H5 得到支持。该结果表明，敬畏情绪既可以直接影响绿色消费行为，也可以通过自然联结和社会联结的作用间接影响绿色消费行为。

表4 概念模型标准化路径系数

	标准化系数	S. E.	C. R.	P	结果
H1：敬畏情绪→绿色消费行为	0.109	0.039	2.785	0.005	支持
H2：敬畏情绪→自然联结	0.483	0.055	8.749	***	支持
H3：敬畏情绪→社会联结	0.258	0.042	6.086	***	支持
H4：自然联结→绿色消费行为	0.389	0.045	8.604	***	支持
H5：社会联结→绿色消费行为	0.306	0.050	6.155	***	支持

注：*** 表示 $p<0.001$。

最后检验人口统计变量的调节作用。我们采用逐步回归的方法，首先检验性别的调节作用。将敬畏情绪得分进行中心化处理后，将性别（对性别进行虚拟化，0＝男，1＝女）和中心化的敬畏情绪得分放入回归方程第一层（模型1）；再将中心化的敬畏情绪得分和调节变量性别的交互项纳入回归方程第二层（模型2）。具体结果见表5。模型1结果显示，敬畏情绪能显著预测绿色消费倾向（$\beta=0.366$，$p<0.001$），性别对绿色消费行为的影响显著（$\beta=0.237$，$p<0.001$）。模型2结果显示，敬畏情绪与性别的交互项对绿色消费行为影响显著（$\beta=-0.200$，$p<0.001$），所以性别调节了敬畏情绪对绿色消费行为的影响。为了更直观地明确性别的调节作用，本研究采用简单斜率分析方法对性别的调节作用进行分析，首先以敬畏情绪为自变量，以绿色消费行为为因变量，分别对男性组和女性组进行一元线性回归。得到敬畏情绪的标准化回归系数在男性组为0.568（$t=10.116$，$p=0.000$），在女性组为0.201（$t=3.342$，$p=0.001$）。然后以敬畏情绪得分平均值为标准划分低敬畏情绪组和高敬畏情绪组，并计算两组平均数，分别代入计算敬畏情绪对绿色消费行为的回归方程，得到绿色消费行为在低敬畏情绪组和高敬畏情绪组的预期得分（见图2）。由图2可以看出，无论敬畏情绪水平如何，女性的绿色消费行为得分一直保持在较高水平。而男性群体随着敬畏情绪的增加，绿色消费行为提升更快。H6得到支持。

表5 性别调节作用检验结果 （$N=483$）

	模型1	模型2
第一步（主效应）		
敬畏情绪	0.366 ***	0.361 ***
性别	0.237 ***	0.236 ***
R^2	0.195	
调整后 R^2	0.192	
ΔR^2	0.195 ***	
F	58.311 ***	

	模型 1	模型 2
第二步（调节效应）		
敬畏情绪×性别		-0.200^{***}
R^2		0.236
调整后 R^2		0.231
ΔR^2		0.040^{***}
F		49.203^{***}

注：$***$ 表示 $p<0.001$；因变量为绿色消费行为。

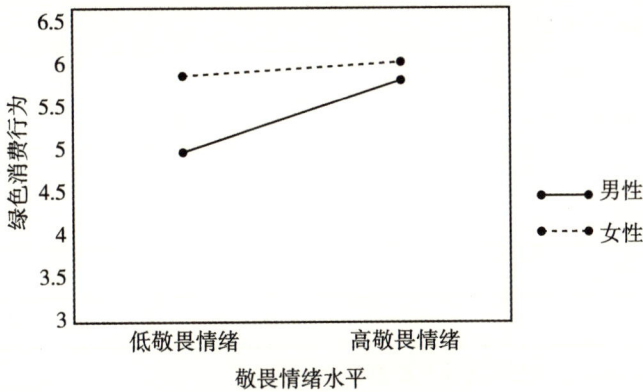

图 2　性别调节作用示意图

其次检验年龄的调节作用。将年龄（对年龄进行虚拟化，0＝25 岁及以下，1＝26 到 30 岁，2＝31 到 40 岁，4＝40 岁以上）和中心化的敬畏情绪得分放入回归方程第一层（模型 3）；再将中心化的敬畏情绪得分和调节变量年龄的交互项纳入回归方程第二层（模型 4）。具体结果见表 6。模型 3 结果显示，敬畏情绪能显著预测绿色消费倾向（$\beta=0.368$，$p < 0.001$），年龄对绿色消费行为的影响不显著（$\beta_{\text{敬畏}\times26\text{至}30\text{岁}} = 0.018$，$p > 0.05$；$\beta_{\text{敬畏}\times31\text{至}40\text{岁}} = 0.059$，$p > 0.05$；$\beta_{\text{敬畏}\times40\text{岁以上}} = -0.003$，$p > 0.05$）。模型 4 结果显示，敬畏情绪与年龄的交互项对绿色消费行为的影响作用不显著（$\beta_{\text{敬畏}\times26\text{至}30\text{岁}} = 0.040$，$p > 0.05$；$\beta_{\text{敬畏}\times31\text{至}40\text{岁}} = -0.005$，$p > 0.05$；$\beta_{\text{敬畏}\times40\text{岁以上}} = 0.015$，$p > 0.05$）。所以，年龄的调节作用不成立，假设 7 不成立。

表 6　　　　　　　　　**年龄调节作用检验结果**（$N=483$）

	模型 3	模型 4
第一步（主效应）		
敬畏情绪	0.368^{***}	0.367^{***}

	模型 3	模型 4
年龄（26 至 30 岁）	0.018	0.021
年龄（31 至 40 岁）	0.059	0.061
年龄（40 岁以上）	−0.003	−0.005
R^2	0.142	
调整后 R^2	0.135	
ΔR^2	0.142***	
F	19.841***	
第二步（调节效应）		
敬畏情绪 × 年龄（26 至 30 岁）		0.040
敬畏情绪 × 年龄（31 至 40 岁）		−0.005
敬畏情绪 × 年龄（40 岁以上）		0.015
R^2		0.145
调整后 R^2		0.132
ΔR^2		0.002
F		11.469***

注：*** 表示 $p<0.001$；因变量为绿色消费行为。

再次检验受教育程度的调节作用。将受教育程度（对受教育程度进行虚拟化，0＝本科以下，1＝本科，2＝硕士及以上）和中心化的敬畏情绪得分放入回归方程第一层（模型5）；再将中心化的敬畏情绪得分和调节变量受教育程度的交互项纳入回归方程第二层（模型6），具体结果见表7。模型5的结果显示，敬畏情绪能显著预测绿色消费倾向（$\beta＝0.373$，$p<0.001$），受教育程度对绿色消费行为的影响不显著（$\beta_{本科}＝0.075$，$p>0.05$；$\beta_{硕士及以上}＝0.027$，$p>0.05$）。模型6结果显示，敬畏情绪与受教育程度的交互项对绿色消费行为的影响作用不显著（$\beta_{敬畏×本科}＝-0.055$，$p>0.05$；$\beta_{敬畏×硕士及以上}＝0.014$，$p>0.05$）。所以，受教育程度的调节作用不成立，假设8不成立。

表7　　　　　　　　　受教育程度调节作用检验结果（$N＝483$）

	模型 5	模型 6
第一步（主效应）		
敬畏情绪	0.373***	0.373***
受教育程度（本科）	0.075	0.072
受教育程度（硕士及以上）	0.027	0.016

	模型 5	模型 6
R^2	0.144	
调整后 R^2	0.138	
ΔR^2	0.144***	
F	26.761***	
第二步（调节效应）		
敬畏情绪 × 受教育程度（本科）		−0.055
敬畏情绪 × 受教育程度（硕士及以上）		0.014
R^2		0.147
调整后 R^2		0.139
ΔR^2		0.004
F		16.499***

注：*** 表示 $p<0.001$；因变量为绿色消费行为。

最后检验月收入的调节作用。将月收入（对月收入进行虚拟化，$0=5000$ 元及以下，$1=5000$ 元至 10000 元，$2=10000$ 元以上）和中心化的敬畏情绪得分放入回归方程第一层（模型7）；再将中心化的敬畏情绪得分和调节变量月收入的交互项纳入回归方程第二层（模型8）。具体结果见表8。模型7结果显示，敬畏情绪能显著预测绿色消费倾向（$\beta=0.370$，$p<0.001$），而月收入对绿色消费行为的影响不显著（$\beta_{月收入500\sim10000元}=0.060$，$p>0.05$；$\beta_{月收入10000元以上}=0.049$，$p>0.05$）。模型8结果显示，敬畏情绪与收入的交互项对绿色消费行为的影响作用不显著（$\beta_{敬畏\times月收入5000\sim10000元}=-0.011$，$p>0.05$；$\beta_{敬畏\times月收入10000元以上}=-0.072$，$p>0.05$）。所以，月收入的调节作用不成立，假设9不成立。

表8 　　　　　　　　　　　　**月收入调节作用检验结果（$N=483$）**

	模型 7	模型 8
第一步（主效应）		
敬畏情绪	0.370***	0.361***
月收入（5000~10000 元）	0.060	0.059
月收入（10000 元以上）	0.049	0.060
R^2	0.142	
调整后 R^2	0.137	
ΔR^2	0.149***	
F	26.527***	

	模型 7	模型 8
第二步（调节效应）		
敬畏情绪 × 月收入（5000~10000 元）		−0.011
敬畏情绪 × 月收入（10000 元以上）		−0.072
R^2		0.147
调整后 R^2		0.138
ΔR^2		0.004
F		16.428 ***

注：*** 表示 $p<0.001$；因变量为绿色消费行为。

6. 研究结论和讨论

本研究探讨了个体敬畏情绪对绿色消费行为的作用机制。研究结论表明敬畏情绪可促进绿色消费。首先，敬畏情绪使个体倾向于基于他人以及社会公共利益做出绿色消费决策。这与以往学者们提出的敬畏提升利他倾向的研究结论相一致：敬畏情绪可以降低对自我的关注，使个人形成更为广阔的自我概念，更加注重整体的利益，会增加个体的亲社会（如乐于助人、慈善等）和道德（如对不文明行为的抵制等）行为倾向（Piff et al.，2015；Prade & Saroglou，2016；卢东等，2016）。其次，本研究发现联结性，尤其是自然联结对绿色消费有积极效应。这一结论也印证了 Fisher 和 Abram（2002）关于自然联结促进亲环境行为的观点：自然联结是亲环境行为的重要前因变量。一旦个体将自然与自我联系在一起，个体更倾向于将自然环境的保护视为自我概念的构建，而将对自然环境的破坏视为对自我概念的侵犯，所以会更倾向于亲环境行为（Gosling & Williams，2010）。再次，研究结论证实了联结性可以有效解释敬畏情绪与绿色消费之间的关系。以往研究中，敬畏情绪对亲社会行为倾向的解释机制主要是自我概念的变化，主要体现在对自我的削弱，以及对外部世界的关注等（Piff et al.，2015）。本研究更加具体地阐述了敬畏影响自我概念的方式增进了对自然和社会的联结性，并通过联结性作用于绿色消费行为。最后，本研究证实了性别对敬畏情绪与绿色消费行为关系的调节作用。以往研究结论主要关注人口统计变量对绿色消费行为的直接影响，并没有得到较为一致的结论（Shiota，Keltner & John，2006）。本研究以人口统计变量作为调节变量，检验了其对敬畏情绪与绿色消费行为关系的影响。结果表明，相对于女性，男性群体的绿色消费行为对敬畏情绪更为敏感，而年龄、受教育程度及收入对敬畏情绪与绿色消费行为之间关系的调节作用并不显著。

本研究在以下几个方面取得了较为明显的理论贡献：第一，本研究提出了研究绿色消费行为的新视角。过去对绿色消费前因变量的讨论多集中在消费者人口统计特征和认知变量上，忽略了对个体行为起到更为深刻作用的个人情感因素。本研究证实了敬畏情绪对绿色消费行为的积极效应，并检验了人口统计变量对该效应的调节作用，拓展了绿色消费行为的研究广度。第二，过去与敬畏情绪相关的研究大多聚焦于讨论敬畏情绪对个体心理的影响，较少涉及其对个体行为的作用。本研究证实了敬畏情绪不仅能增进个体的联结性，还能提升绿色消费行为。该结论增加了敬畏情绪研究的深度。第三，敬畏情绪被认为是一种复杂深刻的情绪，本研究发现并证实了联结性作为一种个体追求最基本需求——归属性需求满足的体现，是解释敬畏情绪对绿色消费行为影响作用的有效路径，通过讨论敬畏、联结性和绿色消费行为三者的关系，进一步拓展了联结性在消费行为理论的影响范围。

研究结论对于宏观政策和产业实践具有一定的启示。对于宏观层面，由于敬畏是绿色消费的积极影响因素，而建立成熟完善、诚实互信的绿色消费市场体制是获得绿色消费者敬畏感的基础保障。国家需要持续完善绿色消费相关的法律法规政策，严厉打击虚假宣传、假冒伪劣等严重破坏市场秩序、侵蚀消费者信任与权益的违法行为。在此基础上，各级政府可以尝试结合更加柔性的方式推广绿色消费理念，从消费者的情感体验和个体差异角度出发，通过公益活动、媒体宣传等多种方式，激发民众对自然的天然敬畏感，引导和增进民众对社会的敬畏感，进而实现倡导绿色消费的目标。央视公益广告《器官捐献——心跳篇》正是运用敬畏生命这一情绪给受众留下了深刻印象；另外，也可以通过弘扬人与自然、社会相互联结以及和谐相处的观念，引导消费者建立对绿色消费行为的认同。现实中，已有很多公益媒体运用、激发自然联结性和社会联结性，实施有效社会营销的例子。对于产业层面，企业面对来自外界的（如政府、公众、市场）的环境压力，同样具备环境保护的责任与内在动力（李永波，2013）。尤其对于绿色产品生产企业来说，令人敬畏的良好企业形象将是绿色产品持续营销的有利因素。在绿色产品的营销策略上，企业也可以考虑通过提升消费者敬畏感的方式，如呈现宏伟自然景象、震撼的人文场景等，增进其对绿色产品的购买意愿。

7. 研究局限及展望

本研究的假设通过实证研究的方式得到了较好的支持，未来研究可从以下四个方面进行深入探讨。一是，敬畏情绪同时具有特质性及状态性特征（董蕊等，2013）。本研究侧重从个体稳定的敬畏情绪特质的角度进行了检验。未来可尝试进一步讨论敬畏情绪状态对绿色消费行为的影响，以增加研究结果的解释力度。二是，敬畏情绪的诱发来源广泛，且不同来源诱发的敬畏情绪往往存在边缘特征的差异（Shiota et al.，2007），所以未来研究在探讨一般敬畏状态对绿色消费行为影响的基础上，可进一步研究不同来源（如自然景观、伟大人物）诱发的敬畏情绪对绿色消费行为影响的差异及其各自独特的内在机制，如自然景观诱发的敬畏情绪是否更多地通过自然联结影响绿色消费行为，而伟大人物诱发的敬畏情绪是否更多地通过社会联结影响绿色消费行为。三是，为了更好地控制社会赞许性对调查结果的影响，未来研究可以尝试采用实验场景或者日常行为指标等方式来测量绿色消费行为。四是，本研究仅基于消费者个体层面，对敬畏情绪与绿色消费行为的关系进行了探讨，以此为基础，可以进一步从企业或产品的角度，将本研究结果予以扩展，如如何建立与提升产品或品牌敬畏感，并促进其对绿色消费的引导作用。

◎ 参考文献

[1] 陈建军. 柔性管理初探——天下之至柔，驰骋天下之至坚 [D]. 上海：华东师范大学，1999.

[2] 董蕊，彭凯平，喻丰. 积极情绪之敬畏 [J]. 心理科学进展，2013，21 (11).

[3] 劳可夫. 消费者创新性对绿色消费行为的影响机制研究 [J]. 南开管理评论，2013，16 (4).

[4] 李一茗，黎坚，伍芳辉. 自然联结的概念、功能与促进 [J]. 心理发展与教育，2018，1.

[5] 李永波. 多维视角下的企业环境行为研究 [J]. 珞珈管理评论，2013，2.

[6] 卢东，张博坚，王冲，田野，POWPAKA，S. 产生敬畏的游客更有道德吗？——基于实验方法的探索性研究 [J]. 旅游学刊，2016，31 (12).

[7] 王建明. 公众资源节约与环境保护消费行为测度——外部表现、内在动因和分类维度 [J]. 中国人口·资源与环境，2010，20 (6).

[8] 王建明，郑冉冉. 心理意识因素对消费者生态文明行为的影响机理 [J]. 管理学报，2011，8 (7).

[9] 汪兴东，景奉杰. 城市居民低碳购买行为模型研究——基于五个城市的调研数据 [J]. 中国人口·资源与环境，2012，22 (2).

[10] 吴波，李东进，谢宗晓. 消费者绿色产品偏好的影响因素研究 [J]. 软科学，2014，28 (12).

[11] 熊小明，黄静，林涛. 环保消费重购意愿的影响机制：目标进展视角 [J]. 财经论丛，2018，229 (1).

[12] 叶巍岭，周欣悦，黄蓉. 敬畏感的复杂性及其在消费行为领域的研究展望 [J]. 外国经济与管理，2018，5.

[13] 周会娜. 大学生社会联结、自我分化与心理幸福感的关系研究 [D]. 开封：河南大学，2011.

[14] Arnocky, S., Stroink, M., Decicco, T. Self-construal predicts environmental concern, cooperation, and conservation [J]. *Journal of Environmental Psychology*, 2007, 27 (4).

[15] Aron, A. R., Aron, E. N., Smollan, D., et al. Inclusion of other in the self scale and the structure of interpersonal closeness [J]. *Journal of Personality & Social Psychology*, 1992, 63 (4).

[16] Bonner, E., Friedman, H. A conceptual clarification of the experience of awe：An interpretative phenomenological Analysis [J]. *Humanistic Psychologist*, 2011, 39 (3).

[17] Chen, M. F. Impact of fear appeals on pro-environmental behavior and crucial determinants [J]. *International Journal of Advertising*, 2016, 35 (1).

[18] Prade, C., Saroglou, V. Awe's effects on generosity and helping [J]. *Journal of Positive*

Psychology, 2016, 11 (5).

[19] Clayton, S. Environmental identity: A conceptual and an operational definition [J]. *Frontiers in Microbiology*, 2003, 8.

[20] Fisher, A., Abram, D. Radical ecopsychology: Psychology in the service of life [J]. *Ecopsychology*, 2002, 5 (2).

[21] Fotopoulos, C., Krystalli, A. Purchasing motives and profile of the greek organic consumer: A countrywide survey [J]. *British Food Journal*, 2002, 104 (9).

[22] Gosling, E., Williams, K. J. H. Connectedness to nature, place attachment and conservation behaviour: Testing connectedness theory among farmers [J]. *Journal of Environmental Psychology*, 2010, 30 (3).

[23] Keltner, D., Haidt, J. Approaching awe, a moral, spiritual, and aesthetic emotion [J]. *Cognition and Emotion*, 2003, 17 (2).

[24] Lee, R. M. Measuring belongingness: The social connectedness and the social assurance scales [J]. *Journal of Counseling Psychology*, 1995, 42 (2).

[25] Lee, R. M. The Relationship between social connectedness and anxiety, self-esteem, and social identity [J]. *Journal of Counseling Psychology*, 1998, 45 (3).

[26] Lee, K., Ashton, M. C., Choi, J., et al. Connectedness to nature and to humanity: Their association and personality correlates [J]. *Frontiers in Psychology*, 2015, 6.

[27] Mayer, F. S., Frantz, M. P. The connectedness to nature scale: A measure of individuals' feeling in community with nature [J]. *Journal of Environmental Psychology*, 2004, 24 (4).

[28] Onwezen, M. C., Antonides, G., Bartels, J. The norm activation model: An exploration of the functions of anticipated pride and guilt in pro-environmental behavior [J]. *Journal of Economic Psychology*, 2013, 39 (1).

[29] Piff, P. K., Dietze, P., Feinberg, M., et al. Awe, the small self, and prosocial behavior [J]. *Journal of Personality and Social Psychology*, 2015, 108 (6).

[30] Rudd, M., Vohs, K. D., Aaker, J. Awe expands people's perception of time, alters decision making, and enhances well-being [J]. *Psychological Science*, 2012, 23 (10).

[31] Shiota, M. N., Keltner, D., John, O. P. Positive emotion dispositions differentially associated with big five personality and attachment style [J]. *The Journal of Positive Psychology*, 2006, 1 (2).

[32] Shiota, M. N., Keltner, D., Mossman, A. The nature of awe: Elicitors, appraisals, and effects on self-concept [J]. *Cognition & Emotion*, 2007, 21 (5).

[33] Sivanathan, N., Pettit, N. C. Protecting the self through consumption: Status goods as affirmational commodities [J]. *Journal of Experimental Social Psychology*, 2010, 46 (3).

[34] Van Cappellen, P., Saroglou, V. Awe activates religious and spiritual feelings and behavioral intentions [J]. *Psychology of Religion & Spirituality*, 2012, 4 (3).

117

[35] Yang, Y. , Yang, Z. , Bao, T. , et al. Elicited awe decreases aggression [J]. *Journal of Pacific Rim Psychology*, 2016, 10.

Research on the Effect of Awe on Green Consumption

Hu Jing[1]   Yang Yan[2]   Jing Fengjie[3]

(1, 3   School of Business, East China University of Science and Technology, Shanghai, 200237;

2   School of Sports Science and Engineering, East China University of Science and Technology, Shanghai, 200237)

Abstract: Green consumption means for the sacrifice the short-term interests of the individual in exchange for the overall interests of the public and the society, which has brought obstacles to the promotion of green consumption. The traditional research on antecedents of green consumption is mostly focused on cognitive variables, and rarely mentioned emotions which could influence environmental related behavior more directly and profoundly. The present research focuses on the influence of a specific emotion, awe, on green consumption from the perspective of connectedness. The results show that awe positively affects the connectedness to nature, the social connectedness and green consumption behavior. The connectedness to nature and the social connectedness mediate the effect of awe on green consumption behavior. In addition, gender moderates the effect of awe on green consumption. Results confirm that the environment protection could be realized by the awe, which has important theoretical and practical significance to promote green consumption values and behavior.

Key words: Awe; The connectedness to nature; The social connectedness; Green consumption

专业主编：曾伏娥

APP功能界面提醒中的信息形式
对品牌态度的影响机制研究[*]

● 张　宁[1]　李观飞[2]　许美兰[3]

(1, 2　深圳大学管理学院　深圳　518060；3　中山大学中文系　广州　510275)

【摘　要】本文基于解释水平和心理距离理论，围绕APP功能界面中的提醒信息形式如何对品牌态度产生影响这一问题进行研究。结果表明，虚拟代言人图文、中性图文以及纯文字的界面提醒形式对消费者品牌态度的影响不存在显著差异。但是，当品牌个性是温暖（vs. 能力）时，相比于纯文字或中性图文（vs. 虚拟代言人图文），采用虚拟代言人图文（vs. 纯文字或中性图文）能够带来更好的品牌态度，加工流畅性在品牌个性与功能界面提醒形式对品牌态度的交互效应中起到中介作用。

【关键词】功能界面提醒　解释水平理论　心理距离　品牌个性　加工流畅性

中图分类号：C93　　　文献标识码：A

1. 引言

　　APP的界面设计是一个复杂的、由不同学科参与的工程，其中最重要的两点的就是产品本身的用户界面设计和用户体验设计（杜一等，2013）。随着手机等移动设备的广泛应用和社会的发展，人们对用户交互界面设计的要求也越来越高。人们不仅追求用户交互界面设计的功能性、实用性和可靠性，还追求用户交互界面设计的舒适性和安全性。这对交互界面设计提出了较高的要求，同APP用户界面设计也受到了企业界和学术界的广泛重视（孙红娟，2015；顾炎辉，石莹，2010）。

　　用户在打开APP或者在进入相应的菜单功能界面时，如果界面没有及时跳转或者界面没有相应的内容出现，就会出现信息对菜单项目以及各项工作状态进行说明，我们称这

---

　　[*] 基金项目：本文研究得到国家自然科学基金青年项目"广告中的虚拟代言人与消费者的品牌体验：调节匹配理论视角"（项目批准号：71402100）、国家自然科学基金面上项目"动态虚拟代言人对品牌态度的影响研究：时距知觉理论视角"（项目批准号：71772127）的资助。

　　通讯作者：李观飞，E-mail：Lgfaimini@163.com。

种说明为功能界面提醒。孙红娟（2015）的研究指出，视觉设计应该考虑三个因素的设计，分别为：文字信息、图片信息以及颜色信息。现有的 APP 功能界面大多采用灰色界面，因此本研究将主要研究界面中的文字信息和图片信息对消费者的影响。现有关于图文的研究大多直接将图片与文字进行划分，研究图片与文字对消费者的影响差异，并未对图片进一步划分（杨颖，朱毅，2014）。根据图片能否对消费者的情绪产生影响，本研究将图片进一步划分为两种，分别是能够影响消费者情绪的虚拟代言人图片和不具有情绪意义的中性图片，并重点探讨虚拟代言人图片与中性图片信息对品牌的影响机制和效果。经归纳发现，APP 功能界面提醒的信息形式有三种：纯文字（如图 1a 所示）、非虚拟代言人的图片和文字（简称"中性图文"，如图 1b 所示）以及虚拟代言人的图片和文字（简称"虚拟代言人图文"，如图 1c 所示）。

a　蜜芽 APP 的"待发货"　　　b　国美在线 APP 的"待收货"　　　c　当当 APP 的"待收货"

图 1　APP 功能界面提醒的信息形式

品牌虚拟代言人是一种个性化的、拟人化的视觉图像（Garretson & Burton, 2005; Folse et al., 2012）。为了提升用户的情感性体验，很多品牌虚拟代言人出现在了 APP 的功能界面中。与传统的采用纯文字的 APP 功能界面相比，采用品牌虚拟代言人图片是否具有更好的效果呢？杨颖和朱毅（2016）的研究表明，相比于图片评论，文字评论具有抽象、核心、去背景化等特点；而与文字评论相比，图片评论则更具体、琐碎、背景化。此外，与不带情绪色彩的图片相比，具有情绪意义的图片更能够引起被试的注意（王敬欣等，2014）。

根据解释水平理论，在表现同一事物时，高解释水平与文字的抽象、核心、去背景化等特征相匹配；低解释水平则与图片的具体、琐碎、背景化等特征相匹配（杨颖，朱毅，2016）。同时，根据心理距离理论，消费者对品牌的心理距离感知受到品牌个性的影响。突出能力个性的品牌能够使消费者产生较远的心理距离（周飞，沙振权，2017）。而现有研究表明，当表征不同的解释水平与心理距离相匹配时能够产生更好的品牌效果（杨颖，朱毅，2014）。本研究将品牌个性作为调节变量，研究 APP 功能界面提醒的信息形式对品牌态度的影响机制，以期为 APP 功能界面设计以及图片和文字的相关研究和实践提供新的借鉴和指导。

2. 文献回顾与研究假设

2.1 APP 功能界面提醒以及文字和图片信息

用户界面是系统和用户之间进行交互和信息交换的媒介，它实现信息的内部形式与人类可以接受形式之间的转换（Green & Jacob，1991；杜一等，2013）。功能模块设计就是将所要设计的设备或工装实现的总功能分解为各级子功能，确定实现子功能的结构模块（薛江等，2000）。因此，APP 功能界面是指 APP 中某一个功能模块的界面。APP 功能界面提醒被定义为用户打开 APP 的功能界面，当相应的界面没有跳转或者界面没有相应的内容时，出现在 APP 界面上的提醒。本文将研究 APP 功能界面提醒的信息，信息主要有三种形式：纯文字（在功能界面提醒上，只有文字信息）、中性图文（界面中既有图片也有文字提醒，但图片是不含有该品牌的虚拟代言人且不带有情绪的中性图片）以及虚拟代言人图文（界面出现品牌虚拟代言人的图片以及文字提醒）。值得注意的是，无论是哪种功能界面提醒均含有文字。三种形式的区别在于图片信息。其中，情绪性图片是用于与中性图相区别的，本文用来特指含有虚拟代言人的图片。

图片和文字是信息传递的两种主要载体（金立印，2007）。研究表明，图片比文字更容易对消费者产生积极影响（Mitchell，1986；Childers，Heckler & Houston，1986）。图片性广告比文字性广告更能提升消费者的产品评价，更能让消费者产生购买意愿和正面态度（Mitchell，Jerry & Olson，1981）。图片既能通过消费者的联想间接改变其对产品的信念和态度，又能通过引起消费者的情绪反应直接改变其对产品的态度（Mitchell，1986）。此外，图片比文字信息的记忆效果更好（Childers，Heckler & Houston，1986）。然而，另一些研究则得到相反的结论。一项眼动研究发现，消费者只有在阅读相应的文字说明之后，才会对图片形式的汽车广告进行全面而系统的信息加工（Rayner et al.，2001）。Kim 和 Lennon（2008）发现，虽然图片和文字广告都会显著影响消费者对产品的情感和认知，但只有文字广告会对消费者的购买意愿产生显著影响。Hughes 等（2003）也指出，消费者更多地依赖于文字进行决策，图片信息一般只作为实际购买行为的验证。由此可见，在广告领域的现有研究中，关于文字和图片的影响效果研究结论不一。

2.2 图片和文字在解释水平上的差异

对消费者而言，图片信息的加工效果比文字信息的加工效果更好。图片能直接向消费者呈现具体的信息，让消费者感觉一目了然，从而更容易激起消费者的情绪效应，更直接地利用与真实事物的相似性来改变消费者对产品的品牌态度，这是认知过程中"图片优势效应"的影响（Paivio & Kalman，1973）。此外，图片直观呈现在消费者面前，却不能准确地向消费者传达其重点所在，消费者需要阅读相关文字说明之后，才会对图片形式的信息进行全面而系统的把握（Rayner et al.，2001）。

在表现同一事物时，文字评论具有抽象、核心、去背景化，远心理距离感的特点，这与高解释水平的特征相符合；图片评论则更具体、琐碎、背景化，传达近的心理距离感，与低解释水平相符合（杨颖，朱毅，2016）。但此类研究仍有局限，图片和文字的影响效应并非绝对的孰优孰劣，而是存在差异的，对此影响效应的研究也存在分歧（Adelaar et al.，2003；Mitchell，1986；Childers，1986；Kim & Lennon，2008）。因此，本研究基于解释水平与心理距离理论，研究图片和文字以及虚拟代言人图片和中性图文两者的作用效果。

2.3 虚拟代言人图片与中性图片在注意力上的差异

品牌虚拟代言人作为图片信息中的一种形式，最早是由 Callcott 和 Alvey（1991）提出，是企业为了促销产品或品牌而创造的、反复出现的虚拟角色。它能够向消费者象征性地传递品牌的属性和利益，是一种个性化的、拟人化的视觉图像（Garretson & Burton，2005；Folse et al.，2012）。不少研究表明，虚拟代言人能够吸引消费者的注意力、增强品牌识别和品牌信任、提升消费者的品牌态度及购买意愿（Chiu & Lin，2012；Callcott & Lee，1995；Callcott & Phillips，1996）。Callcott 和 Phillips（1996）的研究发现，被试对特定的虚拟代言人的评价带有强烈的情感和尊敬，虚拟代言人能够成功在消费者与品牌之间建立情感，即虚拟代言人是消费者和品牌之间关系的重要桥梁。

现有关于图片的研究，主要侧重于图片所传达出来的情绪对被试的影响（Calvo，Nummenmaa & Hyönä，2007；王敬欣等，2014）。与不带情绪色彩的图片相比，具有情绪意义的图片可引起注意偏向（王敬欣等，2014）。Calvo 等（2007）的研究也表明，在情绪图片和中性图片存在竞争的情况下，被试的选择性注意会偏向于情绪性图片。根据注意力资源理论，人们的注意力是有限的（Marois & Ivanoff，2005），因此，他们不可能注意到所有的信息。研究表明，虚拟代言人更能够吸引消费者的注意力（Chiu & Lin，2012）。同时，品牌虚拟代言人是企业根据自身需要设计出来的，符合企业属性和利益（Garretson & Burton，2005；Folse et al.，2012）。因此，从定义以及现有的研究中可以看出，虚拟代言人与品牌有着高度的关联性。然而，对于中性图片，它所传递的信息可能与企业没有必然的联系，以至于在繁多的信息中可能没有那么容易引起消费者的注意。因此，我们认为，对比于中性图文，虚拟代言人图文也更能够吸引消费者的注意。

根据解释水平理论，图片和文字在表征信息上存在着差异，文字信息更加抽象化以及去背景化，而图片信息则更具体化以及背景化（杨颖，朱毅，2016）。因此，我们认为，纯文字的功能界面提醒信息与虚拟代言人的和非虚拟代言人的功能界面提醒信息，对消费者品牌态度的影响存在着显著差异。此外，根据注意力资源理论，不含虚拟代言人的图片包含的与品牌相关的信息较少，并且不太能够引起消费者注意，即对比于含有非虚拟代言人的图片信息，含有虚拟代言人的图片信息更能够引起消费者的注意。因此，我们认为，含有虚拟代言人图文的功能界面提醒与中性图文的功能界面提醒，对消费者的品牌态度的影响存在着显著差异。综上，提出假设1：

H1：功能界面提醒信息的形式（纯文字、虚拟代言人图文和中性图文）对消费者的

品牌态度的影响存在显著差异。

2.4 品牌个性在心理距离上的差异

Aaker（1997）将品牌个性界定为"品牌所拥有的一系列与人格特征相关联的特质"，消费者可以通过品牌所拥有特定的个性特征来表达他或她的自我。他以西方"大五"的人格模型作为理论框架的根据，在个性心理学的基础上，以西方著名品牌为研究对象，开发了一个可靠、有效、普适的品牌个性测量量表，量表最终分为：温暖、刺激、能力、有经验和粗犷五大维度特征及十五个成分特征。温暖和能力是品牌个性的理论中最为重要的两个基础维度，用来评价个体的认知差异（Wang et al.，2016）。温暖就是对知觉对象意图的感知，其特征包括"温暖、亲切、友好、真诚"；能力是对知觉对象意图实现能力的感知，具备与感知能力有关的特征，其特征包括"有能力、智慧、能胜任、专业"。比如，某品牌的产品有可靠性、专业性等特征，则容易被消费者理解为品牌所具备的"能力"（周飞，沙振权，2017）。

品牌个性与不同的解释水平存在密切联系。温暖就是对知觉对象意图的感知；温暖在消费者行为研究中倾向于分析那些依靠动机、道德伦理等做出主观的、感性的消费者判断，因此温暖这种高情感需求的品牌个性容易向消费者传达一种近的心理距离。而能力是对知觉对象意图实现能力的感知，具备与感知能力有关的特征，能力更倾向于那些根据现实、立足证据等做出客观的、理性的消费者判断，因此能力这种高认知需求的品牌个性容易向消费者传达一种远的心理距离（周飞，沙振权，2017）。因此，根据解释水平和心理距离理论，当品牌个性为温暖时，消费者的心理距离较近，使用低解释水平的功能界面提醒信息更加匹配；而当品牌个性为能力时，消费者的心理距离较远，使用高解释水平的功能界面提醒信息更加匹配。

图片和文字与不同的解释水平存在密切联系（杨颖，朱毅，2016）。根据解释水平理论，文字因其抽象性、去背景化被认为是高解释水平，图片因其详细性、背景化被认为是低解释水平（Sojka & Giese，2006）。心理距离的相关研究表明，当消费者与目标物体心理距离近时，此时使用低解释水平更适合；而当消费者与目标物体心理距离远时，使用高解释水平更合适。图文作为一种表达方式，比图片更加详尽和具有背景化。而相对于品牌个性为温暖的产品，品牌个性为能力的产品的心理距离更远（杨颖，朱毅，2014），因此，提出以下假设：

H2：品牌个性对功能界面提醒信息形式与品牌态度之间的关系具有调节作用。

H2a：当品牌个性是温暖时，相比于纯文字信息，采用虚拟代言人图文与中性图文信息的功能界面提醒能够带来更积极品牌态度。

H2b：当品牌个性是能力时，相比于虚拟代言人图文与中性图文信息，采用纯文字信息的功能界面提醒能够带来更积极品牌态度。

2.5 加工流畅性

加工流畅性是个体对加工信息难易程度的主观感受，它还会受到很多跟事物内容无关的其他因素影响（Reber et al.，2004）。Oppenheimer（2008）将加工流畅性定义为个体对加工外部信息难易程度的一种主观体验，分为感知流畅性、概念流畅性、提取流畅性等。可理解性因素会影响加工流畅性。如果个体对事物很容易理解，则对其的加工也会变得容易，即提高了其流畅性。而加工流畅性会触发个体的认知系统，一种是分析性质的，另一种是启发性质的。分析性质的认知系统加工是系列的，需要认知资源的投入进行判断；启发性质的认知系统是自动的、自发的，不需要投入太多认知资源进行判断（张旭锦，2010）。也就是说，当流畅性低时，个体难以流畅地加工信息，则启用系列的分析性质的认知系统；当流畅性高时，个体易于流畅地加工信息，则启用自动的启发性质的认知系统。而已有研究发现，消费者喜欢并倾向于选择加工流畅性高的产品或品牌（宋卓昭，吕一林，2011），因此消费者对产品或品牌处理时的加工流畅性越高，其品牌态度也越积极。

根据加工流畅性理论，受可理解性因素和认知系统的影响，事件的可理解性越高，个体越容易启用自动的启发性质的系统，加工流畅性较好；反之，事件越不可理解，则个体需采用系列的分析性策略，加工流畅性较低（张旭锦，2010）。在消费者行为中，如果消费者的加工流畅性越好，则品牌越容易得到消费者的共鸣，使之产生一种认同感，拉近品牌与消费者的距离，从而产生更积极的品牌态度。如温暖的品牌个性、虚拟代言人图的特点都是心理距离近的低解释水平，因此当品牌个性是温暖时，相比于纯文字和中性图文，采用虚拟代言人图文的功能界面提醒能够带来更好的感知流畅性，进而带来更积极的品牌态度；如能力的品牌个性、纯文字和中性图文的特点都是心理距离远的高解释水平，当品牌个性是能力时，相比于虚拟代言人图文，采用纯文字和中性图文的功能界面提醒能够带来更好的感知流畅性，进而带来更积极的品牌态度（宋卓昭，吕一林，2011）。因此，提出假设3：

H3：加工流畅性在品牌个性与功能界面提醒信息形式的交互效应对品牌态度的影响中起中介作用。

3. 实验一

3.1 预实验

我们以品牌个性维度理论为基础，设计了一个虚拟的购物 APP "BUY IT"，并设计了两个不同的品牌个性（见表1）。温暖（$\alpha = 0.95$）和能力（$\alpha = 0.92$）各4个测项，分别为："温暖的""亲切的""友好的""真诚的"和"有能力的""智慧的""能胜任的""专业的"（Wang et al.，2016）。在进行实验时，首先向被试呈现 BUY IT 购物 APP 的描述，被试阅读完描述之后对 BUY IT 的品牌个性进行评价。有效问卷57份（$N_{女} = 38$，Age ≤ 23）。

表 1		品牌个性操控	
温　暖	能　力
BUY IT 是一个温暖的、友好的综合性网络购物平台，BUY IT 的口号是"成为消费者最体贴的伙伴"。这个平台为消费者提供 100% 品质保证的商品和一站式购物体验。BUY IT 最大的特点是拥有贴心的数据挖掘和团队，能够亲切、真诚地为消费者提供个性化服务。BUY IT 致力于营造一个安心的、轻松的网络购物环境。BUY IT 提供购物积分返现、送货到家以及货到付款等贴心服务	BUY IT 是一个高能力的、高智慧的综合性网络购物平台，BUY IT 的口号是"成为消费者最能胜任的伙伴"。这个平台为消费者提供 100% 品质保证的商品和一站式购物体验。BUY IT 最大的特点是拥有专业的数据挖掘团队，能够精准、高效地为消费者提供定制化服务。BUY IT 致力于营造一个安全的、可信任的网络购物环境。BUY IT 提供正品保障、信用评价、极速配送等专业服务。

　　数据分析结果显示，当品牌个性是温暖时，被试对温暖的感知（$M = 5.19$，$SD = 0.84$）比能力（$M = 4.410$，$SD = 1.58$）更高（$F (1, 55) = 5.48$，$p = 0.02$）；当品牌个性描述为能力时，被试对能力的感知（$M = 5.26$，$SD = 1.11$）比温暖（$M = 4.59$，$SD = 0.89$）更高（$F (1, 55) = 6.186$，$p = 0.016$）。即品牌个性的操控是成功的。

3.2　正式实验

　　实验一的目的是探讨三种不同的功能界面提醒的信息形式对被试的品牌态度的影响是否存在显著差异，以及品牌个性在 APP 功能界面提醒的信息形式与品牌态度之间关系的交互作用。

　　实验一采用 3（功能界面提醒的信息形式：纯文字 vs. 中性图文 vs. 虚拟代言人图文）×2（品牌个性：温暖 vs. 能力）的组间实验设计，实验一关于"BUY IT"的品牌虚拟代言人以及"待收货"界面实验素材请见附录一。深圳某高校的 180 名学生参与了实验。首先，请被试阅读有关 BUY IT 的品牌个性描述（具体描述素材请见表 1），并对品牌个性感知（Wang et al. , 2016）进行测量；随后，向被试介绍"BUY IT"的品牌虚拟代言人（见附录一）。最后，被试会进入关于 BUY IT "待收货"的功能界面提醒的情景，具体的情景操控如下："想象一下您下载了'BUY IT'这个购物 APP，您正打开该 APP 的'待收货'页面，下图是'BUY IT'的待收货页面。"被试会看到 BUY IT "待收货"界面（见附录一）。最后，被试会对 BUY IT 的品牌态度（$\alpha = 0.88$；Mackenzie & Lutz，1989）进行评价，品牌态度量表包含"好的""令人满意的""令人愉快的"三个测项。

3.2.1　数据分析

（1）操控检验

　　当品牌个性描述为温暖时，与对能力感知得分（$M = 4.69$，$SD = 0.99$）相比，被试对温暖感知的得分（$M = 5.20$，$SD = 1.10$）更高（$F (1, 162) = 9.59$，$p < 0.05$）；当品牌个性描述为能力时，与对温暖感知的得分（$M = 4.06$，$SD = 1.02$）相比，被试对能力感知的得分（$M = 5.26$，$SD = 0.98$）更高（$F (1, 162) = 58.97$，$p < 0.01$）；其次，以品牌个性和功能界面提醒的信息形式作为自变量，以能力感知和温暖感知分别作为因变量，进行方差分析。结果发现，品牌个性对能力感知和温暖感知均存在显著影响（$p < 0.01$）；而功

能界面提醒的信息形式以及功能界面提醒的信息形式与品牌个性的交互作用对能力感知和温暖感知均不存在显著影响（$p > 0.05$）。

（2）调节作用检验

双因素方差分析的结果显示，功能界面提醒的信息形式对品牌态度的主效应不显著（$F_{(2, 158)} = 0.20$，$p > 0.05$），即 H1 不成立；品牌个性对品牌态度的主效应显著（$F_{(1, 158)} = 18.65$，$p < 0.01$）；功能界面提醒的信息形式与品牌个性的交互效应对品牌态度存在显著影响（$F_{(2, 158)} = 14.28$，$p < 0.01$）。即品牌个性在功能界面提醒的信息形式与品牌态度之间的关系存在调节作用，H2 得到支持。

当品牌个性是温暖时，相比于纯文字（$M = 4.32$，$SD = 1.10$）或中性图文（$M = 4.30$，$SD = 0.72$），功能界面提醒使用虚拟代言人图文时（$M = 5.19$，$SD = 1.01$），被试的品牌态度更好（$F_{(2, 80)} = 7.84$，$p < 0.01$）。随后，对纯文字、中性图文和虚拟代言人图文进行两两比较，发现纯文字与中性图文之间的品牌态度不存在显著差异（$p > 0.05$），纯文字与虚拟代言人图文、中性图文与虚拟代言人图文之间的品牌态度均存在显著差异（$p < 0.01$）。也就是说，相比于虚拟代言人图文，被试对纯文字与中性图文的品牌态度是一致的，即纯文字和中性图文对品牌态度的影响是不存在差异的，不支持 H1。此外，结果表明，当品牌个性是温暖时，相比于纯文字和中性图文，采用虚拟代言人图文形式的界面提醒形式能够带来更积极品牌态度，H2a 成立。

当品牌个性是能力时，相比于虚拟代言人图文（$M = 4.73$，$SD = 0.94$），功能界面提醒使用纯文字（$M = 5.50$，$SD = 0.83$）或中性图文（$M = 5.41$，$SD = 0.75$），被试的品牌态度更高（$F_{(2, 78)} = 6.58$，$p < 0.00$）。之后，对纯文字图、中性图文和虚拟代言人图文进行两两比较，发现纯文字与中性图文之间的品牌态度不存在显著差异（$p > 0.05$），纯文字与虚拟代言人图文、中性图文与虚拟代言人图文之间的品牌态度均存在显著差异（$p < 0.05$）。即当品牌个性是能力时，相比于虚拟代言人图文，采用纯文字和中性图文形式的界面提醒形式能够带来更积极品牌态度，不支持 H2b。

3.2.2 实验结论与讨论

实验一的结果表明，功能界面提醒的信息形式对品牌态度的影响不存在显著差异。品牌个性与界面提醒的交互效应对品牌态度具有显著影响。然而，对于不同的品牌个性，是否含有虚拟代言人的界面提醒对品牌态度的影响存在显著差异。也就是，图片信息不同，给品牌带来的影响是不同的。然而，是什么原因导致功能界面提醒的信息形式对品牌态度的影响不存在显著差异呢？实验一对于品牌个性与功能界面提醒的交互效应对品牌态度影响的中间机制并未进行研究。实验二在实验一的基础上，进一步探讨为什么温暖（vs. 能力）的品牌个性使用虚拟代言人图文（vs. 中性图文、纯文字）的功能界面提醒，会带来更好的品牌态度。

4. 实验二

实验二主要是探讨加工流畅性在品牌个性与功能界面提醒的信息形式的交互效应对品牌态度之间的关系的中介作用。同时，为了增强研究结果的说服力以及适用性，实验二采用真实旅游品牌 APP 进行研究。

4.1 预实验

由于选用真实品牌，实验前需要对其品牌个性（能力/温暖）进行检验。我们选用途牛旅游网和去哪儿网的品牌口号作为温暖和能力个性的操控，分别为"让旅游更简单"以及"领先的搜索引擎"。被试在阅读完两个品牌的口号之后，对两个品牌的能力和温暖个性进行评价。同时，我们还测量了被试的品牌态度、品牌印象以及品牌熟悉度等；此外，我们向被试介绍了途牛旅游网或者去哪儿网的品牌虚拟代言人，并且对两个品牌的品牌虚拟代言人的可爱性（$\alpha = 0.93$）、专业性（$\alpha = 0.91$）以及可靠性（$\alpha = 0.93$）进行了测量（Mize and Kinney，2008）。其中，品牌态度、品牌印象以及品牌熟悉度分别使用一个测项进行测量："您很喜欢这个品牌""您对这个品牌印象很好"以及"您非常熟悉这个品牌"；可爱性、专业性以及可靠性分别使用四个测项进行测量。有效被试 73 名（$N_女 = 45$，Age = 23.65）

预实验数据分析结果显示，对比于途牛旅游网，去哪儿的品牌个性更加能力（$M_{去哪儿} = 4.69$，SD = 0.91，$M_{途牛旅游网} = 3.83$，SD = 0.97；$F（1，71）= 15.11$，$p < 0.01$）；而对比于去哪儿网，途牛旅游网的品牌个性更加温暖（$M_{途牛旅游网} = 4.47$，SD = 1.13，$M_{去哪儿} = 4.01$，SD = 0.75；$F（1，71）= 4.18$，$p < 0.05$）；且两者在品牌态度、品牌印象以及品牌熟悉度上均不存在显著差异（$p > 0.05$）。此外，两个品牌的品牌虚拟代言人在可爱性、专业性以及可靠性上不存在显著差异（$p > 0.05$）。即，途牛旅游网和去哪儿网两个品牌符合我们的实验要求。

4.2 正式实验

实验二采用 3（功能界面提醒的信息形式：纯文字 vs. 中性图文 vs. 虚拟代言人图文）×2（品牌：途牛旅游网 vs. 去哪儿网）的组间实验设计。为了提高实验样本的代表性，实验二选择在问卷星上进行。245 名被试参与了本次实验，参与本实验的被试会获得五元人民币作为奖励。共计有效被试 236 名（$N_女 = 142$，Age = 28.89）。实验二的实验素材请见附录二。

首先，让被试先阅读有关途牛旅游网或者去哪儿旅游网的品牌口号并对其品牌个性感知（能力和温暖）进行测量；其次，我们向被试介绍途牛旅游网或者去哪儿网的品牌虚拟代言人，并让被试对虚拟代言人的可爱性、专业性以及可靠性进行评价；最后，被试会进入 APP 页面启动加载中的情景当中，具体的情景操控如下：想象一下您下载了"去哪儿"（vs. "途牛旅游网"）这个旅游 APP，您正要启动该 APP，下图是"去哪儿"的启动页面。被试阅读完关于两个品牌"启动"的功能界面提醒之后（纯文字、含虚拟代言人图文或中性图文，见附录二），对被试对所给信息的加工流畅性进行测量，最后测量被试的品牌态度。除此之外，还测量了被试对两品牌的品牌印象、熟悉度以及对虚拟代言人的可爱性、专业性以及可靠性感知。被试的年龄、性别也会被收集。加工流畅性（$\alpha = 0.84$）的"容易理解的""容易加工的"等 6 个测项来源于 Oppenheimer（2008）的研究。

4.2.1 数据分析

首先，品牌个性、品牌印象、品牌熟悉度以及虚拟代言人的可爱性、专业性以及可靠性的操控性检验结果与预实验一致，这里不再赘述。

（1）调节作用检验

首先进行双因素方差分析。结果显示，功能界面提醒的信息形式对品牌态度的主效应不显著（$F_{(2, 235)} = 2.07$，$p > 0.05$），H1 不成立；品牌个性对品牌态度的主效应也不显著（$F_{(1, 235)} = 0.13$，$p > 0.05$）；界面提醒形式与品牌个性的交互效应对品牌态度存在显著影响（$F_{(2, 235)} = 18.67$，$p < 0.01$）。即品牌个性对界面提醒形式与品牌态度之间的关系存在调节作用，H2 得到支持。

当品牌个性是温暖时，相比于纯文字（$M = 5.25$，$SD = 0.80$）或中性图文（$M = 5.44$，$SD = 0.60$），功能界面提醒使用虚拟代言人图文时（$M = 5.86$，$SD = 0.55$），被试的品牌态度更高（$F_{(2, 115)} = 8.70$，$p < 0.01$）。当品牌个性是能力时，相比于虚拟代言人图文（$M = 5.19$，$SD = 0.61$），功能界面提醒使用纯文字（$M = 5.61$，$SD = 0.66$）或中性图文（$M = 5.84$，$SD = 0.48$）时，被试的品牌态度更高（$F_{(2, 115)} = 12.59$，$p < 0.01$），见图 2。之后，进行两两比较时，结果与实验一一致。

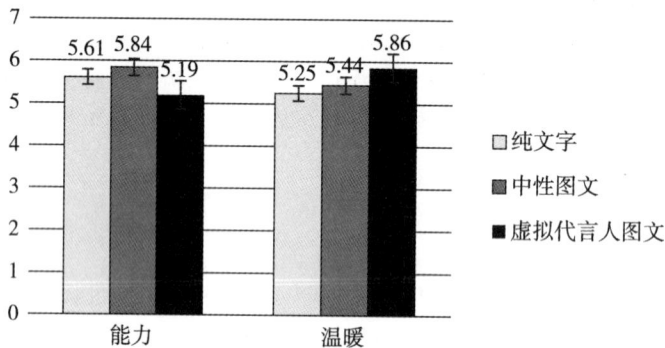

图 2　不同品牌个性下界面提醒形式对品牌态度的影响

（2）中介作用检验

采用 Hayes（2013）中的 model8 对数据进行分析。结果显示，功能界面提醒的信息形式和品牌个性的交互效应对加工流畅性存在显著影响（$t_{(229)} = 3.83$，$p < 0.01$）；加工流畅性对品牌态度存在显著影响（$t_{(227)} = 11.59$，$p < 0.01$）；加工流畅性在功能界面提醒的信息形式与品牌个性的交互效应与品牌态度之间的关系存在显著影响（CI：0.17~0.44）。当品牌个性是能力时，对比于采用虚拟代言人图文而言，采用纯文字或中性图文的功能界面提醒能够带来更好的加工流畅性（$M_{纯文字} = 5.43$，$SD = 0.71$ vs. $M_{中性图文} = 5.42$，$SD = 0.73$ vs. $M_{虚拟代言人图文} = 5.07$，$SD = 0.61$，$F_{(2, 115)} = 3.57$，$p < 0.05$），进而导致更好的品牌态度（-0.18~-0.02）；当品牌个性是温暖时，对比于采用纯文字或中性图文而言，采用虚拟代言人图文的功能界面提醒能够带来更好的加工流畅性（$M_{纯文字} = 4.98$，$SD = 0.99$ vs. $M_{中性图文} = 5.27$，$SD = 0.84$ vs. $M_{虚拟代言人图文} = 5.78$，$SD = 0.55$，$F_{(2, 115)} =$

9.79，$p<0.01$），进而导致更好的品牌态度（CI：0.11~0.31）。即加工流畅性在品牌个性与功能界面提醒的信息形式的交互效应与品牌态度之间的关系起中介作用，支持 H3。

4.2.2　实验结论与讨论

实验二的结论进一步表明功能界面提醒的信息形式对品牌态度的影响不存在显著差异。品牌个性与界面提醒的交互效应对品牌态度具有显著影响。并且，加工流畅性在功能界面提醒的信息形式与品牌态度之间的关系中起中介作用。

5. 结论与讨论

5.1　研究结论

实验一和实验二的数据结果表明，首先，尽管纯文字与中性图文对品牌态度的影响不存在显著差异，但是中性图文、纯文字与虚拟代言人图文对品牌态度的影响存在显著差异。可能的原因有两个：首先，从注意力资源理论角度，含有虚拟代言人的图片比非虚拟代言人的图片更加能够吸引被试的注意。这是因为，虚拟代言人能够引起消费者的注意（Chiu & Lin，2012），因而导致虚拟代言人图文的功能界面提醒与非虚拟代言人的界面提醒对品牌态度的影响存在显著差异。而由于不含虚拟代言人的图片未能引起被试的注意，这时候它的作用就形同虚设了，于是被试更多地是根据文字信息进行判断，因此中性图文的功能界面提醒与纯文字的界面提醒的影响不存在显著差异；其次，从心理距离理论角度，虚拟代言人能够成功在消费者与品牌之间建立情感，即虚拟代言人是消费者和品牌之间关系的重要桥梁（Callcott & Phillips，1996），不含有虚拟代言人的图片则没有起到相同的效果，所以它的作用与纯文字作用是一致的。

其次，品牌个性在界面提醒形式与品牌态度之间的关系存在调节作用。具体来说，当品牌个性是温暖时，相比于纯文字和中性图文，采用虚拟代言人图文形式的界面提醒形式能够带来更积极的品牌态度。当品牌个性是能力时，相比于虚拟代言人图文，采用纯文字和中性图文形式的界面提醒形式能够带来更积极的品牌态度。根据解释水平理论，文字以及中性图文因其抽象性、去背景化，被认为是高解释水平，且当品牌个性是能力的时候，品牌给人的感觉相对高冷，消费者与品牌的距离相对会远一些。因此，选择纯文字或中性图文的界面提醒形式，消费者在进行信息加工时会更加流畅，从而能够产生更好的品牌态度；图片因其详细性、背景化被认为是低解释水平，同时，当品牌个性是温暖时，品牌给人的感觉相对温暖和蔼，消费者与品牌的心理距离会更近一些。因此，采用含有虚拟代言人图文的界面提醒会使消费者在信息加工时会更加流畅，进而产生更好的品牌态度。

5.2　理论贡献与营销启示

首先，本文丰富了虚拟代言人的相关研究。实验一和实验二的研究结果表明，当品牌个性是温暖时，使用含有虚拟代言人的功能界面提醒能够带来更好的品牌态度。但是对于品牌个性是能力时，则不适合使用虚拟代言人。这不仅进一步证实了品牌虚拟代言人能够提升消费者的品牌态度，还提出了虚拟代言人的应用边界——品牌个性。

其次，拓展了图文研究的视野。过去研究中，关于图片的研究仅限于图片的情绪表达对被试的情绪影响。然而，本文从注意力资源角度出发，研究不同类型的图片对品牌态度的影响，主要从与品牌的关联性划分：与品牌相关（虚拟代言人图文）vs. 与品牌不相关（中性图文）。结果表明，是否含有虚拟代言人的功能界面提醒对品牌态度的影响存在差异。这不仅拓展了图文研究的视野，还为图片的相关研究开拓了新的方向。

最后，强化了加工流畅性的作用。研究表明，当纯文字或非虚拟代言人的功能界面提醒与能力的品牌个性相匹配时，被试的加工流畅性会更好，进而导致更好的品牌态度；当虚拟代言人的功能界面提醒与温暖的品牌个性相匹配时，被试的加工流畅性会更好，进而导致更好的品牌态度。这不仅强化了加工流畅性的作用，还拓展了加工流畅性在图文研究领域中的应用。

本研究所得到的结论能够给企业界带来以下的一些营销启示：首先，本研究表明，页面不包含用户实际所需要的有效信息（例如，购物车界面没有内容）即无关信息，会影响用户对品牌的态度，甚至影响用户的决策。因此，企业在应该关注与事情无关的信息的呈现方式。其次，企业在设计功能界面提醒形式时，首先需要考虑自身品牌的品牌个性（能力 vs. 温暖），企业在进行传播时，对于企业想要传达的品牌个性需要明确，这样才能够设计更加符合企业自身的整合市场营销传播。此外，企业还应该考虑功能界面提醒的信息形式，对于温暖品牌个性的企业，在设计功能界面提醒时应考虑使用含有虚拟代言人的图文结合形式；而对于品牌个性为能力的企业，则可以选择非虚拟代言人或者纯文字的形式。例如，在现实生活中，启动 APP 或者跳转页面时常常会因为网络等问题，导致 APP 界面加载过慢，这时候用户可能会失去耐心并且产生负面情绪，这种情况下企业的 APP 如果根据自身的个性来设置提醒的信息形式，能够有效地削弱负面情绪带来的影响。最后，企业在提供任何信息时，都应该考虑消费者对信息加工的流畅性，因为消费者对所给信息的加工越流畅，其品牌态度越好。

5.3 研究局限与展望

本研究中还存在以下一些局限：首先，不少研究表明，消费者的个人特征会影响消费者对品牌的态度，因此，未来研究可以探讨消费者的个性特征对功能界面提醒的信息形式与品牌态度之间的作用。其次，本研究仅选择研究功能界面提醒的信息形式，来对功能界面的其他内容（如主页）的信息形式进行研究，因而本研究对于其他类型的功能界面可能不适用，研究者也可以对功能界面的其他形式进行研究。最后，本研究主要聚集于页面提醒中无效信息的呈现形式对品牌态度的影响，但是对于当页面及时加载时并且页面包含有效信息时，信息的呈现方式（文字、中性图片和虚拟代言人）是否也会对用户的品牌态度产生同样影响的研究是存在空白的，未来研究可以往有效信息的信息呈现方式这个方向继续探讨。

◎ 参考文献

[1] 杜一，邓昌智，田丰，等 . 一种可扩展的用户界面描述语言 [J]. 软件学报，2013

（5）.

［2］ 顾炎辉，石莹.手机人机交互界面设计趋势探究［J］.淮阴工学院学报，2010（1）.

［3］ 郭爱云，杜德斌.品牌契合、消费者品牌价值创造与品牌价值——基于企业微信公众号的分析［J］.江西财经大学学报，2018（3）.

［4］ 金立印.网络口碑信息对消费者购买决策的影响：一个实验研究［J］.经济管理，2007，29（22）.

［5］ 宋卓昭，吕一林.感知流畅性对消费者选择的影响：创新包装和模仿包装［J］.宁夏大学学报（人文社会科学版），2011，33（6）.

［6］ 孙红娟.以人为本的用户交互界面设计［J］.包装工程，2015（4）.

［7］ 王敬欣，贾丽萍，黄培培，等.情绪场景图片的注意偏向：眼动研究［J］.心理科学，2014（6）.

［8］ 薛江，姚进，余波.基于功能模块设计的CAD系统［J］.机械，2000，27（5）.

［9］ 杨颖，朱毅.无图无真相？图片和文字网络评论对服务产品消费者态度的影响［J］.心理学探新，2014，34（1）.

［10］ 杨颖，朱毅.谁该成为体验型产品网络评论的主角，图片还是文字？［J］.心理学报，2016，48（8）.

［11］ 张旭锦.知觉流畅性对判断和决策的影响［J］.心理科学进展，2010，18（4）.

［12］ 周飞，沙振权.品牌拟人化对温暖和能力的影响：心理距离和成人玩兴的视角［J］.当代财经，2017，386（1）.

［13］ Aaker, J. L. Dimensions of brand personality ［J］. *Journal of Marketing Research*, 1997, 34（3）.

［14］ Adelaar, T., Chang, S., Lancendorfer, K. M., Lee, B., et al. Effects of media formats on emotions and impulse buying intent ［J］. *Journal of Information Technology*, 2003, 18（4）.

［15］ Callcott, M. F., Alvey, P. A. Toons sell… and sometimes they don't: An advertising spokes- character typology and exploratory study ［C］. Proceedings of the 1991 Conference of the American Academy of Advertising, 1991.

［16］ Callcott, M. F., Lee, W. N. Establishing the spokes-character in academic inquiry: Historical overview and framework for definition ［J］. *Advances in Consumer Research*, 1995（22）.

［17］ Callcott, M. F., Phillips, B. J. Elves make good cookies: Creating likable spokes-character advertising ［J］. *Journal of Advertising Research*, 1996, 36（4）.

［18］ Calvo, M. G., Nummenmaa, L., Hyönä, J. Emotional and neutral scenes in competition: Orienting, efficiency, and identification ［J］. *The Quarterly Journal of Experimental Psychology*, 2007, 60（12）.

［19］ Childers, T. L. Memory for the visual and verbal components of print advertisements ［J］. *Psychology and Marketing*, 1986, 3（3）.

［20］ Childers, T. L., Heckler, S. E., Houston, M. J. Memory for the visual and verbal components of print advertisements [J]. *Psychology and Marketing*, 1986 (3).

[21] Chiu, Y. K. , Lin, C. Y. The influence of spokes-characters on consumer patronage intention [J]. *Asia Pacific Management Review*, 2012, 17 (4).

[22] Folse, J. A. , Netemeyer, R. G. , Burton, S. Spokes-characters [J]. *Journal of Advertising*, 2012, 41 (1).

[23] Garretson, J. A. , Burton, S. The Role of spokes-characters as advertisement and package cues in integrated marketing communication [J]. *Journal of Marketing*, 2005, 69 (4).

[24] Green, M. , Jacob, R. J. K. Software architectures and metaphors for non-wimp user interfaces [J]. *Computers & Graphics*, 1991 (1).

[25] Hayes, A. F. *Introduction to mediation, moderation and conditional process analysis* [M], New York: Guilford, 2013

[26] Hughes, A. , Wilkens, T. , Wildemuth, B. W. , Marchionini, G. Text or pictures? An eyetracking study of how people view digital video surrogates [J]. *Lecture Notes in Computer Science*, 2003 (10).

[27] Kim M. , Lennon, S. The effects of visual and verbal information on attitudes and purchase intentions in internet shopping [J]. *Psychology and Marketing*, 2008 (25).

[28] Mackenzie, S. B. , Lutz, R. J. An empirical examination of the structural antecedents of attitude toward the ad in an advertising pretesting context [J]. *Journal of Marketing*, 1989, 53 (2).

[29] Marois, R. , Ivanoff, A. J. Capacity limits of information processing in the brain [J]. *Trends in Cognitive Sciences*, 2005, 9 (6).

[30] Mitchell, A. A. , Jerry, C. , Olson. Are product attribute beliefs the only mediator of advertising effects on brand attitudes? *Journal of Marketing Research*, 1981, 18 (8).

[31] Mitchell, A. A. The effect of verbal and visual components of advertisements on brand attitudes and attitude toward the advertisement [J]. *Journal of Consumer Research*, 1986, 13 (1).

[32] Mize, J. , Kinney, L. Spokes-character influence on brand relationship quality factors [C]. American Academy of Advertising. Conference Proceedings, 2008.

[33] Oppenheimer, D. M. The secret life of fluency [J]. *Trends in Cognitive Sciences*, 2008, 12 (6).

[34] Paivio, A. , Kalman, C. Picture superiority in free recall: Imagery or dual coding [J]. *Cognitive Psychology*, 1973, 5 (12).

[35] Rayner, K. , Stewart, A. J. , Keir, J. , Duffy, S. A. Integrating text and pictorial information: Eye movements when looking at print advertisements [J]. *Journal of Experimental Psychology*, 2001, 7 (3).

[36] Reber, R. , Wurtz, P. , Zimmermann, T. Exploring " fringe " consciousness: The subjective experience of perceptual fluency and its objective Bases [J]. *Consciousness and Cognition*, 2004 (13).

[37] Sojka, J. Z., Giese, J. L. Communicating through pictures and words: Understanding the role of affect and cognition in processing visual and verbal information [J]. *Psychology and Marketing*, 2006, 23 (12).

[38] Wang, Z., Mao, H., Li, Y. J., et al. Smile big or not? Effects of smile intensity on perceptions of warmth and competence [J]. *Journal of Consumer Research*, 2017, 43 (5).

附录一：实验一实验素材

图 3 "BUY IT"品牌虚拟代言人

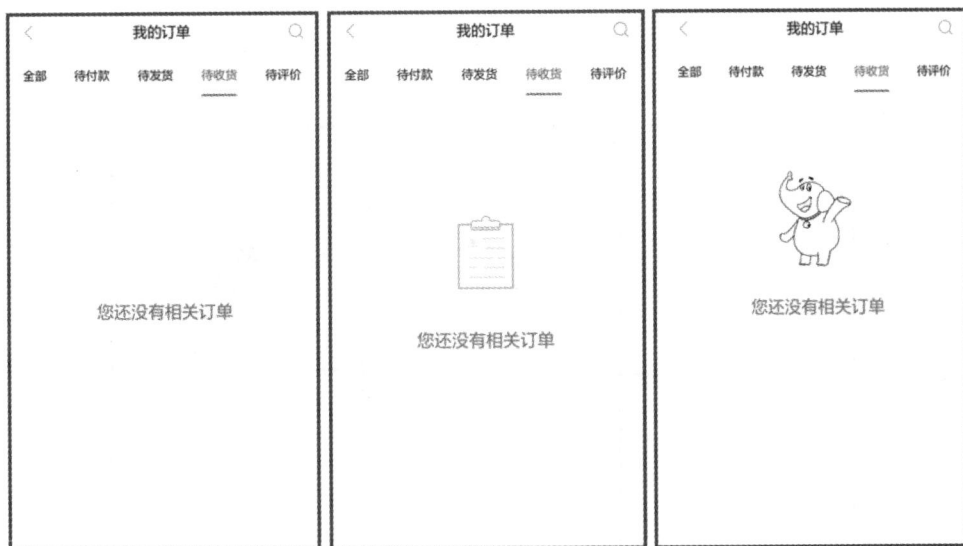

图 4 实验一"BUY IT""待收货"界面提醒的三种信息形式

附录二：实验二实验素材

去哪儿网　　　　　　　　途牛旅游网

图 5　去哪儿网和途牛旅游网的品牌虚拟代言人

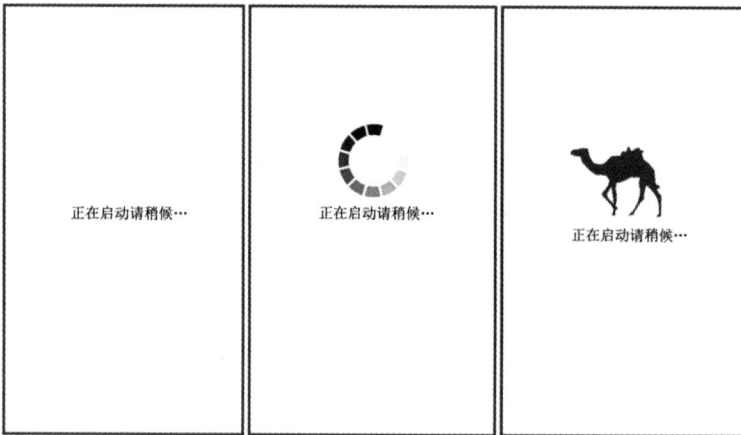

图 6　去哪儿 APP 启动界面提醒的三种信息形式

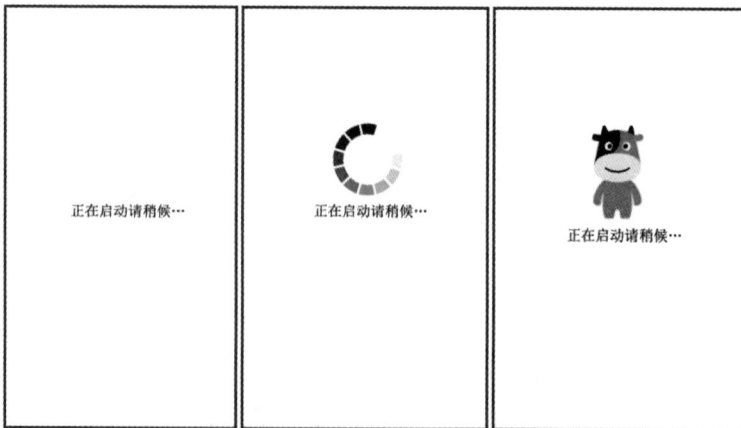

图 7　途牛旅游网 APP 启动界面提醒的三种信息形式

The Role of Message Style of APP's Function Reminder on Consumers' Brand Attitude

Zhang Ning[1]   Li Guanfei[2]   Xu Meilan[3]

(1, 2   Management School of Shenzhen University, Shenzhen, 518060;

3   Chinese Department of Sun Yat-sen University, Guangzhou, 510275)

Abstract: The paper was based on the theory of construal level theory and psychical distance to test the impact of message style of APP 's function reminder on consumers ' brand attitude. The results showed that the spokes-character graphic, neutral graphic and pure text didn't have significant influence on consumers' brand attitude. However, compared with pure text or neutral graphic (vs. spokes-character graphic) when the brand personality is warm (vs. competent), using spokes-character graphic (vs. pure text or neutral graphic) could bring about a better brand attitude, processing fluency mediated the impact of message style of APP 's function reminder on consumers ' brand attitude.

Key words: Function reminder; Construal level theory; Psychical distance; Brand personality; Processing fluency

专业主编: 曾伏娥

他人指向型情绪对集体主义
文化来源国产品评价的影响研究[*]
——期望度的中介与国家认同的调节作用

● 才源源[1] 杜俏颖[2] 何佳讯[3,5] 王承璐[4,5]

（1，2 上海大学悉尼工商学院 上海 201800；3 华东师范大学经济与管理学部 上海 200062；
4 美国纽黑文大学商学院 美国 06516；5 华东师范大学国家品牌战略研究中心 200241）

【摘 要】本文提出了他人指向型情绪与集体主义文化来源国之间的匹配关系，通过 3 个实验研究发现：针对具有集体主义文化特征来源国的产品，消费者在他人指向的平和情绪下较自我指向的高兴情绪下产生更积极的评价；并且，这一匹配关系仅发生在认知参与度高的消费决策情境中。同时，本文通过引入期望度和国家认同变量，探明情绪对来源国产品评价产生影响的过程和机制问题。本文深化了情绪与来源国相关领域的研究，对非优势来源国的营销策略制定，以及基于文化特征的国家品牌资产提升具有实践指导意义。

【关键词】来源国 他人指向型情绪 深入加工模式 国家认同

中图分类号：F270   文献标志码：A

1. 引言

在品牌全球化的大背景下，商业品牌与其来源国国家形象之间的关系愈发密切。在不少国家，企业的品牌战略已逐渐上升至国家战略层面。例如，早在 2009 年，韩国就成立了国家品牌委员会，专门开展针对"国家作为品牌"的战略和工作。近年来，我国也相继设立了"国家品牌计划"和"中国品牌日"，旨在提高我国自主品牌的影响力和认知度，促进能够代表中国国家形象的品牌参与到全球商业竞争和文化交流中。与此相对应，在学术领域，研究者们达成共识，认为产品和品牌的来源国家也可以同商业品牌一样，为

* 基金项目：本文系国家自然科学基金青年项目"消费者情绪对品牌全球化定位与本土化定位态度评价的影响研究"（项目批准号：71602111）；国家自然科学基金面上项目"品牌与国家的联结：数字化时代新兴市场跨国公司创建全球品牌资产的新战略研究"（项目批准号：71772066）；上海市浦江人才项目"消费者情绪的文化特征对来源国效应的影响作用研究"（14PJC047）阶段性成果。

通讯作者：何佳讯，E-mail：jxhe@ dbm. ecnu. edu. cn。

产品带来附加值，从而成为一种重要的资产来源（Pappu & Quester，2010）。国家品牌在来源国概念的基础上具有更多情感和精神的内涵（Olin，2002），其所具备的独特资产也被认为是"消费者对于某一产品或品牌所产生的、仅与特定国家有关的情感"（Iversen & Hem，2001）。

那么，如何建立国家品牌资产、发挥国家品牌的杠杆力呢？国家形象的宣传、文化产品的推广、重大国际会议和赛事的主办等均可能成为提升国家品牌资产的有效方式（Dinnie，2004）。例如，在中国举办的G20峰会和"一带一路"高峰论坛中，中国文化元素的运用成为国际会议的亮点，有效凸显了积极而独特的中国国家形象。其实，在文化的传递方式上可以是多种多样的，例如才源源和何佳讯（2012）的研究曾采用音乐、视频和回忆故事等多种方式启动消费者的"自我指向"型情绪（如高兴情绪）来强化文化特征，发现美国作为产品来源国时其个人主义文化特征在高兴情绪下被激活，从而使美国产品获得更为积极的品牌态度。消费者情绪对来源国效应的影响也在 Maheswaran 和 Chen（2006）的研究中获得了证明，他们的研究发现生气较悲伤情绪下，消费者更倾向于进行人为归因，而对于某国产品来说，国家即为生产制造者，因此来源国信息在人为归因的条件下会对产品态度产生显著影响，由此研究者提出：特定情绪可被视为国家品牌资产的一种重要来源，实现改善负面来源国效应的作用。

以往研究尚未证明集体主义文化背景下情绪的影响作用，并且对自我/他人情绪特征影响下的个体认知模式尚未进行深入探讨。本文将关注具有文化特征的"他人指向"型情绪，并且在集体主义文化下，针对非优势来源国国家品牌资产的情绪来源进行研究；另外，围绕来源国的问题，本研究将通过不同国家、不同产品类型以及附加产品信息的引入，探索"他人指向"型情绪对来源国产品评价产生影响的条件。

2. 文献综述

2.1 情绪对认知的影响模式

情绪是具有多种认知属性的综合体，除了正负效价、唤醒水平等基本维度特征，还具有关系指向、动机目标、归因控制等更为具体的认知特征（Smith & Ellsworth，1985）。那么，这些具体特征影响下的认知模式是怎样的呢？Forgas（1995a）的情感注入模型（affect infusion model，AIM）提供了情绪作用于认知过程的全面解释，该模型把具体情绪对个体认知判断的影响归纳为高、低两类情绪浸入类别（high/low infusion strategy）。在低情绪浸入的情况下，个体主要依据已储存的信息和知识经验对认知目标直接进行判断，情绪对认知的影响作用微弱；在高情绪浸入情况下，情绪对认知的影响又可以分为启发式策略（heuristic strategy）以及深入加工策略（substantive strategy）。其中，启发式策略是一种"情感即信息"的认知模式（affect-as-information），即情绪被视为认知线索，直接参与认知过程，个体通过情绪推测出一种判断，实现情绪与认知的一致性（mood-congruent effect）（Bower，1981）。比如，天气晴朗的日子与阴雨天相比，好心情会让人们感觉生活更加幸福（Schwarz & Clore，1983），股民也会预测股市投资获得更好的回报（Hirshleifer

& Shumway，2003）。而深入加工策略则以一种"情感启动"的模式运行（affect-priming），这是一种情绪通过唤起、激发个体记忆中已存贮的认知模式，间接影响行为结果的过程。情绪首先激发自我认知、归因以及社会化比较的内部过程，进而对认知产生影响。比如，悲伤的人在进行归因时会更有选择性地注意到情境因素，愤怒的人则会更关注到人为因素（Keltner et al.，1993）。而何种认知加工方式会发生作用则取决于个体的认知参与程度（Forgas，1995a），当认知任务较为简单或熟悉时，情绪对认知的影响表现为启发式策略，即个体不需要过多的认知努力；而当认知任务较为复杂或重要时，深入加工式策略往往会发挥主要作用，即需要个体较多的认知参与。

2.2　情绪的关系指向特征对认知的影响

关系指向（自我/他人）是涉及自我意识倾向的一个具体情绪特征（Salovey，1992），指向自我（self-focused/self-directed）的情绪来源于个体内部的体验，个体自身的动机和需求是引发情绪的原因，这类情绪包括高兴、骄傲、生气、挫败等；相应的，指向他人（other-focused/other-directed）的情绪建立在自我与他人的交互关系中，个体对自我的评估和情绪的感知常常是参照于他人或者是来源于他人，在这类情绪体验中，个体注重他人的感受，诸如平和、共情、悲伤、愧疚等情绪（Markus & Kitayama，1991）。围绕情绪关系指向特征对认知的影响问题，以往的研究已证明当自我或他人指向与认知对象特征一致时，会提升认知评价。具体而言，在他人指向的情绪下，关注"家庭需求"的产品或强调"家人健康"的公益广告会获得更好的劝说效果；而在自我指向的情绪下，"个体需求"和"自身健康"的信息表达则会获得更积极的评价（Agrawal et al.，2007）。在匹配关系的形成过程中，个体会将情绪作为一种认知线索，并依据情绪提供的关于自我或他人的信息线索完成后续的认知加工任务（Lerner & Keltner，2000）。

关系指向型情绪的来源和表现具有深厚的文化基础：在个人主义文化中，人们更强烈和频繁地报告自我指向的情绪；而在集体主义文化中，他人指向的情绪体验则更占主导（Markus & Kitayama，1991）。基于文化差异的情绪研究曾提出假设：在个人主义文化背景下（美国），个体具有独立自我（independent self）的认知特征，因而消费者会更偏爱能够唤起关注自我而非他人情绪的广告；而在集体主义文化下（中国），以相依自我（interdependent self）为主导的消费者则会有相反的偏好（Aaker & Williams，1998）。因此，基于文化差异的自我概念认知系统产生了自我或他人指向（self/other-focused）的情绪，这一具体情绪特征会首先通过启动自我概念，间接影响认知决策，从而进入情绪对认知影响的深入加工模式（Forgas，1995a）。

2.3　他人指向型情绪与来源国集体主义文化特征的匹配关系

在复杂的消费者决策过程中，产品或品牌的来源国常被视为一种重要的信息线索，可以激发消费者对产品的兴趣，也可以左右最终的购买决策；尤其是当产品的属性信息（如质量、价格和品牌信誉等）不够清晰时，消费者会更加依赖于对某国的总体性认知做出直接的判断，这即是经典的来源国效应表现（Maheswaran，1994）。以往的诸多研究表明，产品的来源国常被视为传递质量信息的信号，当一个国家经济发展水平较高时，消费者对来自该国的产品会产生更为积极的质量感知和整体评价（Chowdhury & Ahmed，2009）。除了提供产品功能优劣的信息外，来源国信息还具有一定的象征意义和情感意义（Hong & Wyer，1989）。来源国形象的文化特征可以通过影响消费者的品牌信念或情感，在产品态度形成中发挥间接影响作用（Iyer & Kalita，1997）。在本研究中，我们将来源国的集体主义文化特征作为一种信息线索，当消费者的认知对象特征（集体主义来源国）与情绪特征（他人指向）保持一致时，情绪的他人指向特征会通过唤起个体记忆中有关自我与文化的感知，间接影响认知评价，即对集体主义来源国的产品产生更为积极的态度。

基于 Forgas（1995a）的情绪注入模型（AIM），当情绪通过激发自我的认知系统影响判断时，通常是一种深入加工的模式，该模式需要个体较多的认知参与（Forgas，1995b）。因此，我们认为，基于情绪指向与来源国文化特征的匹配效应，应当发生在情绪对认知产生间接影响的高认知参与情境下。因此，我们提出如下假设：

H1a：在高认知参与的情境下，个体在与集体主义文化相匹配的他人指向情绪下，较自我指向情绪或无情绪的条件下会产生更积极的消费者态度。

H1b：在低认知参与的情境下，情绪的文化特征不会影响消费者对集体主义文化来源国产品的判断。

进一步探索他人指向情绪与来源国集体主义文化匹配效应产生的机制问题，Martin 等（1997）提出当个体处于某一情绪状态下时（如悲伤），即会对与情绪特征相匹配的信息产生期待，一旦相匹配的信息出现，就会被优先提取和顺畅加工。Kim 等（2010）在研究关于消费者情绪（兴奋/平和）与旅游产品类型（冒险刺激/悠然安静）的匹配关系时，将"期望度"作为中介变量，并发现消费者在兴奋情绪状态下，对能够体验到兴奋感的冒险刺激型旅游产品产生期待，反之亦然。基于此，本研究将印度和中国确定为集体主义文化的代表，作为产品的来源国，以激发集体主义文化特质联想，而当他人指向的情绪（如平和）与之相匹配时，就会产生积极的消费者态度。而在此匹配效应发生的过程中，个体首先对与其情绪指向匹配的集体文化信息产生期待，当期待达成时便会产生更积极的认知评价。由此，针对印度和中国作为来源国的产品，我们提出如下假设：

H2：期望度在他人指向情绪与来源国集体主义文化特征的匹配关系中具有中介作用。

2.4 国家认同的调节作用

当消费者在对本国产品进行评价时，由深厚的国家情感产生的民族中心主义、国家认同等因素会对来源国效应产生显著影响（Balabanis & Diamantopoulos，2004）。例如，Verlegh（2007）将国家认同概念引入产品评价的来源偏差效应中，证明了个体的国家认同感越强烈，对本国产品的感知质量和购买意愿的评价越积极。国家认同即是群体身份认同的一个方面，它代表某一特定文化所包含的区别于其他文化的多种含义的联结，也可以表达个人对自己所属国家的一种主观的、内在化的归属感和身份认同感（Keillor et al.，1996）。那么，个体越是认同于群体身份，在态度和行为上就会更多表现出对所属群体的偏向（Mackie & Smith，1998）。

结合本研究中以中国作为产品来源国的实验情境，国家认同高的消费者可能会由于强烈的情感因素而对本国产品做出更为积极的评价，此时情绪的即时影响作用被虚弱，形成低情绪浸入的认知模式。也就是说，国家认同可能会弱化个体依赖情绪与来源国信息的匹配关系进行判断的模式，最终使得情绪通过期望度影响消费者态度的中介关系受到削弱。具体而言，当消费者的国家认同感较低时，期望度在关系指向情绪对产品购买意愿的影响中起到中介作用；而当消费者的国家认同较高时，情绪的信息性作用被削弱，消费者期望度的中介作用也不再存在。由此，在相对较高的认知参与条件下，针对产品来源国是消费者母国的情境，我们提出如下假设：

H3：期望度在他人指向情绪与来源国集体主义文化特征的匹配关系中的中介作用受到本国消费者国家认同的负向调节。低国家认同相较于高国家认同，情绪的文化特征通过期望度对消费者态度产生的影响更为显著。

本研究整体假设模型如图 1 所示：

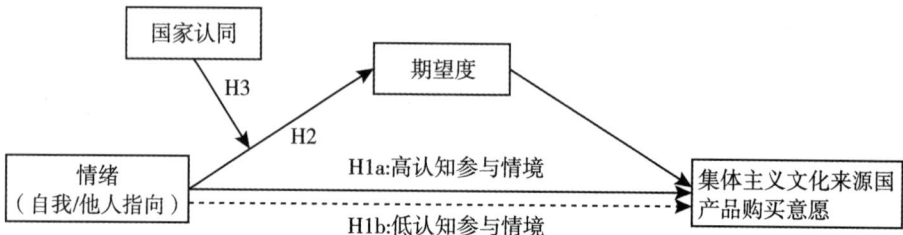

图 1　整体研究模型

3. 实验前测

正式实验前，本文首先对来源国的文化特征进行前测，以确定与情绪的关系指向特征相匹配的产品来源国。参考 Markus 和 Kitayama（1991）的跨文化研究，分别对集体主义文化和个人主义文化的特征进行描述，并请被试根据自身对美国、中国和印度三个国家的印象，评价各国家与个人主义和集体主义文化的契合程度。结果表明：与中国和印度相比，美国具有显著的个人主义特征（$M_{美国}=6.31$，SD = 1.26；$M_{印度}=3.28$，SD = 1.39；$M_{中国}=3.28$，SD = 1.39）；而在集体主义文化方面，与美国相比，中国和印度则具有显著的集体主义文化特点（$M_{美国}=2.92$，SD = 1.54；$M_{印度}=4.03$，SD = 1.44；$M_{中国}=6.00$，SD = 1.35），配对差异检验（paired-sample T test）结果详见表 1。

表 1　　　　　　　　　　　来源国效应和文化特点的差异检验

来源国效应差异检验	美国-印度		美国-中国	
	M_T（SD）	t	M_T（SD）	t
笔记本	2.83（1.76）	9.63[†]	1.00（1.87）	3.21[**]

	美国-印度		美国-中国	
果汁	2.14（1.64）	7.82†	0.56（1.54）	2.17*
文化特点差异检验	M_T（SD）	t	M_T（SD）	t
集体主义文化	−1.11（2.05）	−3.25**	−3.08（2.08）	−8.91†
个人主义文化	3.03（1.63）	11.15†	3.03（1.72）	10.59†

注：$*$ 表示 $p<0.05$；$**$ 表示 $p<0.01$；† 表示 $p<0.001$，表格中平均数和标准差代表了美国与印度、美国与中国在文化特征和来源国效应上的差异。

其次，确定影响认知参与的因素。以往研究表明产品卷入度通常会影响消费者的认知参与（朱丽叶等，2017），对个体重要、相关性较高或存在购买风险的产品，会使消费者付出更多的认知努力进行信息加工（Vaughn，1986；Maheswaran et al.，1992）。因此，本研究期望通过产品卷入度的设置来操作不同的认知参与程度，以创造情绪的他人指向特征发挥影响作用的高认知参与条件。本研究选取笔记本电脑和果汁作为高、低不同卷入度的产品类别，邀请20位被试对这两个品类的卷入度进行评价，测量题项参考 Zaichkowsky（1994）的研究，包括"同其他产品相比，这一产品对我很重要""我对这个产品很感兴趣""购买该产品时，我会很慎重地选择"。结果显示：笔记本电脑产品的认知卷入度（$M_{电脑}=4.85$，SD $=1.86$）高于果汁产品（$M_{果汁}=3.53$，SD $=1.16$），差异检验达到显著水平（$M_T=1.32$，SD $=1.49$，$t=4.42$，$p<0.000$）。

进一步的，研究者需要检验在果汁和笔记本两类产品中，来源国的优势或劣势效应。共招募36名非正式实验被试参与该前测，请被试对来自美国、印度和中国的电脑笔记本产品和果汁产品进行 1~7 分的等级评价（1表示"非常不好"，7表示"非常好"），结果表明：无论是在笔记本电脑产品上（$M_{美国}=5.92$，SD $=1.32$；$M_{中国}=4.92$，SD $=1.61$；$M_{印度}=3.08$，SD $=1.57$），还是在果汁产品上（$M_{美国}=5.42$，SD $=1.20$；$M_{中国}=4.86$，SD $=1.38$；$M_{印度}=3.28$，SD $=1.60$），消费者对美国产品的评价均高于印度和中国产品，配对差异检验（paired-sample T test）结果详见表1。

4. 实验1：情绪的他人指向特征与来源国文化的匹配性
——基于产品类别的差异

实验1的研究目的是检验他人指向型情绪与集体主义文化来源国之间的匹配关系，以及情绪对认知产生影响的条件。实验1a采用中国笔记本产品，在高卷入度产品类别中验证 H1a 和 H2；实验1b采用中国果汁产品，验证在低卷入度的产品类别中，情绪与集体主义文化特征之间的匹配效应不会发生，证明了 H1b，从而说明针对来源国的文化特征，情绪对认知产生的影响是一种深入加工的模式（Forgas，1995a）。

4.1 实验1a

4.1.1 研究过程

实验1a在上海某本科院校进行，通过公开招募，共邀请了77名被试参加实验（女性为66.2%）。本实验采用单因素（情绪：高兴/平和）组间实验设计，所有被试随机分派到两个实验组，分别完成两部分实验内容。第一部分为情绪启动，参考了Tiedens和Linton（2001）以及Agrawal等（2007）的研究，采用故事回忆法来唤起被试高兴或平和的情绪。针对平和情绪，研究者首先介绍"平和为一种积极的情绪状态，是内心获得的平静与安宁，可能因为你投身大自然，可能因为聆听了一段优美的音乐，也可能因为跟家人、朋友共度的温馨时光等"；之后，被试将有5分钟的时间把自己的情绪故事写下来，随后完成情绪自评任务，即对表达平和情绪的"平和""宁静"和"安详"，以及表达高兴情绪的"高兴""欢快"和"喜悦"共6个形容词进行1~7的等级评分（1表示"一点没有感受"，7表示"感受非常强烈"）（Agrawal et al.，2007）。实验第二部分为产品评价，向被试随机呈现一则虚拟笔记本电脑品牌"瑞升"的广告，包括产品概述和产品图片，并强调"中国"为产品的来源国。邀请20位被试对产品广告进行前测，结果表明：消费者对笔记本电脑广告的总体喜好度处于中等水平（$M = 3.50$, $SD = 0.80$）；品牌的熟悉度处于较低水平（$M = 1.0$, $SD = 1.0$）。随后，所有被试完成产品评价测项，产品态度借鉴Swaminathan等（2007）的研究，共四个测项，包括产品质量、品牌评价以及对产品整体喜好度，评价方式为1~7的等级评分，（7表示"非常肯定"，1表示"完全否定"）；购买意愿则参考了Laroche等（1996）的研究，测项为："您愿意购买瑞升笔记本电脑吗？""如果您恰巧需要购置一台笔记本电脑，您愿意尝试购买瑞升吗？""如果不考虑价格因素，您购买瑞升的可能性有多大？"；产品期望度参考了DeSteno等人（2000）的研究，测项为"您对瑞升电脑有怎样的期望？"和"您认为瑞升可能是一款很好的笔记本产品吗？"。最后，所有被试需要回答个人背景相关的题目，以及对实验目的的猜测。

4.1.2 研究结果

（1）情绪启动的检验

One-Way ANOVA检验结果表明，在高兴分数上，高兴组显著高于平和组（$M_{高兴} = 6.04$, $SD = 0.98$；$M_{平和} = 5.39$, $SD = 1.29$；$F(1, 76) = 6.07$, $p < 0.05$）；在平和分数上，平和组显著高于高兴组（$M_{平和} = 5.99$, $SD = 1.06$；$M_{高兴} = 4.28$, $SD = 1.48$；$F(1, 75) = 34.61$, $p < 0.000$）。此外，在情绪的积极性维度上，两组得分没有显著差异（$M_{高兴} = 5.81$, $SD = 1.14$；$M_{平和} = 5.71$, $SD = 1.25$；$F = (1, 75) = 0.128$, $p = 0.72$），表明情绪启动成功。

（2）因变量及中介作用的检验

因变量包括产品态度和购买意愿。首先对产品态度进行One-Way ANOVA分析，结果发现平和组的被试对中国笔记本电脑产品的态度显著高于高兴组的被试（$M_{平和} = 3.79$, $SD = 0.88$；$M_{高兴} = 3.27$, $SD = 1.10$；$F(1, 75) = 5.31$, $p = 0.024$）。当以购买意愿为因变量时，得出一致的结论，即平和组的购买意愿显著高于高兴组（$M_{平和} = 2.98$, $SD = 1.32$；$M_{高兴} = 2.32$, $SD = 1.24$；$F(1, 75) = 5.15$, $p = 0.026$）。

针对"期望度"的中介效应，按照 Zhao 等（2010）提出的中介效应分析程序，参照 Preacher，Hayes（2004）和 Hayes（2013）提出的 Bootstrap 方法（选择模型 4，样本量 5000，95%的置信度），以情绪为自变量，产品态度为因变量，对期望度的中介作用进行检验。中介检验结果不包含 0（LLCI = 0.1174，ULCI = 0.7415），表明中介作用显著，且效应值为 0.3724。此外，控制了中介变量期望度之后，自变量情绪对因变量产品态度的影响变得不显著，区间（$LLCI = -0.5335$，ULCI = 0.2356）包含 0，由此可知期望度发挥了完全中介作用。随后，以相同的检验步骤，验证当以购买意愿为因变量时的结果，发现期望度的中介作用仍然显著（LLCI = 0.1505，ULCI = 0.9507），且为完全中介，效应值大小为 0.4782。说明期望度在情绪与产品态度、购买意愿的关系中均发挥了中介作用。由此，H1a 和 H2 在以中国为集体主义文化来源国的高卷入产品中获得证明。

4.2 实验 1b

实验 1b 采用与实验 1a 相同的实验设计，不同之处是将笔记本产品"瑞升"更换为果汁产品"万奇"，万奇果汁被描述为"含有新鲜水果成分，为身体提供维生素和充沛活力的一款中国果汁产品"。前测结果表明：消费者对果汁产品广告的总体喜好度处于中等水平（$M = 4.08$，$SD = 0.79$）；品牌的熟悉度处于较低水平（$M = 1.46$，$SD = 0.83$）。实验 1b 同样在上海某本科院校进行，64 名学生被试（女性为 67.2%）被随机分配到高兴或平和两个实验组，之后完成情绪启动及广告评价任务，产品态度和购买意愿的评价同实验 1a。

实验结果表明：在高兴分数上，高兴组显著高于平和组（$M_{高兴} = 4.95$，$SD = 1.23$；$M_{平和} = 4.28$，$SD = 1.30$；$F_{(1, 72)} = 4.52$，$p < 0.05$）；在平和分数上，平和组显著高于高兴组（$M_{平和} = 5.03$，$SD = 1.18$；$M_{高兴} = 4.27$，$SD = 1.41$；$F_{(1, 62)} = 5.54$，$p < 0.05$），表明情绪启动成功。但是，在产品态度（$M_{平和} = 3.73$，$SD = 1.25$；$M_{高兴} = 3.72$，$SD = 1.24$；$F_{(1, 62)} = 0.03$，$p = 0.960$）及购买意愿（$M_{平和} = 3.97$，$SD = 1.90$；$M_{高兴} = 4.0$，$SD = 1.67$；$F_{(1, 62)} = 0.05$，$p = 0.944$）两个因变量上，高兴和平和组均没有显著的差异，说明在低卷入的果汁产品上，情绪的文化特征没有对来源国效应产生影响，即 H1b 获得证明。

5. 实验 2：情绪的他人指向特征与来源国文化匹配性的进一步证明

实验 2 的研究目的是进一步验证他人指向型情绪与集体主义文化来源国之间的匹配关系。在实验设计上，选择另一具有集体主义文化特征的非优势来源国——印度作为产品来源国，并设置无来源国信息的控制组；此外，为了区分"平和"情绪与无情绪状态的差异，设置"日常生活"场景的无情绪控制组，并通过观看视频短片的方式启动即时情绪；依然将笔记本电脑产品作为高认知参与的操纵。由此，实验 2 采用 3（情绪：高兴/平和/控制）×2（来源国信息：有/无）的组间实验设计。

5.1 研究过程

实验 2 在上海某本科院校进行，共有 159 名被试参加实验，剔除未完成实验的 13 位被试的数据，最终获得 146 个有效数据（女性占 57.1%）。所有被试随机分配到六个实验组，分别观看高兴、平和或控制组的视频并完成情绪的自我评定。其中，启动高兴情绪的视频选自一段综艺节目，启动平和情绪的视频为一段风景介绍短片，控制组的视频为一段大学生日常生活的剪辑，三段视频时长均为 5~6 分钟。正式实验前，我们对两个实验组视频的情绪启动效果进行了前测。44 名非正式实验的被试随机观看引起高兴或平和情绪的视频，之后回答实验 1 采用的情绪自评量表（Agrawal et al.，2007）。差异检验结果表明：在高兴分量表上（$a = 0.82$），高兴组显著高于平和组（$M_{高兴} = 5.80$，SD = 1.19；$M_{平和} = 4.68$，SD = 1.30；$F_{(1, 43)} = 8.77$，$p<0.01$）；在平和分量表上（$a = 0.83$），平和组的得分则显著高于高兴组（$M_{高兴} = 4.35$，SD = 1.57；$M_{平和} = 6.27$，SD = 0.98；$F_{(1, 43)} = 24.35$，$p < 0.001$），由此表明视频的启动效果良好。实验的第二部分为产品评价，实验材料及产品评价、产品期望的测量同实验 1a。

5.2 研究结果

5.2.1 情绪启动的检验

采用 One-Way ANOVA 的分析结果显示，在高兴分量表上，高兴组的分数显著高于平和组与控制组（$M_{高兴} = 5.10$，SD = 1.07；$M_{平和} = 3.71$，SD = 1.15；$M_{控制组} = 3.40$，SD = 1.45；$F_{(1, 143)} = 26.21$，$p < 0.000$）；在平和分量表上，平和组的分数显著高于高兴组和控制组（$M_{平和组} = 5.28$，SD = 1.10；$M_{高兴} = 3.49$，SD = 1.03；$M_{控制组} = 4.70$，SD = 1.44；$F_{(1, 143)} = 27.59$，$p < 0.000$），说明情绪启动操作成功。

5.2.2 因变量的检验

首先，进行 3（情绪：高兴/平和/控制）×2（来源国信息：有/无）的交互效应方差检验。结果表明，情绪的主效应显著（$F_{(1, 140)} = 7.41$，$p = 0.001$，$\eta_p^2 = 0.096$）；有无来源国信息的主效应不显著（$F_{(1, 140)} = 0.28$，$p = 0.599$，$\eta_p^2 = 0.002$），情绪×信息的交互作用显著（$F_{(1, 140)} = 4.96$，$p = 0.008$，$\eta_p^2 = 0.066$）。进一步针对印度来源国产品进行 One-Way ANOVA 检验，结果表明：三组消费者在产品态度的评价上存在显著差异（$M_{高兴} = 2.73$，SD = 0.88；$M_{平和} = 4.05$，SD = 1.04；$M_{控制组} = 3.11$，SD = 1.05；$F_{(1, 66)} = 10.64$，$p = 0.000$）。两两比较发现，平和组的产品态度显著高于控制组（$F_{(1, 43)} = 9.02$，$p = 0.004$）；高兴组的产品态度虽然低于控制组，但没有达到显著水平（$F_{(1, 45)} = 1.81$，$p = 0.19$）。由此可知，当情绪的关系指向特征与来源国文化相匹配时，可以提高消费者对产品的态度评价，而在不匹配的情况下，产品评价并未受到显著影响（具体结果如图 2 所示）。

其次，针对高兴与平和两个情绪水平进行 ANOVA 检验，发现情绪的主效应显著，平和条件下的产品态度评价显著优于高兴条件（$M_{平和} = 3.71$，SD = 0.99；$M_{高兴} = 2.98$，SD = 0.87；$F_{(1, 92)} = 16.81$，$p = 0.000$，$\eta_p^2 = 0.154$），有无来源国信息的主效应不显著（$F_{(1, 92)} = 0.09$，$p = 0.760$，$\eta_p^2 = 0.001$），情绪×信息的交互作用显著（$F_{(1, 92)} = 9.59$，$p = 0.003$，$\eta_p^2 = 0.094$）。进一步对情绪×信息的交互项进行简单效应分析，结果显示：针对以印度为来源国的笔记本电脑产品，消费者在平和情绪下较高兴情绪下有

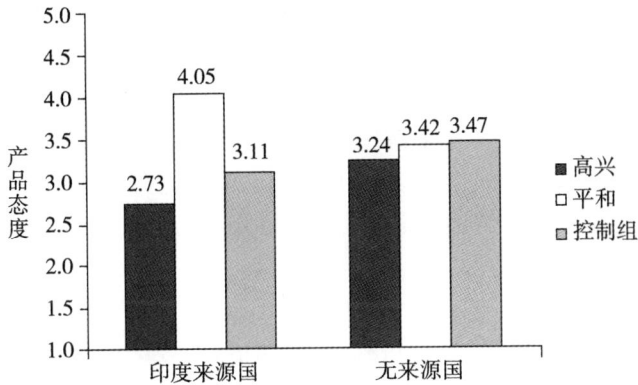

图 2 　情绪与来源国信息的交互作用分析

更积极的态度评价（$F(1, 92) = 24.84$, $p = 0.000$, $\eta_p^2 = 0.213$），针对无来源国信息的笔记本电脑产品，消费者的态度评价没有受到情绪的影响（$F(1, 92) = 0.525$, $p = 0.470$, $\eta_p^2 = 0.006$）。由此，H1a 得到再次验证。

5.2.3 中介作用的检验

为了进一步探究情绪指向与来源国文化的匹配性对产品态度评价的影响机制，研究者针对平和组和高兴组，验证"期望度"的中介效应。按照 Zhao 等（2010）提出的中介效应分析程序，参照 Preacher，Hayes（2004）和 Hayes（2013）提出的 Bootstrap 方法（选择模型 7，样本量 5000，95% 的置信度），以情绪为自变量，来源国信息为调节变量，产品态度为因变量，对期望度的中介作用进行检验。结果表明，期望度的中介效应显著（LLCI = −1.2970，ULCI = −0.2078），中介效应大小为−0.7230，且控制中介变量期望度之后，自变量情绪（高兴/平和）对因变量产品态度的影响仍显著，区间（$LLCI = 0.1144$，ULCI = 0.6654）不包含 0，期望度发挥了部分中介作用。此外，检验结果还表明，情绪和来源国信息的交互作用显著（LLCI = −2.3247，ULCI = −0.3802，不包含 0）。具体而言，针对印度来源国的笔记本电脑，期望度的中介作用显著（LLCI = 0.3438，ULCI = 1.1165，不包含 0），而针对无来源国信息的笔记本电脑，期望度的中介作用不存在（LLCI = −0.3950，ULCI = 0.3424，包含 0）。由此，H2 获得再次证明。

6. 实验 3：情绪他人指向特征与来源国文化匹配性的影响因素

实验 3 的研究目的是在低卷入度产品类别下，进一步探索认知参与度的影响作用。我们认为：在实验 1b 中，果汁产品作为一种快速消费品，消费者在进行购买决策时认知参与较低，不会进入深入加工模式，因而导致在低卷入的产品类别中，无法获得情绪与文化的匹配性关系。因此，实验 3 期望通过引入附加信息的方式，激发消费者不同的认知加工策略，以进一步证明高认知参与是情绪的文化特征产生作用的条件，因为随着信息数量的增多，认知任务的复杂性提高，个体会付出额外的信息加工努力（Petty & Cacioppo，

1984）。我们设置强/弱两类信息组，强信息组为果汁产品提供了有力的支持，是与原产品描述一致的积极信息；而弱信息组则提供了相对负面的论述，与原产品描述产生不一致。我们认为在强化了认知参与的一致性条件下，将产生情绪与来源国文化的匹配效应；而弱信息组虽然也引发了认知参与，但负面不一致信息的出现，使得消费者可以依据产品属性做出直接判断，而不需要考虑来源国因素，情绪的文化特征也就不会对认知产生影响，即进入了低情绪浸入的模式（Forgas，1995a）。除此之外，实验 3 将引入国家认同变量，探索消费者对本国产品的情感因素是否对"匹配效应"产生调节作用。

6.1 研究过程

实验 3 采用 2（情绪：高兴/平和）× 2（附加信息：强/弱）的组间实验设计，在上海某本科院校中招募学生被试 124 名（女性 48.4%）。所有被试随机分派到四组并分别完成四部分的实验任务。第一部分为情绪启动和情绪状态的自我评定（同实验 1a）。第二部分为阅读虚拟果汁品牌"万奇"的广告以及附加信息材料，附加信息被描述为这款新果汁产品的市场调研结果。附加材料的设计参照 Maheswan 和 Chen（2006）的研究，选取了口感、维生素含量、纯正度、色泽以及无菌包装五个与果汁相关的产品属性，并邀请了 49 名非正式实验被试对属性的重要程度进行评分，重要程度排序依次是口感（$M = 5.98$，$SD = 1.25$）、纯正度（$M = 5.78$，$SD = 1.38$）、无菌包装（$M = 5.76$，$SD = 1.38$）、维生素含量（$M = 5.59$，$SD = 1.47$）和色泽（$M = 4.07$，$SD = 1.87$）。因此，在强附加信息组中，告知被试"万奇"品牌在口感、纯正度和无菌包装三个重要属性上的评价高于另两个品牌，在次重要属性上与另两个品牌有相同的评价，在最不重要的属性上的评价低于另两个品牌；相对地，在弱附加信息组中，则告知被试"万奇"品牌在三个重要属性上的评价低于其他两个品牌，在最不重要属性上优于其他品牌。之后，完成对产品购买意愿的评价，测项为"请预测一下，在未来 10 次购买果汁饮料产品时，您可能有几次选择万奇"（Laroche et al. ，1996）。实验的第三部分为一个无关测试，请被试用 3 ~ 5 分钟的时间写下本学期的课程表，以消除情绪的后续效应。第四部分为国家认同的测量，四个测项源自 Verlegh（2007）的研究，分别为："作为一个中国人对我来说意义重大""我以自己是一个中国人而感到骄傲""当一个外国人夸赞我的祖国时，就像对我个人的赞美一样"以及反向计分题项"我不觉得自己与中国之间有任何联系"。

6.2 研究过程

6.2.1 情绪启动的检验

采用 One-Way ANOVA 检验情绪启动效果，结果表明：高兴组在高兴得分上显著高于平和组（$M_{高兴} = 5.48$，$SD = 1.07$；$M_{平和} = 4.33$，$SD = 1.28$；$F (1, 122) = 28.92$，$p < 0.000$）；在平和分数上，平和组显著高于高兴组（$M_{平和} = 5.51$，$SD = 0.97$；$M_{高兴} = 4.10$，$SD = 1.33$；$F (1, 122) = 45.53$，$p < 0.000$）。

6.2.2 因变量的检验

针对因变量购买意愿进行 2（情绪：高兴/平和）× 2（附加信息：强/弱）的 ANOVA 检验。结果表明：情绪的主效应显著，在平和情绪条件下消费者的购买意愿高于在高兴条

146

件下（$M_{平和}=3.14$，SD$=2.15$；$M_{高兴}=2.43$，SD$=1.77$；F（1，120）$=4.92$，$p=0.028$，$\eta_p^2=0.039$）；附加信息的主效应显著，在有强附加信息的条件下，消费者产生了更高的购买意愿（$M_{强}=3.73$，SD$=2.07$；$M_{弱}=1.85$，SD$=1.41$；F（1，120）$=35.70$，$p<0.000$，$\eta_p^2=0.229$）；情绪与一致性附加信息的交互作用边缘显著（F（1，120）$=3.63$，$p=0.059$，$\eta_p^2=0.029$）。

进一步对情绪×附加信息的交互作用进行简单效应分析，发现仅在有强附加信息的情况下，中国果汁产品的购买意愿会受到情绪变量的影响，在平和情绪下的购买意愿显著高于在高兴情绪下（$M_{平和}=4.34$，SD$=2.04$；$M_{高兴}=3.07$，SD$=1.91$；F（1，120）$=8.50$，$p=0.004$，$\eta_p^2=0.066$）。而在弱附加信息的条件下，消费者的购买意愿不受情绪的影响（$M_{平和}=1.90$，SD$=1.47$；$M_{高兴}=1.81$，SD$=1.38$；F（1，120）$=0.83$，$p=0.825$，$\eta_p^2=0.000$）。由此可知，附加信息性质影响了情绪对购买意愿的作用（交互作用结果见图3）。

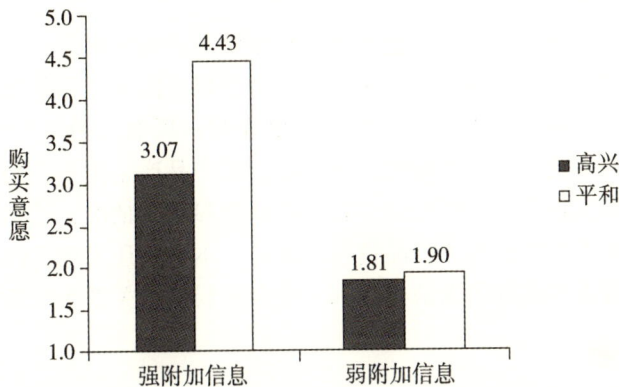

图3　情绪与附加信息的交互作用（果汁产品）

6.2.3　有调节的中介效应检验

在强附加信息的条件下，检验国家认同在情绪指向特征与来源国文化匹配效应中的调节作用。按照 Zhao 等（2010）提出的中介分析程序，参照 Preacher 等（2007）和 Hayes（2013）提出的有调节的中介分析模型（模型7，样本量选择5000，置信区间选择95%）进行 Bootstrap 检验，自变量采用虚拟编码（平和情绪组编码为0，高兴情绪组编码为1）。结果表明，期望度在情绪和国家认同对产品购买意愿的交互作用中具有中介作用（LLCI$=0.0652$，ULCI$=1.2668$，不包含0），作用大小为0.3755。进一步按均值、均值加减一个标准差，区分低、中、高三种国家认同水平，分析了不同国家认同水平下情绪对购买意愿影响中期望度的中介效应。条件间接效应的结果显示：针对国家认同较低和中等的消费者，情绪通过期望度对购买意愿的中介作用显著（LLCI$=-1.5738$，ULCI$=-0.2130$，不包含0；LLCI$=-0.9294$，ULCI$=-0.0709$，不包含0），而对于国家认同较高的消费者，期望度的中介作用不显著（LLCI$=-0.5045$，ULCI$=0.2942$，包含0），H3提出的有调节的中介模型成立。

6.3 结论与讨论

实验 3 在低卷入度的产品类别中检验了情绪他人指向特征和来源国集体主义文化的匹配效应发挥作用的条件，发现引入附加信息引发较高的认知参与时，情绪他人指向特征会对集体主义文化来源国产品的购买意愿产生影响，这也再次证明了情绪他人指向特征与来源国集体主义文化的匹配效应是一种深入加工模式；但当附加信息为负面评价时，消费者会直接对产品做出判断，而并不依据情绪的线索作用。除此之外，实验 3 还证明了消费者的国家认同在情绪关系指向特征通过期望度影响来源国产品评价的过程中起到负向调节作用，说明情绪与来源国文化特征的匹配作用会受到个体情感因素的影响，当个体具有强烈的国家认同时，情绪的无意识影响作用会受到削弱（Forgas, 1995a）。

7. 总体结论与讨论

本文通过三个实验研究，验证了他人指向型情绪与来源国集体主义文化特征之间的匹配关系，并在此基础上通过不同国家、不同产品类型以及附加产品信息的引入，进一步探讨这一匹配效应发挥影响作用的条件。研究结果表明：当他人指向型情绪（平和）与来源国信息中集体主义文化特征相匹配时，消费者会对产品产生更积极的评价，从而获得较为积极的来源国效应，且这一匹配效应存在于高认知参与的情况，比如针对高卷入度的产品，或需要额外认知参与的低卷入产品情境。此外，本研究还发现，针对产品来源国为本国产品的情境，消费者丰富的国家情感卷入，也会削弱情绪关系指向特征的影响作用。

7.1 理论及应用贡献

本研究的理论贡献首先体现在来源国和国家品牌资产的研究领域，针对以往研究未能在以中国为产品来源国的条件下，证明情绪与文化的"一致性效应"问题，本研究通过产品信息和国家情感的控制进行了有效的解释，从而推进了情绪与来源国关系的主题研究。其次，他人指向情绪与集体主义文化来源国之间的匹配关系获得验证，说明即时性的情境因素可以成为影响来源国效应的重要变量，这突破了来源国刻板印象受某国历史、政治和经济发展等长期稳定因素影响的问题（Gürhancanli & Maheswaran, 2000b）。更进一步的，当国家文化特征可以通过消费者的某种特定情绪来表达和传递时，情绪不仅成为识别和判断来自某国的企业、品牌或产品的特殊符号，更丰富了国家品牌资产的文化内涵，使其不仅限于国家品牌感知质量和国家品牌意识等要素（Yoo & Donthu, 2001），也可以具备国家的情绪特征联想内容。最后，基于来源国效应的主题，本文揭示了情绪作用于认知加工过程的模式，即自我意识型情绪（如他人指向型）通过深入加工模式影响到来源国效应的问题，从而将情绪影响下的认知机制问题推向深入。

本研究的应用价值在于如何利用情绪对认知的影响作用管理国家、企业和产品品牌，特别是对于他人指向型文化中的非优势来源国效应的改善具有重要的实践指导意义。针对具有集体主义文化特征的来源国，在进行品牌推广和营销时可以充分利用他人指向型情绪，保持国家文化线索与情绪特征之间的一致性，有效提升品牌评价，从而将消费者的情绪情感打造成为国家品牌资产的一个重要来源。与此同时，在具体营销实践中，还应把握产品品类以及产品属性信息方面的特点，使得情绪的他人指向性在认知加工过程中充分发挥影响作用。具体而言，可以采用提供多种积极产品信息的方式，如专家评价、他人推荐、第三方评价机构传播的信息内容等。除此之外，在跨国营销战略的实施过程中，也可以体现本研究的实践价值。比如，在以宣传某国产品或品牌为主旨的展销会或是商业活动中，可以通过营造与该国文化相契合的情绪氛围，获得积极的企业和品牌评价；在宣传国家形象、介绍国家文化和经济发展的国际活动中，更是应该充分考虑如何将具有文化意义的情绪元素融入国家形象推广的策略中。

7.2 研究不足与未来研究展望

本研究在探讨情绪他人指向特征的影响机制过程中，将"期望度"作为中介变量进行验证，这是相对间接地反映"一致性"效应的指标，今后的研究可以引入测量独立自我或相依自我联想的指标（Agrawal et al., 2007），以获得情绪和来源国文化之间更直接的解释。另外，本文在证明情绪的他人指向特征对认知产生影响时，是通过操作自变量，即产品的卷入度和广告信息的复杂程度来实现的；但是，没有通过因变量的测量来考察深入加工式策略与启发式策略引发的结果差异，比如在 Forgas（1995b）的文章中即指出，相较于受情绪直接影响的启发式策略，深入加工式策略下的认知判断时间更长，信息的回忆程度也更高；这两类指标也应当用于检验情绪的文化特征对认知产生影响的深入加工式策略。

在未来研究中，可以围绕情绪的文化特征主题探索其他的情绪特征，例如情绪在动机倾向上的趋近（approach）和趋避（avoidance）性，已被证明存在着广泛的文化差异性：在西方文化下，人们表现出追求自主性、取得成就的趋近目标取向；而在东方文化下，人们表现出追求归属、避免潜在危险的趋避目标取向（Aaker & Lee, 2001）。那么，情绪的趋近或趋避特征是否影响涉及来源国问题的消费者认知呢？在未来研究中可以继续围绕情绪的具体特征进行探索，以丰富国家品牌资产的文化内涵，并为国家和企业提供更多提升国家品牌形象，获得积极来源国效应的有效方法。

◎ 参考文献

［1］才源源，何佳讯. 高兴与平和：积极情绪对来源国效应的影响［J］. 营销科学学报，2012, 8（3）.

［2］朱丽叶，袁登华，张静宜. 在线用户评论质量与评论者等级对消费者购买意愿的影响——产品卷入度的调节作用［J］. 管理评论，2017, 29（2）.

［3］Aaker, J. L., Lee, A. Y. "I" seek pleasures and "we" avoid pains: The role of self-regulatory goals in information processing and persuasion［J］. *Journal of Consumer Research*, 2001, 28（1）: 33-49.

［4］Aaker, J. L., Williams, P. Empathy versus pride: The influence of emotional appeals across cultures［J］. *Journal of Consumer Research*, 1998, 25（3）.

[5] Agrawal, N. , Menon, G. , Aaker, J. L. Getting emotional about health [J]. *Journal of Marketing Research*, 2007, 44 (1).

[6] Balabanis, G. , Diamantopoulos. Domestic country bias, country-of-origin effects, and consumer ethnocentrism: a multidimensional unfolding approach [J]. *Journal of the Academy of Marketing Science*, 2004, 32 (1).

[7] Bower, G. H. Mood and memory [J]. *American Psychologist*, 1981, 36 (2).

[8] Chowdhury, H. K. , Ahmed, J. U. An examination of the effects of partitioned country of origin on consumer product quality perceptions [J]. *International Journal of Consumer Studies*, 2009, 33 (4).

[9] Desteno, D. , Petty, R. E. , Wegener, D. T. , et al. Beyond valence in the perception of likelihood: The role of emotion specificity [J]. *Journal of Personality and Social Psychology*, 2000, 78 (3).

[10] Dinnie, K. Global Brand strategy: Unlocking brand potential across countries, cultures and markets [J]. *Journal of Brand Management*, 2004, 12 (1).

[11] Forgas, J. P. Mood and judgment: The affect infusion model (AIM) [J]. *Psychological Bulletin*, 1995a, 117 (1):.

[12] Forgas, J. P. Strange couples: Mood effects on judgments and memory about prototypical and atypical relationships [J]. *Personality & Social Psychology Bulletin*, 1995, 21 (7).

[13] Gürhancanli, Z. , Maheswaran, D. Determinants of country-of-origin evaluations [J]. *Journal of Consumer Research*, 2000, 27 (1).

[14] Hayes, A. F. An introduction to mediation, moderation, and conditional process analysis: a regression-based approach [M]. New York: Guilford Press, 2013.

[15] He, J. , Wang, C. L. Cultural identity and consumer ethnocentrism impacts on preference and purchase of domestic versus import brands: An Empirical study in China [J]. *Journal of Business Research*, 2015, 68 (6).

[16] Hirshleifer, D. , Shumway, T. Good day sunshine: Stock returns and the weather [J]. *The Journal of Finance*, 2003, 58 (3).

[17] Hong, S. T. , Wyer, R. S. Effects of country-of-origin and product-attribute in format [J]. *Journal of Consumer Research*, 1989, 16 (2).

[18] Iversen, N. M. , Hem, L. E. Country image in national umbrella branding effects of country associations on similarity judgments [J]. *Asia Pacific Advances in Consumer Research*, 2001 (4).

[19] Iyer, G. R. , Kalita, J. K. The impact of country-of-origin and country-of-manufacture cues on consumer perceptions of quality and value [J]. *Journal of Global Marketing*, 1997, 11 (1).

[20] Keillor, B. D. , Hult, G. T. M. , Erffmeyer, R. C. , et al. NATID: The development and application of a national identity measure for use in international marketing [J]. *Journal of International Marketing*, 1996, 4 (2).

[21] Keltner, D. , Ellsworth, P. C. , Edwards, K. Beyond simple pessimism: Effects of sadness and anger on social perception [J]. *Journal of Personality and Social Psychology*, 1993, 64 (5).

[22] Kim, H. , Park, K. , Schwarz, N. Will this trip really be exciting? The role of incidental emotions in product evaluation [J]. *Journal of Consumer Research*, 2010, 36 (6).

[23] Laroche, M. , Kim, C. , Zhou, L. X. Brand familiarity and confidence as determinants of purchase intention: An empirical test in a multiple brand context [J]. *Journal of Business Research*, 1996, 37 (2).

[24] Lerner, J. S. , Keltner, D. Beyond valence: Toward a model of motion-specific influences on judgement and choice [J]. *Cognition & Emotion*, 2000, 14 (4).

[25] Mackie, D. M. , Smith, E. R. Intergroup relations: Insights from a theoretically integrative approach [J]. *Psychological Review*, 1998, 105 (3).

[26] Maheswaran, D. , Chen, C. Y. Nation equity: Incidental emotions in country-of-origin effects [J]. *Journal of Consumer Research*, 2006, 33 (3).

[27] Maheswaran, D. Country of origin as a stereotype: Effects of consumer expertise and attribute strength on product evaluations [J]. *Journal of Consumer Research*, 1994, 21 (2).

[28] Maheswaran, D. , Mackie, D. M. , Chaiken, S. Brand name as a heuristic cue: The effects of task importance and expectancy confirmation on consumer judgments [J]. *Journal of Consumer Psychology*, 1992, 1 (4).

[29] Markus, H. R. , Kitayama, S. Culture and the self: Implications for cognition, emotion, and motivation [J]. *Psychological Review*, 1991, 98 (2).

[30] Martin, L. L. , Abend, T. , Sedikides, C. , et al. How would I feel if…? Mood as input to a role fulfillment evaluation process [J]. *Journal of Personality & Social Psychology*, 1997, 73 (2).

[31] Olins, W. Branding the nation -the historical context [J]. *Journal of Brand Management*, 2002, 9 (4).

[32] Pappu, R. , Quester, P. Country equity: Conceptualization and empirical evidence [J]. *International Business Review*, 2010, 19 (3).

[33] Petty, R. E. , Cacioppo, J. T. The effects of involvement on responses to argument quantity and quality: Central and peripheral routes to persuasion [J]. *Journal of Personality & Social Psychology*, 1984, 46 (1).

[34] Preacher, K. J. , Hayes, A. SPSS and SAS procedures for estimating indirect effects in simple mediation models [J]. *Behavioral Research Methods, Instruments and Computers*, 2004, 36 (4).

[35] Salovey, P. Mood-induced self-focused attention [J]. *Journal of Personality and Social Psychology*, 1992, 62 (4).

[36] Schwarz, N. , Clore, G. L. Mood, misattribution, and judgments of well-being:

Informative and directive functions of affective states [J]. *Journal of Personality and Social Psychology*, 1983, 45 (3).

[37] Smith, C. A, Ellsworth, P. C. Patterns of cognitive appraisal in emotion [J]. *Journal of Personality and Social Phycology*, 1985, 48 (4).

[38] Swaminathan, V. , Page, K. L. , Gürhan-Canli, Z. "My" brand or "Our" brand: The effects of brand relationship dimensions and self-construal on brand evaluations [J]. *Journal of Consumer Research*, 2007, 34 (2).

[39] Tiedens, L. Z. , Linton, S. Judgment under emotional certainty and uncertainty: The effects of specific emotions on information processing [J]. *Journal of Personality and Social psychology*, 2001, 81 (6).

[40] Vaughn, R. How advertising works: A planning model revisited [J]. *Journal of Advertising Research*, 1986, 26 (1), 57-63.

[41] Verlegh, P. W. J. Home country bias in product evaluation: The complementary roles of economic and socio-psychological motives [J]. *Journal of International Business Studies*, 2007, 38 (3).

[42] Yoo, B. , Donthu, N. Developing and validating a multidimensional consumer-based brand equity scale [J]. *Journal of Business Research*, 2001 (1).

[43] Zaichkowsky, J. L. The personal involvement inventory: Reduction, revision, and application to advertising [J]. *Journal of Advertising*, 1994, 23 (4).

[44] Zhao, X. S. , Lynch, J. G. , Chen, Q. M. Reconsidering Baron and Kenny: Myths and truths about mediation analysis [J]. *Journal of Consumer Research*, 2010, 37 (2).

The Impact of Other-focused Emotion on Evaluation towards Products Originated from Countries in Collectivism Context

—The Mediation of Expectancy and Moderation of National Identity

Cai Yuanyuan[1]   Du Qiaoying[2]   He Jiaxun[3,5]   Wang Chenglu[4,5]

(1, 2   SHU-UTS SILC Business School, Shanghai University, Shanghai, 201800;

3   Faculty of Economics and Management, East China Normal University, Shanghai, 200241;

4   College of Business, University of New Haven, West Haven, CT 06516;

5   The Institute for National Branding Strategy, East China Normal University Shanghai, 200241)

Abstract: This article examines the compatibility between other-focused emotion and collective country of origin information. Three studies demonstrate that consumers under other-focused emotion (peacefulness) show more positive evaluation towards products originated from collective countries than those under self-focused emotion (happiness). In addition, cognitive conditions and mechanism behind the compatibility are further explored by combining variables of product category, additional product information and national identity. Findings of this article contribute to the literature of country of origin and further provide guidance on developing marketing strategy and promoting national brand equity for countries with less advantaged origin effect but distinct cultural characteristics.

Key words:Country-of-origin; Other-focused emotion; Cognitive model; Nation brand equity

专业主编：杜　旌

逃避体验对消费者幸福感的影响机制研究[*]

● 郑　玲[1]　周志民[2]　陈瑞霞[3]
（1，2，3　深圳大学管理学院　深圳　518000）

【摘　要】作为体验的一种，逃避体验出现在生活的多个领域，强调不同于日常状态的改变。本文通过实地数据收集，探讨了逃避体验对消费者幸福感的影响机制。结果显示，逃避体验显著正向影响享乐幸福感及意义幸福感，心流在逃避体验与享乐幸福感的关系中起到完全中介的作用，自尊在逃避体验与意义幸福感的作用中起到完全中介的作用。并且，在逃避体验对自尊的关系中，社会排斥的调节效应显著。

【关键词】逃避体验　社会排斥　心流　自尊　消费者幸福感
中图分类号：F270　　　　文献标识码：A

1. 引言

在营销领域，体验的重要性渐渐得以显现。消费者进行消费不仅是为了满足客观需求（例如食物、衣服），还是为了满足个体的幻想和实现他们自身主观的需求（Hirschman，1983）。在营销领域，体验的重要性也受到越来越多学者的关注。相比于物质消费，体验消费能给消费者带来更多的幸福感（Bastos & Brucks，2017；Van Boven & Gilovich，2003）和满足（Schmitt，Joško Brakus & Zarantonello，2015）。Pine 和 Gilmore（1998）将体验分为教育体验、审美体验、娱乐体验和逃避体验。相对于前三者而言，逃避体验在学术界受到的关注还不够。事实上，现实生活中充满了大量"逃避"的例子，例如：星巴克建构的"第三空间"强调家庭和工作外的另一个空间；个体通过玩游戏排解压力和烦恼；消费者通过旅游释放自我以及迪斯尼乐园入园处写着"在这里您将会离开现实的今日，而进入一个昨日、明日与梦想的世界"。逃避体验强调个体从现实生活或现有状态的暂时性逃离。Hirschman（1983）也将"逃避主义（escapism）"描述为"带我离开困难和压力。这个体验自身可能并不是非常愉悦的，但它带我离开了那些不愉快和令人烦恼的事情，帮

＊ 项目资助：本研究得到国家自然科学基金面上项目（项目批准号：71772126；71832015），以及深圳大学研究生创新发展基金项目（批准号：PIDFP-RW2018003）的资助。

通讯作者：郑玲，E-mail：zhengling0525@gmail.com。

助我逃离一些不愉快的东西"。我们以"逃避体验"这一概念表示此类逃避所带来的状态的改变。逃避体验强调的是人们通过某种经历来逃离日常生活或现有状态，从而自我感觉进入一个新的时空（Gazley et al.，2011；Oh et al.，2007）。总体来看，逃避体验意味着从现实生活或现有状态的逃离，从而享受在不同状态中身份和角色带来的体验，最后带着所获得的不同感受回归到原有生活中。

消费者在参与逃避体验的过程中，会达到一种完全沉浸其中的状态，这种状态就是心流。心流最早由 Csikszentimihalyi（1975）提出，指的是"人们在完全投入一项活动之中时所感受到的整体感觉"。同时，消费者在逃避体验过程中还会形成一种心理感知——自尊，其通常是指人们感受或评价他们的特定方式，是构成自我的重要成分之一，是个体在社会实践过程中所获得的对自我的积极情感性体验。从理论上来说，消费者可以通过逃避体验来提升心流及自尊，从而获得享乐幸福感及意义幸福感。此外，社会生活的多个方面都可能会出现社会排斥。例如，当人们没有被邀请参加聚会、收到公司或学校的拒绝信，等等。社会排斥是一种具有威胁性的经历（Baumeister et al.，2005；Williams，2007）。在不同的情境中，社会排斥会带来不同的结果。本文意从社会排斥这一关系视角出发，探讨逃避体验和享乐幸福感及意义幸福感之间的影响是否会有不同，即探究社会排斥是否会影响其中的心流与自尊的中介效应。

如前所述，消费者会通过游戏、旅游等活动参与到逃避体验中。那么，消费者为什么喜欢逃避体验？消费者是否会在逃避体验过程中产生不同的心理状态，即心流和自尊？不同心理状态的提升如何影响消费者幸福感以及社会排斥程度的不同是否会带来不同影响？这些问题值得考虑与研究。现实生活中，逃避体验的现象普遍存在，但学术界多从整体体验角度出发，缺乏对逃避体验自身及其影响的具体研究。因此，本研究意在探讨逃避体验与享乐幸福感及意义幸福感之间的关系及其内在影响机制和社会排斥的调节效应。

2. 理论模型与研究假设

相比于物质消费，体验消费能给消费者带来更多的幸福感（Bastos & Brucks，2017；Van & Gilovich，2003）和满足（Schmitt，Brakus & Zarantonello，2015）。Lee，Hall 和 Wood（2018）也认为对于资源充足的个体来说，体验型消费带来的幸福感更强。体验中的逃避体验部分对兴奋和愉悦、满意度、忠诚度以及旅游活动评估等方面的影响也有所研究（Bridges & Florsheim，2008；Lee et al.，2017；Oh et al.，2007）。并且，现实生活中存在很多逃避体验的现象。逃避体验常出现在旅游（Hosany & Witham，2010；Jurowski，2009）、电影（Lee et al.，2017）、体育赛事（Mayo & Jarvis，1981）以及网络购物（Bridges & Florsheim，2008）等领域。

体验对幸福感的影响人们有所研究，但具体的逃避体验自身与消费者幸福感之间的关系，以及中间的影响机制是什么，目前还很少有文献能够揭示。因为逃避体验所具有的不同于日常生活状态的特性，使得消费者在逃避体验过程中会收获与日常不同的自我状态，并关系到他们愉悦体验与自我发展的产生。本文从社会排斥这一关系的视角出发，探讨消费者感知到社会排斥的不同是否会影响消费者在逃避体验中的心流及自尊的获得，进而影响他们产生不同类型的消费者幸福感。基于此，本文提出以下理论模型，以揭示逃避体验对消费者幸福感的影响机制。

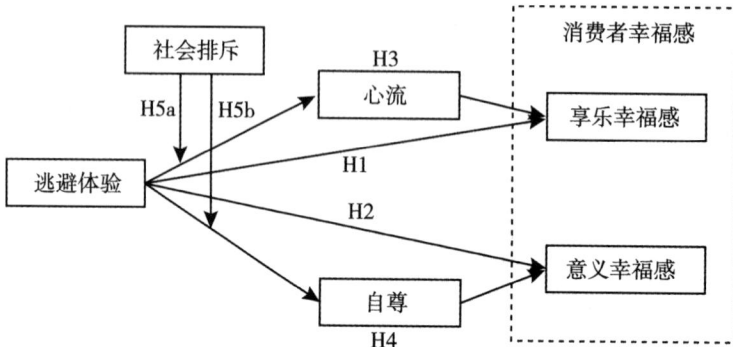

图 1　理论模型

2.1　逃避体验、享乐幸福感和意义幸福感

体验是难忘的，可以是有形商品和无形服务（Pine & Gilmore，1998）。逃避体验是体验的其中一种，常出现在生活的多个领域（Hosany & Witham，2010；Jurowski，2009；Lee et al.，2017）。根据 Pine 和 Gilmore（1999）对体验进行的划分，逃避体验强调主动参与和沉浸。其中，"主动参与"指的是消费者会直接影响产生逃避体验的事件，"沉浸"强调消费者成为逃避体验本身的一个部分，消费者在逃避体验这一过程中扮演着关键的角色（Hosany & Witham，2010）。逃避体验被运用在多个领域和研究中，例如旅游领域。在概念化和总结旅游体验时，"逃避"在旅游体验中具有中心作用（Iso-Ahola，1982），逃避体验（或一般的旅游经历）往往等同于旅游活动带来的满足感（Park，Oh & Park，2010）。Hosany 和 Witham（2010）认为当参与者影响到现实或虚拟环境中的实际表现时，就会出现逃避体验，例如漂流或在娱乐场玩耍。

体验产品与享乐消费密切相关。在其中，消费者通过愉快的经历寻求从日常生活中创造性的逃避（Gazley，et al.，2011；Venkatesh & Meamber，2008），在这些逃避过程中，情绪起着重要的作用（Addis & Holbrook，2001）。Hirschman（1983）在对体验进行分类时，就将逃避体验定义为寻求当前焦虑和不愉快状态的理想替代品。Bridges 和 Florsheim（2008）认为从购物当中得到的享乐价值可能包括兴奋、更高的参与度、幻想和逃避体验。享乐幸福感认为愉悦是重要的（Kahneman，1999），并且认为幸福是可以通过追求快乐、享受和舒适来实现的，强调幸福是一种快乐的体验（Huta & Ryan，2010）。消费者在逃避体验的状态中，能够获得一种积极的情绪，形成愉悦的感受，即产生享乐幸福感。

意义幸福感始于亚里士多德的完善论，认为幸福不只是快乐的体验，还包括人的自我实现和完善，人们通过有意义的生活获得幸福。意义幸福感是与自我实现、自我接受，或对社会有意义等方面有关的（Ryan et al.，2008；Ryff & Singer，2008）。逃避体验强调一种与日常生活不同的状态转变，在这种不同的状态中，消费者会向新的自我进行发散

（Hosany & Witham，2010），进而对自我生活有一个重新的认识，产生意义幸福感。基于此，我们提出以下假设：

H1：逃避体验正向影响享乐幸福感。

H2：逃避体验正向影响意义幸福感。

2.2 心流的中介作用

心流（flow），也可被称为沉浸体验、流畅感等，是一种积极情绪。最早由Csikszentimihalyi（1975）提出，他发现当人们完全沉浸到某事件中时，个体会经历一种独特的心理状态。这种心理状态即心流，指的是"人们在完全投入一项活动之中时所感受到的整体感觉"。过去几十年，心流较多应用于心理学、教育学领域；在后期，心流也逐渐应用于信息系统领域。Webster 等（1993）提出互联网环境中的心流的状态：控制感、集中注意力、好奇心、内在兴趣。Hoffman 等（1996）首次将心流引入超媒体网络环境中，认为超媒体网络环境下，心流分为体验型和目标导向型。Chen 等（1999）认为在线活动中的心流具备专注感、时间扭曲感、意识丧失感、临场感等特征。心流强调参与者完全参与到活动当中的程度（Mannell，Zuzanek & Larson，1988）。在心流状态中，参与者完全沉浸在其中，甚至失去对于时间概念的感知。McLellan（2000）在其研究中指出，Pine 和 Gilmore（1999）的体验模型与 Csikszentimihalyi（1997）的"心流"概念有联系，但只存在于逃避体验领域中，主要是因为逃避体验强调消费者主动参与到逃避体验的事件中，并积极成为体验的一部分。消费者在逃避体验的情境下，能够沉浸到与日常不同的状态中，完全参与到当前所进行的事件或活动，从而达到心流的状态。

消费者在逃避体验的活动中，通过心流的产生，完全沉浸在逃避体验，从其中获得愉悦、积极的情绪。享乐幸福感强调要经历更多愉快的体验，并且对生活更加满意，与传统的主观幸福感有一定的联系（Diener，1984）。心流强烈地影响着一个人的主观幸福感，并且有助于愉快情绪、生活满意度和积极情感的出现。心流与生活满意度之间也存在显著的正相关关系，在发展潜力的活动中体验到心流会增强个体的心理幸福感（Csikszentimihalyi & Hunter，2003）。并且，在线观看和享受享乐体验的消费者，特别是拥有那些与逃离"真实世界"相关的体验的消费者，会失去对时间流逝的感知。研究表明，心流不仅能够提高个体的积极情绪（Rogatko，2009），而且可以预防其产生消极情绪。相比于不愉快的体验，享乐幸福感强调要经历更多愉快的体验，并且对生活更加满意，与传统的主观幸福感有一定的联系（Diener，1984）。Rankin，Walsh 和 Sweeny（2018）认为心流不仅能使人获得愉悦、享受和成就感，心流与焦虑之间还存在负相关关系。他们通过研究发现，心流体验可以增强积极情绪，减轻消极情绪。并且，当人们处于对不确定结果的等待状态时，心流体验也可能会提高幸福感。消费者通过逃避体验产生心流，再由心流达到愉悦的情绪，即享乐幸福感。据此，本研究提出以下假设：

H3：心流在逃避体验与享乐幸福感之间起中介作用。

2.3 自尊的中介作用

自尊（self-esteem）是一个普遍的概念，也是一个重要的心理构念，是个体日常体验的重要组成部分，指的是个体在社会实践过程中所获得的对自我的积极情感性体验。自尊的确定取决于人们对自身价值的认定，它是自我认识的评价部分。Baumeister 等（2003）在对自尊的概念进行阐释时认为，自尊更多的是强调一种感知而不是现实，举例来说，自尊指的是一个人对自己是否聪明、是否有吸引力等的看法，而不是说这个人是否真的聪明或有吸引力。

Lee 等（2017）在研究电影体验的消费研究中认为当消费者主动参与并沉浸在活动当中时，逃避体验就产生了。通过主动并沉浸在活动中，顾客最可能会被激发去想象他（她）是一个不同的角色（as a different character），并向新的自我发散（Hosany & Witham，2010）。逃避体验活动本身，强调参与者的主动参与。消费者在逃避体验活动中会向新的自我进行发散，觉得自己是一个"不同的人"，或"想象自己成为他人"。Oh，Fiore 和 Jeoung（2007）发现逃避体验是旅游体验的一个关键组成部分。早前的研究发现，人们希望摆脱他们日常生活的无聊，所以他们寻求刺激和有趣的事情，使他们再被复兴和填充（reinvigorate and recharge them）。换句话说，逃避在制造另一种生活中充当了一个重要的角色。西方学者在以 Facebook 为例进行研究时发现，积极反馈有助于强化自尊（Valkenburg，Peter & Schouten，2006）。Nie，Li 和 Zhou（2018）将类似研究聚焦在微信朋友圈中，尝试探究朋友圈使用与自尊之间的关系。研究发现微信朋友圈的使用对于自尊提升有积极作用。具体而言，朋友圈使用强度、朋友圈获赞数均对自尊产生正向影响。逃避体验情境下，消费者处于与日常不同的状态中，在这种状态下消费者感受到与平时不一样的自己，这可能会帮助消费者得到更积极的反馈，以及获得自我方面的提升，从而强化自尊水平。

意义幸福感强调一种成就感和意义，包括人的自我实现和完善，人们通过有意义的生活获得幸福。Phillips（2018）在对幸福感进行研究时发现自我同情（self-compassion）与幸福感之间显著相关。自尊是一种较为稳定的情感反映，存在于人们的内心深处，是人们心理活动的一种。这种心理活动会影响个体的情感认知以及情绪，进而对个体的行为产生影响。高自尊的个体往往具有更为饱满的情绪，在行动当中会以较大的激情去应对，整体表现也会更加积极。高自尊与以幸福感为例的积极体验有联系，与之对比，低自尊与消极情感有联系。在逃避体验当中，消费者体会到不一样的自己，对自我有更积极的反馈，进而提升自尊水平。自尊的提升也会进一步提升个体对于自我及生活的整体评价，并对自我发展等方面产生更为积极的反应，进而提升整体的意义幸福感。据此，本研究提出以下假设：

H4：自尊在逃避体验与意义幸福感之间起中介作用。

2.4 社会排斥的调节作用

社会排斥在人们生活的很多方面都会出现，是一种很常见但具有威胁的体验。被拒绝、孤立或排斥，或有时被明确表示不被喜欢，都属于社会排斥。人们经常经历在家人、朋友、同事及熟人的关系中被忽视或拒绝（Baumeister et al.，2005；Williams，2007）。为了验证这一普遍现象的重要性，社会学及心理学领域对社会排斥展开了研究。例如，社会排斥促进了归属感的支出（Mead et al.，2011），以及增加了对怀旧产品的偏好（Loveland et al.，2010）。有研究者发现长期遭受社会排斥的个体可能会经历抑郁症（DeWall & Richman，2011），以及无助和不值得的感觉（Allen & Badcock，2003）；Twenge 等（2007）发现社会排斥会促使人们不那么积极地进行社会交往，并且会减少亲社会行为的产生。

社会排斥的体验不仅会受到个人当前感受的影响，以往的社会交往等经历也会形成社会排斥的感觉。社会排斥也被证实会产生各种各样的行为反映。例如，被社会排斥的个体会对通过某个组织来交朋友表现出更大的兴趣（Maner et al.，2007），并且会沉浸在无意识的模仿行为中（Lakin，Chartrand & Arkin，2008）。心流强调的是一种完全沉浸在活动当中，全神贯注的状态。因此，在不同于日常活动及状态的逃避体验过程中，社会排斥会影响消费者心流的产生。

Jiang，Drolet 和 Kim（2018）认为当面临巨大压力时，人们往往会寻求一定的社会支持，从而让自己感受到被爱、被关心、被尊重的体验。Williams（2009）认为社会排斥会威胁到人类的四种基本需求，即归属感、控制感、自尊及有意义的存在。Lee 和 Shrum（2012）也通过研究发现被拒绝的社会排斥会引发人们的关系型需求（自尊与归属感），被忽略的社会排斥会引发人们的功能性需求（控制感和存在感）。在这四种被社会排斥威胁到的需求中，本研究聚焦于自尊方面。自尊系统会检测个体对于被他人接纳或排斥的程度，并且鼓励个体以最小化社会排斥的方法去行事（Leary et al.，1995）。心理学研究表明，当人们认为某种特定需求被剥夺时，会寻求满足特定需求的特定方法（Gardner et al.，2005）。在与日常状态不一样的逃避体验中，消费者会进入一种新的状态。即消费者会不同程度地沉浸在逃避体验中，产生不同的心流状态；在逃避体验中寻求不同程度的心理满足；以及自我评价也会有所提升，从而达到不同程度的自尊。在此过程中，社会排斥也会对这之间的关系产生影响。据此，我们提出以下假设：

H5a：社会排斥正向调节逃避体验与心流之间的关系。

H5b：社会排斥正向调节逃避体验与自尊之间的关系。

3. 研究方法

3.1 问卷设计与变量测量

为保证问卷的有效性，本研究对各变量的测量均来自西方较为成熟的量表。为避免语言和理解力等造成的差异，首先由两名硕士生对英文原量表进行双向互译，接着由另外两名硕士生及一位博士生独立地对量表所表达的含义及语句理解提出修改建议。修改完成后再由一名营销系教授对量表的表达含义及语句通俗性等方面给出建议。最终，作者对量表进行五轮校正后得到正式问卷。

本次问卷调查包括社会排斥、逃避体验、心流、自尊、享乐幸福感、意义幸福感、教育体验、审美体验、娱乐体验及人口统计信息。其中，社会排斥的测量参照 Chen，Wan 和 Levy（2017），以及 Su 等（2016）的研究进行编制，共三个题项；逃避体验沿用 Hosany 和 Witham（2010）的研究，共四个题项；心流沿用 Novak，Hoffman 和 Yung（2000）的研究，先对心流进行解释，接着用三个题项进行测量；自尊沿用 Malär 等（2011）的问卷，共四个测项；享乐幸福及意义幸福量表沿用 Mcmahan 和 Estes（2011）的研究，因本文聚焦在逃避体验对消费者个体的影响，并且为了平衡变量维度，在量表选取时去除了"避免负面体验"以及"贡献"两个维度，分别选取"愉悦的体验"（四个测项）和"自我发展"（四个测项）作为享乐幸福感及意义幸福感的测量（在对所收集的数据进行验证性因子分析时，意义幸福感的第四题因子载荷不满足要求，因此在后期的数据分析过程中没有采用第四题）。这些变量的测量均采用李克特七点式（1＝完全不同意，7＝完全同意）进行。具体测项可见附录。

3.2 数据及样本

本研究在 2018 年 10 月进行了为期两天的现场数据收集。欢乐谷现场调查适合本模型当中逃避体验的刺激和检验，因此团队成员前往深圳欢乐谷景区内，询问景区内游客是否有时间帮助填写一份问卷，并在填写完成后发放一个小礼物作为感谢。两天共发放现场问卷 330 份，回收问卷 322 份，在剔除未全部完成的无效问卷后，得到有效问卷 294 份，有效率为 89.1%。其中，女性为 54.8%，男性为 45.2%；年龄集中在 20 岁及以下（40.5%）和 31～40 岁（15.3%），学历集中在高中及以下（32%）、大专（28.9%）及本科（32.7%）；收入在 3001～6000 区间段的为 33.3%。

4. 数据分析与测量模型检验

4.1 样本共同方法偏差检验

首先，在问卷设计及收集过程中，我们采用了平衡项目顺序、匿名作答等控制性程序，来避免共同方法偏差的产生。其次，为检验潜在的共同方法偏差，本文采用 Harman 单因素检验，对全部题项进行因子分析。根据 SPSS 的检验结果，在不旋转的情况下，第一个主成分的解释方差为 30.038%，满足小于 50% 的标准，表明本样本不存在较严重的共同方法偏差。

4.2 信度与效度

为确保研究的可靠性和有效性，本文检验了所用量表的信度和效度。信度检验可参见科隆巴赫 α 系数和组合信度（CR）。如表 1 所示，科隆巴赫 α 系数为 0.827～0.913，高于 0.70 的标准；变量的组合信度为 0.791～0.916，高于 0.70 的标准。因此，量表的信度良好。

表 1 信度分析表

构面	题目	参数显著性估计				题目信度		组成信度
		Estimate	S. E.	Est. /S. E.	P-Value	R-square	科隆巴赫 α 系数	CR
社会排斥	题 1	0.796	0.027	29.606	***	0.634		
	题 2	0.909	0.021	43.029	***	0.826	0.878	0.882
	题 3	0.827	0.025	33.085	***	0.684		

| 构面 | 题目 | 参数显著性估计 | | | | 题目信度 | 组成信度 |
		Estimate	S. E.	Est. /S. E.	P-Value	R-square	科隆巴赫 α 系数	CR
逃避体验	题1	0.647	0.041	15.793	***	0.419	0.852	0.853
	题2	0.772	0.032	23.862	***	0.596		
	题3	0.786	0.029	27.158	***	0.618		
	题4	0.865	0.025	34.118	***	0.748		
心流	题1	0.863	0.019	45.025	***	0.745	0.913	0.916
	题2	0.955	0.014	66.947	***	0.912		
	题3	0.834	0.021	39.185	***	0.696		
自尊	题1	0.835	0.027	30.613	***	0.697	0.855	0.828
	题2	0.833	0.027	30.474	***	0.694		
	题3	0.614	0.043	14.362	***	0.377		
	题4	0.659	0.040	16.626	***	0.434		
享乐幸福	题1	0.650	0.041	15.793	***	0.423	0.876	0.834
	题2	0.635	0.042	15.080	***	0.403		
	题3	0.890	0.025	36.096	***	0.792		
	题4	0.794	0.028	28.638	***	0.630		
意义幸福	题1	0.769	0.039	19.697	***	0.591	0.827	0.791
	题2	0.714	0.040	17.644	***	0.510		
	题3	0.758	0.039	19.294	***	0.575		

注：*** 表示 $p < 0.001$。

其次，用效度检验来验证量表的收敛效度和区别效度。变量的 AVE 值为 0.551~0.715，均高于 0.5，表示量表具有可靠的收敛效度。为了进一步测量量表的区别效度，将 AVE 的开根号值与因子之间的相关系数（Φ）进行比较。结果如表 2 所示，各 AVE 开根号值均大于 Φ，表示因子与测量项目间的共同变异大于因子之间的共同变异，因此量表具有可靠的区别效度（Fornell & Larcker, 1981）。

表 2　　　　　　　　　　　收敛效度与区别效度分析表

| 构面 | 收敛效度 | 区 别 效 度 | | | | | |
	AVE	社会排斥	逃避体验	心流	自尊	享乐幸福	意义幸福
社会排斥	0.715	**0.846**					

构面	收敛效度	区别效度					
	AVE	社会排斥	逃避体验	心流	自尊	享乐幸福	意义幸福
逃避体验	0.595	0.367	**0.771**				
心流	0.784	0.128	0.458	**0.885**			
自尊	0.551	0.001	0.334	0.343	**0.742**		
享乐幸福	0.562	-0.045	0.351	0.528	0.610	**0.750**	
意义幸福	0.559	-0.164	0.305	0.467	0.561	0.708	**0.748**

注：对角线粗体字为 AVE 开根号值，下三角为维度的皮尔森相关系数。

综上所述，本研究采用的量表信度及效度均符合要求，可推进至结构模型与假设检验。

5. 结构模型与假设检验

5.1 路径分析

本文构建路径关系图，并运用 Mplus 构建结构方程模型进行路径分析。首先，对模型拟合度指标进行了检验，构建测量模型，模型拟合良好（$x^2/\mathrm{df} = 2.388$，RMSEA = 0.069，CFI = 0.921，TLI = 0.905，SRMR = 0.111）。根据模型路径关系图（图2）可以看出，对消费者而言，逃避体验对享乐幸福感及意义幸福感均产生显著的正向影响；逃避体验对心流、自尊均产生显著的正向影响；心流对享乐幸福感具有显著的正向影响；自尊对意义幸福感产生显著的正向影响。基于此，H1，H2，H3，H4 得到验证。

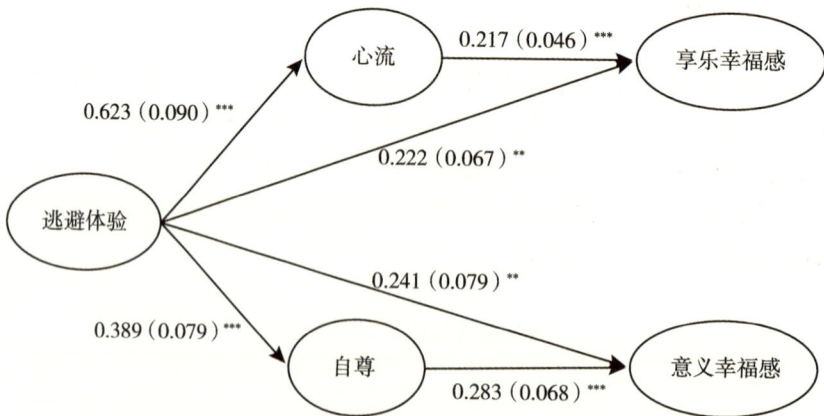

注：** 表示 $p < 0.01$，*** 表示 $p < 0.001$。

图2　模型路径关系图

5.2 中介效应检验

本文将逃避体验作为自变量（x），享乐幸福感（y_1）和意义幸福感（y_2）作为因变量，以心流（m_1）和自尊（m_2）为中介变量分别进行中介效应分析。结果表明，心流在逃避体验与享乐幸福感间的中介效应显著，自尊在逃避体验与意义幸福感间的中介效应显著，详细可见表3及表4。

5.2.1 心流在逃避体验与享乐幸福感间的中介作用

按照中介效应检验的程序（Baron & Kenny，1986；温忠麟，2012），首先检验自变量到因变量的总效应系数是否显著，即逃避体验与享乐幸福感之间是否存在显著关系。结果表明，逃避体验对享乐幸福感的总效应显著（$\beta = 0.306$，$p < 0.001$）。接着，我们将逃避体验作为自变量，享乐幸福感作为因变量，将心流作为中介变量，构建结构方程模型进行分析。概念模型见图3，模型拟合较好（$x^2/\text{df} = 3.39$，RMSEA $= 0.091$，CFI $= 0.946$，TLI $= 0.927$，SRMR $= 0.042$）。

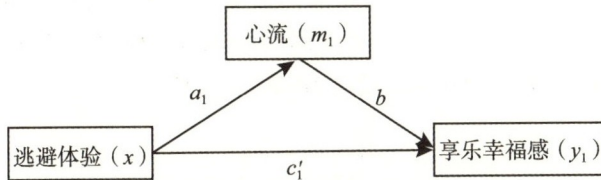

图3　心流在逃避体验对享乐幸福感间的中介作用概念模型图

在中介效应路径分析图中，路径 a_1 表示自变量（逃避体验）到中介变量（心流）的作用，路径 b 表示中介变量（心流）到因变量（享乐幸福感）的作用，$a_1 \times b$ 表示中介作用的大小，c_1' 表示自变量（逃避体验）到因变量（享乐幸福感）的直接效应。根据检验流程，需依次检验社会排斥对心流的效应 a_1，以及心流到享乐幸福感的效应 b。结果表明（见表3），逃避体验到心流的路径系数 a_1 达到显著水平（$\beta = 0.600$，$p < 0.001$），心流到享乐幸福感的路径系数 b 也达到了显著水平（$\beta = 0.317$，$p < 0.001$），因此中介前半段路径和后半段路径均显著，表明心流在逃避体验与享乐幸福感间的中介效应显著。此外，bootstrap 分析结果显示，该中介效应的95%置信区间为 $[0.110, 0.297]$，置信区间不包含0。加入中介变量后，逃避体验到享乐幸福感的直接效应不显著（$\beta = 0.120$，$p = 0.106$），间接效应（$a_1 \times b$）显著（$\beta = 0.190$，$p < 0.001$），按照中介效应解释结果，说明心流在逃避体验与享乐幸福感之间的关系中起到完全中介的作用。此时，间接效应占总效应的比例为：（$a_1 \times b$）／（$a_1 \times b + c_1'$）$= 0.611$。因此，H3得到验证。

表3　　　　　　　心流在逃避体验与享乐幸福感间的中介效应分析

路径	系数	效应	标准误	显著性	95%置信区间
逃避体验→心流	a_1	0.600	0.099	***	$[0.403, 0.785]$

路径	系数	效应	标准误	显著性	95%置信区间
心流→享乐幸福感	b	0.317	0.060	***	[0.205, 0.439]
逃避体验→享乐幸福感	c_1' (直接效应)	0.120	0.074	0.106	[-0.016, 0.283]
逃避体验→心流→享乐幸福感	$a_1 \times b$ (间接效应)	0.190	0.049	***	[0.110, 0.297]

注：*** 表示 $p<0.001$。

5.2.2 自尊在逃避体验与意义幸福感间的中介作用

与心流的中介作用检验步骤一致，为检验自尊在逃避体验与意义幸福感间的中介作用，首先我们检验自变量到因变量的总效应系数是否显著，即逃避体验与意义幸福感之间是否存在显著关系。结果表明，逃避体验对意义幸福感的总效应显著（$\beta = 0.293$, $p < 0.001$）。接着，我们将逃避体验作为自变量，意义幸福感作为因变量，将自尊作为中介变量，构建结构方程模型进行分析。概念模型见图4，模型拟合较好（$x^2/\text{df} = 2.981$, RMSEA $= 0.082$, CFI $= 0.941$, TLI $= 0.921$, SRMR $= 0.047$）。

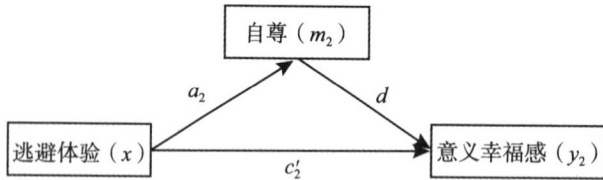

图4 自尊在逃避体验对意义幸福感间的中介作用概念模型图

在中介效应路径分析图中，路径 a_2 表示自变量（逃避体验）到中介变量（自尊）的作用，路径 d 表示中介变量（自尊）到因变量（意义幸福感）的作用，$a_2 \times d$ 表示中介作用的大小，c_2'表示自变量（逃避体验）到因变量（享乐幸福感）的直接效应。根据检验流程，需依次检验社会排斥对自尊的效应 a_2，以及自尊到意义幸福感的效应 d。结果表明（见表4），逃避体验到自尊的路径系数 a_2 达到显著水平（$\beta = 0.353$, $p<0.001$），自尊到意义幸福感的路径系数 d 也达到了显著水平（$\beta = 0.494$, $p<0.001$），因此中介前半段路径和后半段路径均显著，表明自尊在逃避体验与意义幸福感间的中介效应显著。此外，bootstrap 分析结果显示，该中介效应的95%置信区间为 [0.082, 0.293]，置信区间不包含0。加入中介变量后，逃避体验到意义幸福感的直接效应不显著（$\beta = 0.121$, $p = 0.157$），间接效应（$a_2 \times d$）显著（$\beta = 0.174$, $p = 0.001$），按照中介效应解释结果，说明自尊在逃避体验与意义幸福感之间的关系中起到完全中介的作用。此时，间接效应占总效应的比例为：（$a_2 \times d$）/（$a_2 \times d + c_2'$）$= 0.590$。因此，H4 得到验证。

表4   自尊在逃避体验与意义幸福感间的中介效应分析

路径	系数	效应	标准误	显著性	95%置信区间
逃避体验→自尊	a_2	0.353	0.083	***	[0.190, 0.529]
自尊→意义幸福感	d	0.494	0.091	***	[0.309, 0.671]
逃避体验→意义幸福感	c_2' （直接效应）	0.121	0.085	0.157	[-0.029, 0.306]
逃避体验→自尊→意义幸福感	$a_2 \times d$ （间接效应）	0.174	0.054	0.001	[0.082, 0.293]

注： *** 表示 $p<0.001$。

5.3 有中介的调节效应检验

当调节变量与自变量的调节或交互效应，通过中介变量，作用于因变量时，称作有中介的调节效应（Baron & Kenny，1986；叶宝娟，温忠麟，2013；温忠麟，刘红云，侯杰泰，2012）。因此，本研究建立有中介的调节（分别见图5和图6）以检验逃避体验通过心流影响享乐幸福感的中介过程，以及逃避体验通过自尊影响意义幸福感的中介过程是否受到社会排斥的调节。

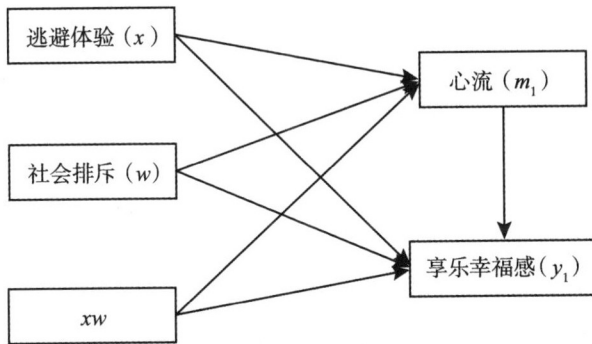

图 5 有中介的调节效应模型（心流为中介）

5.3.1 社会排斥对于心流中介效应的调节

本研究将社会排斥（w）纳入心流中介效应模型，检验逃避体验通过心流（m_1）影响享乐幸福感（y_1）的关系是否受到了社会排斥的调节。

首先，检验逃避体验到享乐幸福感之间的直接路径是否受到社会排斥的调节。结果显示该直接路径的调节效应显著（$\beta=0.149$，$p=0.009$），因此可以进行下一步检验。接下去构建有中介的调节，检验逃避体验、社会排斥，以及逃避体验与社会排斥的交互项（xw）对心流（m_1）的效应，再接着验证逃避体验、社会排斥，以及逃避体验与社会排斥的交互项对享乐幸福感的效应是否显著。

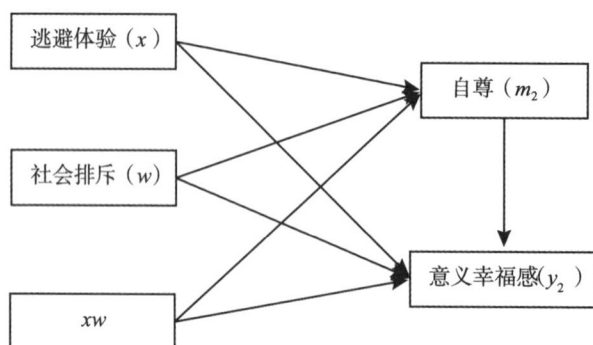
图 6   有中介的调节效应模型（自尊为中介）

研究结果（见表 5）显示，逃避体验×社会排斥对心流的效应不显著（$\beta = 0.135$，$p = 0.100$）。根据有中介的调节模型（叶宝娟，温忠麟，2013）解释，逃避体验与社会排斥的交互效应不能通过中介变量心流对因变量享乐幸福感产生影响。即以逃避体验为自变量，社会排斥为调节变量，心流为中介变量，享乐幸福感为因变量时，有中介的调节效应不显著，因此 H5a 未得到验证。

表 5   有中介的调节分析（心流为中介）

路径	效应	标准误	显著性
逃避体验→心流	0.694	0.107	***
社会排斥→心流[ns]	−0.187	0.107	0.082
逃避体验×社会排斥→心流[ns]	0.135	0.082	0.100
心流→享乐幸福感	0.197	0.054	***

注：*** 表示 $p < 0.001$，ns 表示不显著。

5.3.2   社会排斥对于自尊中介效应的调节

本研究将社会排斥（w）纳入自尊中介效应模型，检验逃避体验通过自尊（m_2）影响意义幸福感（y_2）的关系是否受到了社会排斥的调节。

首先，检验逃避体验到意义幸福感之间的直接路径是否受到社会排斥的调节。结果显示该直接路径的调节效应显著（$\beta = 0.196$，$p = 0.004$），因此可以进行下一步检验。接下去构建有中介的调节，检验逃避体验、社会排斥，以及逃避体验与社会排斥的交互项（xw）对自尊的效应，再接着验证逃避体验、社会排斥，以及逃避体验与社会排斥的交互项对意义幸福感的效应是否显著。

研究结果（见表 6）显示，逃避体验×社会排斥对自尊的效应显著（$\beta = 0.192$，$p = 0.027$），自尊对意义幸福感的效应显著（$\beta = 0.224$，$p = 0.031$）。根据有中介的调节模型（叶宝娟，温忠麟，2013）解释，逃避体验与社会排斥的交互效应通过中介变量自尊对因

166

变量意义幸福感产生影响（自尊作为中介的前半段受到了社会排斥的调节），存在有中介的调节效应，因此 H5b 得到验证。

表6　　　　　　　　　　　有中介的调节分析（自尊为中介）

路径	效应	标准误	显著性
逃避体验→自尊	0.510	0.095	***
社会排斥→自尊	−0.289	0.107	0.007
逃避体验×社会排斥→自尊	0.192	0.087	0.027
自尊→意义幸福感	0.224	0.104	0.031

注：*** 表示 $p<0.001$。

6. 研究结论与讨论

6.1 研究结论

本文聚焦在现实生活经常出现的逃避体验进行研究，探究消费者逃避体验对不同幸福感的形成机制。本文数据分析结果得出以下发现。

通过路径分析与中介效应分析发现：（1）逃避体验显著正向影响心流，心流显著正向影响享乐幸福感。消费者会通过完全沉浸在逃避体验过程中，达到一种忘却时间流逝的感觉，即达到心流的状态，并通过完全的沉浸进而产生强调愉悦的享乐幸福感。并且，心流在逃避体验与享乐幸福感之间的关系中起到完全中介的作用。（2）逃避体验显著正向影响自尊，自尊显著正向影响意义幸福感。消费者会通过不同于日常生活的逃避体验，在另一种环境中对自我有一种新的认识，即提升自尊的感知，进而产生强调自我发展的意义幸福感。并且，自尊在逃避体验与意义幸福感之间的关系中起到完全中介的作用。基于此，H1，H2，H3 和 H4 得到验证。

通过构建有中介的调节模型，验证了社会排斥对中介效应的影响。消费者对不同程度社会排斥的感知，会产生不同的心理影响。日常生活中经常会出现社会排斥的现象，社会排斥不仅会减少人们亲社会行为的产生（Twenge et al.，2007），还会威胁到人类自尊的存在（Williams，2009）。本文在消费者参与逃避体验的情境中，也得到了类似的结果。我们发现社会排斥在逃避体验与意义幸福感的关系中起到调节的作用，具体表现为逃避体验与社会排斥的交互效应会通过自尊对意义幸福感产生影响。但这种调节效应没有出现在逃避体验对心流的影响中。心流强调的是一种全神贯注、深度沉浸的积极情绪，指的是当人们完全投入某项活动时的状态。当消费者达到心流状态时，会深度参与、完全沉浸在所进行的活动中，他们忘记了时间的流逝，甚至伴随着自我意识的丧失（Novak，Hoffman & Yung，2000）。因此，当消费者处于心流的状态中，可能很难受到其他因素（例如经历过的社会排斥体验）的影响。因此，消费者能够在逃避体验中达到心流的状态，但社会排斥的不同并不能影响逃避体验与心流之间的关系，社会排斥与逃避体验的交互效应也不会通过心流对享乐幸福感产生影响。总体而言，自尊的中介效应受到了社会排斥的调节，心流的中介效应未受到社会排斥的调节。即 H5a 未得到验证，H5b 得到验证。

6.2 理论贡献

本文通过结构方程模型，探究了逃避体验对享乐幸福感和意义幸福感的影响，并验证了心流和自尊的中介作用以及社会排斥的调节作用。具体有以下理论贡献：

第一，本文聚焦在逃避体验领域，拓宽了逃避体验自身及其影响的研究范围。日常生活中，消费者会通过游戏、旅游等活动暂时逃离不愉快的生活或状态。并且在消费过程中，体验的重要性渐渐得以显现，体验对幸福感的影响也已被证实（Bastos & Brucks，2017；Lee，Hall & Wood，2018；Van Boven & Gilovich，2003）。逃避体验作为体验的一种表现形式，其对兴奋和愉悦、满意度、忠诚度以及旅游活动评估等方面的影响人们也有所研究（Bridges & Florsheim，2008；Fischer & Arnold，1990；Lee et al.，2017；Oh et al.，2007）。但具体的逃避体验自身与消费者幸福感之间的关系，以及中间的影响机制是什么，目前还很少有文献能够揭示。本文聚焦于逃避体验领域，探讨了其对消费者幸福感的影响。研究结果拓宽了逃避体验的研究范围，并进一步丰富了逃避体验的深度研究。

第二，本文研究了享乐幸福感及意义幸福感的前因。作为生活中两个相关但不同的方面，享乐幸福感强调一种积极、愉悦的情绪，意义幸福感则强调自我实现、自我完善及内在价值等方面（Baumeister，2013；Kahneman，1999；Ryan & Deci，2001）。本文通过心流及自尊两个不同路径，探究了逃避体验到两种幸福感间的影响，解释了其中的内在机制，并丰富了相关领域的研究。

第三，本文探究了社会排斥的调节效应。日常生活中，社会排斥的现象普遍存在，很多人经常经历社会排斥（Lee & Shrum，2012；Su et al.，2016）。在面对社会排斥的不愉快经历时，人们会出现不同的行为反应。在消费者行为领域，社会排斥也会影响消费者的品牌偏好（Loveland，Smeesters & Mandel，2010）等方面；被社会排斥的个体会更有动力与拟人化品牌建立联系（Chen et al.，2016）。本文探究了消费者参与到逃避体验的状态是否会受到社会排斥效应的影响，为现实中普遍存在的社会排斥现象增添了理论研究，并为遭遇社会排斥的个体提供了新的选择，例如个体可以通过类似逃避体验的活动重新获得自我的提升等。

6.3 管理启示

随着生活压力的不断增大，消费者倾向于寻找一个与平时生活不同的时空，在不同于日常状态中进行逃避体验。本文从逃避体验这一视角出发，研究了消费者逃避体验对享乐幸福感及意义幸福感的关系，补充了此方面的学术研究；同时探索了心流及自尊的中介作用，从新颖的视角发掘逃避体验到不同幸福感之间的影响机制；并且以社会排斥为调节，在当下个体感知社会排斥情况频繁的情境下较为适用。研究结果探讨了消费者在逃避体验过程中，通过心流到达享乐幸福，以及通过自尊到达意义幸福的关系。

此外，研究结果对消费者层面以及企业层面都具有一定的指导借鉴意义。首先，对于消费者个体而言，可以强化一种逃避体验优势的认知。当面对强大压力或烦恼时，自身可以通过逃避体验来暂时逃离那些让人不愉快的因素，获得幸福感。并且，消费者需要知晓这种体验对于个体以后的生活和工作都有很大的益处。其次，对于公司和企业而言，其可以为消费者提供更多类似可供"逃避"的场所，例如星巴克强调的"第三空间"和迪斯尼乐园，让消费者的压力及烦恼有地方可以释放，从而带着更好的状态回归日常生活。最后，逃避体验在很大程度上能够帮助个体获得幸福感知，并且加强自我完善、获得沉浸体验等，全社会需要对逃避体验有一个正确的认知。

6.4 研究不足与展望

虽然本研究的数据为前往实地进行现场收集所得，但依旧可能存在以下几点不足。首先，问卷调查对象多以年轻人为主，样本在数据上没有体现特别大的差异，因此在今后的研究中，需要涵盖更多、更广的调查对象。其次，在本次研究中，社会排斥的调节效应仅对逃避体验与自尊的关系起到显著影响，对于心流的作用不显著。虽然本文对相应结果进行了探讨，但没能够更进一步了解其中的内在关系，因此在之后的研究中，可以进一步明确其中的关系。此外，本研究仅以旅游情境进行了数据的收集，因此在未来的研究过程中，可以将数据范围扩大到其他逃避体验的领域，例如游戏等。最后，本次研究仅仅通过实地调查问卷完成，之后可以通过实验法对结果进行再次验证，以提升结果的稳定性与有效性。

◎ 参考文献

[1] Addis, M., Holbrook, M. B. On the conceptual link between mass customisation and experiential consumption: An explosion of subjectivity [J]. *Journal of Consumer Behaviour*, 2001, 1 (1).

[2] Allen, N. B., Badcock, P. B. T. The social risk hypothesis of depressed mood: Evolutionary, psychosocial, and neurobiological perspectives [J]. *Psychological Bulletin*, 2003, 129 (6).

[3] Bastos, W., Brucks, M. How and why conversational value leads to happiness for experiential and material purchases [J]. *Journal of Consumer Research*, 2017, 44 (3).

[4] Baumeister, R. F., DeWall, C. N., Ciarocco, N. J., et al. Social exclusion impairs self-regulation [J]. *Journal of Personality and Social Psychology*, 2005, 88 (4).

[5] Bridges, E., Florsheim, R. Hedonic and utilitarian shopping goals: The online experience [J]. *Journal of Business Research*, 2008, 61 (4).

[6] Chen, R. P., Wan, E. W., Levy, E. The effect of social exclusion on consumer preference for anthropomorphized brands [J]. *Journal of Consumer Psychology*, 2017, 27 (1).

[7] Csikszentmihalyi, M. Finding flow: The psychology of engagement with everyday life [M]. New York: Basic Books, 1997.

[8] Csikszentmihalyi, M. , Csikszentmihalyi, I. *Beyond boredom and anxiety* [M]. San Francisco: Jossey-Bass, 1975.

[9] Csikszentmihalyi, M. , Hunter, J. Happiness in everyday life: The uses of experience sampling [J]. *Journal of Happiness Studies*, 2003, 4 (2).

[10] Deci, E. L. , Ryan, R. M. Hedonia, eudaimonia, and well-being: An introduction [J]. *Journal of Happiness Studies*, 2008, 9 (1).

[11] DelleFave, A. , Brdar, I. , Freire, T. , et al. The eudaimonic and hedonic components of happiness: Qualitative and quantitative findings [J]. *Social Indicators Research*, 2011, 100 (2).

[12] DeWall, C. N. , Richman, S. B. Social exclusion and the desire to reconnect [J]. *Social and Personality Psychology Compass*, 2011, 5 (11).

[13] Fischer, E. , Arnold, S. J. More than a labor of love: Gender roles and christmas gift shopping [J]. *Journal of Consumer Research*, 1990, 17 (3).

[14] Gardner, W. L. , Pickett, C. L. , Jefferis, V. , et al. On the outside looking in: Loneliness and social monitoring [J]. *Personality and Social Psychology Bulletin*, 2005, 31 (11).

[15] Gazley, A. , Clark, G. , Sinha, A. Understanding preferences for motion pictures [J]. *Journal of Business Research*, 2011, 64 (8).

[16] Greenberg, J. , Solomon, S. , Pyszczynski, T. Terror management theory of self-esteem and cultural worldviews: Empirical assessments and conceptual refinements [M] //Zann, P. M. Advances in experimental social psychology. San Diego: Academic Press, 1997.

[17] Hirschman, E. C. Predictors of self-projection, fantasy fulfillment, and escapism [J]. *The Journal of Social Psychology*, 1983, 120 (1).

[18] Hirschman, E. C. Sexual identity and the acquisition of rational, absorbing, escapist, and modeling experiences [J]. *The Journal of Social Psychology*, 1985, 125 (1).

[19] Hirschman, E. C. , Holbrook, M. B. Hedonic consumption: Emerging concepts, methods and propositions [J]. *Journal of Marketing*, 1982, 46 (3).

[20] Hosany, S. , Witham, M. Dimensions of cruisers' experiences, satisfaction, and intention to recommend [J]. *Journal of Travel Research*, 2010, 49 (3).

[21] Hwang, J. , Lyu, S. O. The antecedents and consequences of well-being perception: An application of the experience economy to golf tournament tourists [J]. *Journal of Destination Marketing & Management*, 2015, 4 (4).

[22] Jiang, L. , Drolet, A. , Kim, H. S. Age and social support seeking: Understanding the role of perceived social costs to others [J]. *Personality and Social Psychology Bulletin*, 2018, 44 (7).

[23] Kernis, M. H. Toward a conceptualization of optimal self-esteem [J]. *Psychological Inquiry*, 2003, 14 (1).

[24] Kubey, R. W. , Csikszentmihalyi, M. Television as escape: Subjective experience before

an evening of heavy viewing [J]. *Communication Reports*, 1990, 3 (2).

[25] Lakin, J. L. , Chartrand, T. L. , Arkin, R. M. I am too just like you nonconscious mimicry as an automatic behavioral response to social exclusion [J]. *Psychological Science*, 2008, 19 (8).

[26] Leary, M. R. , Tambor, E. S. , Terdal, S. K. , et al. Self-esteem as an interpersonal monitor: The sociometer hypothesis [J]. *Journal of Personality and Social Psychology*, 1995, 68 (3).

[27] Lee, J. , Shrum, L. J. Conspicuous consumption versus charitable behavior in response to social exclusion: A differential needs explanation [J]. *Journal of Consumer Research*, 2012, 39 (3).

[28] Lee, J. , Chen, C. C. , Song, H. J. , et al. Consumption of movie experience: Cognitive and affective approaches [J]. *Journal of Quality Assurance in Hospitality & Tourism*, 2017, 18 (2).

[29] Malär, L. , Krohmer, H. , Hoyer, W. D. , et al. Emotional brand attachment and brand personality: The relative importance of the actual and the ideal self [J]. *Journal of Marketing*, 2011, 75 (4).

[30] McLellan, H. Experience design [J]. *Cyberpsychology and Behavior*, 2000, 3 (1).

[31] McMahan, E. A. , Estes, D. Hedonic versus eudaimonic conceptions of well-being: Evidence of differential associations with self-reported well-being [J]. *Social Indicators Research*, 2011, 103 (1).

[32] Mead, N. L. , Baumeister, R. F. , Stillman, T. F. , et al. Social exclusion causes people to spend and consume strategically in the service of affiliation [J]. *Journal of Consumer Research*, 2010, 37 (5).

[33] Nie, R. , Li Z, Zhou, N. WeChat moments use and self-esteem among Chinese adults: The mediating roles of personal power and social acceptance and the moderating roles of gender and age [J]. *Personality and Individual Differences*, 2018, 131: 31-37.

[34] Novak, T. P. , Hoffman, D. L. , Yung, Y. F. Measuring the customer experience in online environments: A structural modeling approach [J]. *Marketing Science*, 2000, 19 (1).

[35] Oh, H. , Fiore, A. M. , Jeoung, M. Measuring experience economy concepts: Tourism applications [J]. *Journal of Travel Research*, 2007, 46 (2).

[36] Pine, B. J. , Gilmore, J. H. Welcome to the experience economy [J]. *Harvard Business Review*, 1998, 76.

[37] Ryan, R. M. , Deci, E. L. On happiness and human potentials: A review of research on hedonic and eudaimonic well-being [J]. *Annual Review of Psychology*, 2001, 52 (1).

[38] Ryff, C. D. , Singer, B. H. Know thyself and become what you are: A eudaimonic approach to psychological well-being [J]. *Journal of Happiness Studies*, 2008, 9 (1).

[39] Schmitt, B. , Joško Brakus, J. , Zarantonello, L. From experiential psychology to

consumer experience ［J］. *Journal of Consumer Psychology*, 2015, 25（1）.

［40］ Su, L., Jiang, Y., Chen, Z., et al. Social exclusion and consumer switching behavior：A control restoration mechanism ［J］. *Journal of Consumer Research*, 2016, 44（1）.

［41］ Toma, C. L., Hancock, J. T. Self-affirmation underlies facebook use ［J］. *Personality and Social Psychology Bulletin*, 2013, 39（3）.

［42］ Twenge, J. M., Baumeister, R. F., DeWall, C. N., et al. Social exclusion decreases prosocial behavior ［J］. *Journal of Personality and Social Psychology*, 2007, 92（1）.

［43］ Uchida, Y., Takahashi, Y., Kawahara, K. Changes in hedonic and eudaimonic well-being after a severe nationwide disaster：The case of the Great East Japan Earthquake ［J］. *Journal of Happiness Studies*, 2014, 15（1）.

［44］ Van Boven, L., Gilovich, T. To do or to have? That is the question ［J］. *Journal of Personality and Social Psychology*, 2003, 85（6）.

［45］ Webster, J., Trevino, L. K., Ryan, L. The dimensionality and correlates of flow in human-computer interactions ［J］. *Computers in Human Behavior*, 1993, 9（4）.

附　录

	题　项	完全 不同意 （1）	不太 同意 （2）	有一点 不同意 （3）	中 立 （4）	有一点 同意 （5）	比较 同意 （6）	完全 同意 （7）
社会排斥	总体而言，在日常生活中，我感觉自己被人排斥							
	总体而言，在日常生活中，我感觉自己被人忽视							
	总体而言，在日常生活中，我感觉自己像个局外人							
逃避体验	我感觉自己在刚刚的旅游过程中扮演了一个不同于平常身份的角色							
	在刚刚的旅游过程中，我感觉自己仿佛成了另一个人							
	在刚刚的旅游过程中，我感觉自己完全逃离了我的日常生活							
	在刚刚的旅游过程中，我感觉自己身处与平时不同的时空							

	题　项	完全不同意（1）	不太同意（2）	有一点不同意（3）	中立（4）	有一点同意（5）	比较同意（6）	完全同意（7）
心流	"心流"指的是人们在做某件事情时完全沉浸在其中的一种状态。例如在旅游时，人们会完全沉浸在其中，此时除了旅游活动，其他事情都变得不再那么重要。当处于心流状态时，时间仿佛静止了或者感觉时间流逝得非常快							
	在刚刚的旅游过程中，我产生过心流							
	在刚刚旅游过程中的很多时候，我感觉自己处于心流的状态							
	总体而言，在刚刚的旅游过程中，我很频繁地体验到心流							
自尊	总的来说，我对自己感到满意							
	我觉得我是一个有价值的人							
	总而言之，我倾向于认为我是一个失败者（R）							
	我对自己持有一个积极的态度							
享乐幸福感	在刚刚的旅游活动中，我感到很愉快							
	刚刚的旅游活动让我体验到大量感官上的愉悦							
	在刚刚的旅游活动中，我体验到了与他人在一起的快乐							
	刚刚的旅游活动是一次令人愉快的体验							
意义幸福感	在刚刚的旅游活动中，我发挥了自己真正的潜能							
	刚刚的旅游活动使我认识到自己的优点							
	在刚刚的旅游活动中，我有努力应付一些挑战							
	刚刚的旅游活动让我对自己有了更多的认识（b）							

注意：R 表示反向；b 表示分析时没有采用此测项。

The Impact Mechanism of Escapism Experience on Consumer Well-being

Zheng Ling[1]　Zhou Zhimin[2]　Chen Ruixia[3]

（1，2，3　Department of Marketing，Shenzhen University，Shenzhen，518000）

Abstract：As a realm of experience, escapism experience occurs in many fields such as tourism and games. Based on field data collection, this paper explores the impact mechanism of escapism experience on consumer well-being. Results show that escapism experience has a significantly positive impact on flow, self-esteem, hedonic well-being and eudaimonic well-being, flow has mediating effect on the influence of escapism experience on hedonic well-being, and self-esteem has mediating effect on the influence of escapism experience on eudaimonic well-being. Moreover, social exclusion has significantly moderating effect in the relationship between escapism experience and self-esteem.

Key words：Escapism experience；Social exclusion；Flow；Self-esteem；Consumer well-being

专业主编：曾伏娥

社会控制与供应链整合之间的
相互作用关系探讨[*]

——以依赖和信息共享能力为中介

● 冯 华[1] 魏娇娇[2]

（1，2 武汉大学经济与管理学院 武汉 430072）

【摘 要】本文利用 359 个样本数据，对社会控制这一供应链关系治理机制对供应链整合的作用路径进行了分析，并尝试以依赖和信息共享能力作为中介进行深入剖析。实证研究表明：（1）社会控制对内/外部整合存在完全中介作用，其中社会控制可以通过依赖间接作用于内/外部整合，也可以通过依赖和信息共享的因果关系间接作用于内部整合；（2）社会控制只能通过信息共享/依赖或二者之间的因果关系与内部整合一起对外部整合产生正向促进作用；（3）核心企业内部以及其与合作伙伴之间应该致力于提升联合计划、共同解决问题的能力，通过构建信任机制而建立起相互依赖关系，搭建统一的信息技术平台，将供应链节点企业战略性地整合在一起，最终提升供应链整体的竞争能力。

【关键词】社会控制 内部整合 外部整合 依赖 信息共享

中图分类号：F274 文献标识码：A

1. 引言

全球化的竞争使得企业与企业之间的竞争日益向供应链与供应链之间的竞争进行拓展，而整合作为供应链管理中的焦点问题，日益被认为是供应链管理的一个重要环节（Vijayasarathy，2010）。供应链整合涉及从供应商到顾客之间物料流、产品流、信息流和

---

* 基金项目：国家自然科学基金面上项目：柔性与供应链能力：基于供应网络的理论与实证研究（项目批准号：71202119）；教育部人文社科基金：供应链治理机制与供应链能力相互作用研究：以供应链柔性化为视角（项目批准号：16YJA630010）；武汉大学自主科研项目（人文社会科学）（中央高校基本科研业务费专项资助）：多元化视角下的组织间依赖关系：基于供应网络的理论与实证研究（201806）。

通讯作者：魏娇娇，E-mail：weijiaojiao1994@163.com。

资金流的整合以及活动和计划等一系列的连接，在供应链整合的研究中，信息技术以及信息共享对整合的作用已经被证实（Pandey et al.，2012），但是如果核心企业以及合作伙伴没有动机去参与信息共享，甚至因为担心依赖的不确定性等问题而拒绝与合作伙伴协同运作，那么信息技术实践的预期效果将很难实现，因此，供应链合作伙伴之间的关系治理显得尤为重要。Vijayasarathy（2010）基于关系视角而构建起供应链整合的前因变量模型，实证分析发现，信任、承诺和相互依赖促进了供应链整合，但是它们共同影响整合的作用机理并未明确。Chae 等（2005）也通过案例研究指出，社会因素（如信任、依赖、信息共享）是组织之间通过构建信息系统而实现预期绩效目标的关键因素。组织间的依赖关系包含联合依赖和不对称依赖两个维度（Emerson，1962），联合依赖有利于提高组织吸收限制的成功率，而不对称依赖却阻碍了吸收限制，且两者同时发挥作用的效果无法确定（Casciaro & Piskorski，2005）；Gulati（2007）则证实了联合依赖提高了制造商绩效，依赖优势（不对称依赖）却降低了制造商绩效。根据嵌入逻辑，联合依赖对信息交换、关系绩效和联盟绩效均有积极的影响，而在权利逻辑下，不对称依赖则有相反的作用效果（Gulati & Sytch，2007；Huo et al.，2017）。已有文献对依赖的探讨多侧重于嵌入逻辑或权利逻辑，因此很难反映同时存在两个维度的依赖关系对企业行为或绩效的最终影响。社会控制是关系治理的两大机制之一（Rhee et al.，2014；Li et al.，2010），以发展企业间信任关系为基础，鼓励供应链节点企业以联合计划、共同解决问题和协作沟通的方式建立合作关系。一方面，社会控制是节点企业应对由于资源依赖而带来的不确定性和信息共享中所出现的机会主义行为等问题的有力举措；另一方面，根据资源依赖理论，一旦企业无法获得所有资源来支持其关键业务活动，就必须与环境不断互动，并充分利用外部合作伙伴的资源来实现其组织目标（王渊等，2006），可见，相互依赖又在供应链整合实践中起着举足轻重的作用。那么，社会控制能否一方面抑制依赖关系权利逻辑的运作，另一方面促进节点企业建立互惠互利的相互依赖关系，从而有利于节点企业共享知识、信息和资源等，为供应链的协同运作提供重要的关系基础？例如，福耀集团的曹德旺曾在《对话》现场声称该企业与其生意伙伴的关系是不可分割的，福耀上游供应商日本积水中间膜公司张俊称其在与福耀集团合作的 23 年中，每年都会经历一场激烈的谈判。彼此信赖的伙伴关系和良好的协作沟通使福耀与日本积水公司成为相互依赖的合作伙伴，有利于它们共同建设专业化的玻璃供应链，福耀当今的成功与曹德旺对其企业与合作伙伴之间的关系实施社会控制机制是密切相关的①。综上所述，实证研究社会控制、依赖和信息共享能力在促进供应链整合中所起到的作用及三个因素之间的关系是十分必要的。

不过，社会控制是否可以直接促进供应链整合？社会控制能否消除由依赖不对称引致的企业之间决策的不确定性、机会主义等问题，增加相互依赖的程度，进而影响供应链整合？社会控制能否通过提高信息共享能力而提升供应链的整合程度？依赖和信息共享能力之间存在何种关系，这种关系是否会影响到社会控制与供应链整合之间的作用路径？现有研究多关注社会控制对组织之间合作关系及供应链绩效的影响，鲜有研究证实社会控制对供应链整合实践的作用。虽然 Pandey 等（2012）证实了信息共享是促进供应链整合的关

---

① 资料来源：http://jingji.cctv.com/2016/04/18/ARTIq81PifCMop8UtmGM08mH160418.shtml

键因素，但是如何促进供应链节点企业的信息共享能力依然是有待解答的问题。基于此，本文以社会控制对供应链整合的促进作用为切入点，尝试将依赖和信息共享能力纳入分析框架，实证探究是否可以通过社会控制这一关系治理机制来促使供应链合作伙伴建立起健康的相互依赖关系，进而提升核心企业及其节点企业之间的信息共享能力，最终促进供应链整合。

2. 文献综述与研究假设

2.1 理论基础与相关概念

2.1.1 理论

按照交易成本理论，机会主义行为可以借助于适当的治理机制来进行事先和事后的干预。资源基础观理论则表明，供应链核心企业通过与供应商/顾客协同运作，既有可能获取有形的特殊竞争资源，也有可能形成无形的、源于合作而获取的关系资产，这些将成为核心企业所具备的不可复制的、具有竞争优势的资源（Scannell et al.，2000）。可见，供应链整合对于提高供应链竞争优势具有举足轻重的作用。资源依赖理论假设组织是一个由内部与外部环境所组成的综合体，组织生存需要与其所依赖的环境进行互动、交换资源，并在与环境的互动中建立起与其他组织之间的相互依赖关系，获取对资源的控制（王渊等，2006）。在此过程中，组织之间相互依赖的关系有助于组织进行互动交流与信息共享，进而对供应链整合产生积极的促进作用，不过，由于组织所处的环境具有不稳定性，需要开发适当的治理机制来对其进行管理。

2.1.2 供应链整合

供应链整合是一个多维度的概念（Flynn et al.，2010），现有文献大多将其分为内部整合与外部整合（Yu et al.，2013），指的是制造商与其供应链合作伙伴进行战略性合作并对组织内外部流程进行协同管理，为客户提供最大化的价值（Flynn et al.，2010）。内部整合也可称为组织内部功能之间或者部门之间的协同运作（Yu et al.，2013；Zhao et al.，2015）。外部整合指的是核心企业与其外部合作伙伴对供应链外部的战略、合作模式及流程进行协同的程度，由供应商整合与顾客整合构成（Yu et al.，2013）。Stank 等（2001）认为，同时聚焦于内部整合和外部整合将是供应链最好的实践。本文主要侧重于焦点企业与其供应商之间的外部整合。

2.1.3 供应链关系治理

根据社会网络理论，在供应链合作伙伴之间建立起长期合作关系不仅可以提高资源的交换效率，而且可以降低外包风险。而交易成本经济学则提出，由于机会主义行为以及信息不对称的存在，长期的伙伴关系很难建立并维持下去。针对上述问题，很多学者提出了供应链组织间关系的两种治理机制（Li et al.，2010）：正式控制和社会控制（Huang et al.，2014），"正式控制"是指在合同中对合作各方所期望的行为、流程和产出标准等进行明确界定（Ouchi，1979），而"社会控制"则强调共同的价值观、规范、目标，以及协调各方利益的信任氛围（Tangpong et al.，2010）。在互助合作的背景下，合作伙伴经常采取非正式的社会关系来解决问题，减少不确定性。社会控制机制主要以信任为基础鼓励合作双方采取理想行动（Dyer & Chu，2003），联合解决问题、参与决策、完全地交流信息和履行承诺等是社会控制机制的重要表现形式（Fryxell et al.，2003；Luo，2002）。Cai 等（2009）在研究准一体化过程中也提出关系治理的三大要素，即联合计划、联合解决问题以及合作沟通。可见，社会控制的本质就是基于关系的治理机制。

2.1.4 依赖

依赖指的是，为了实现某种目标或者为了得到某种满足，一方对行动的另外一方所形成的信赖和依靠关系（Zhang & Huo，2009）。Andaleeb（1995）认为依赖是"目标公司依赖资源公司的程度"，它由三个要素组成：可获得资源的重要性、资源替代方案的稀缺性和资源使用的自主权。Li 和 Si（2009）表明，依赖是指企业为了实现自己的业务目标，必须与供应链合作伙伴保持某种合作关系的程度。Shi 等（2012）在研究中将买方依赖定义为"买方依赖供应商实现其业务目标的程度"，分为可替代性、重要性和影响力。吕晖等（2010）根据资源依赖理论提出，企业间的资源依赖性是供应链信息协同的重要影响因素。可见，供应商的重要性、核心企业对合作决策的影响程度和资源依赖程度是测度依赖的三个核心要素。

2.1.5 信息共享能力

信息共享是通过信息技术在供应链网络中共享关键信息的能力（Prajogo & Olhager，2010）。已有文献指出，供应链中的信息共享能力必须由信息技术基础及信息共享行为组成（Flynn et al.，2010；Li & Lin，2006）。一方面，信息技术是供应链整合中信息共享的基础。另一方面，虽然信息技术很重要，但是供应链节点企业共享信息的频率、数量和质量是不可或缺的。战略性的供应链信息为供应链合作伙伴提供了杠杆作用，有利于其在运营中更好地作出战略决策（Li et al.，2006）。例如，沃尔玛"天天低价"的价值主张，主要源于其全球信息网络的建立，以及销售点与供应商之间的订单信息沟通、需求预测和库存信息共享等。此外，信息共享能力的大小还取决于核心企业与供应商之间是否能够频繁而有效地沟通，而高度的信息交流反过来会进一步激励交易伙伴的合作行为，并提高战略性信息在各节点企业之间的实时共享性（Klein et al.，2007）。

2.2 研究假设

2.2.1 社会控制与供应链整合之间的作用关系

与组织学习理论一致，Yu 等（2013）指出，内部整合是外部整合的驱动因素，内部整合可以实现外部整合，当一个企业具有较高的吸收利用外部新知识和新信息的能力时，该企业更容易从其合作伙伴那里获得新知识，了解其业务以促进外部整合。除此之外，有效的内部团队合作会增强企业与外部合作伙伴进行沟通和联合解决问题的能力。Koufteros 等（2005）发现"跨职能团队"早期参与计划产品设计、流程设计和制造过程，有助于提高其客户整合和供应商整合的能力。综上，笔者提出假设 H1，

H1：供应链内部整合程度越高，供应链外部整合程度也就越高。

有效的合作取决于适当的控制机制（Li et al.，2010）。社会控制有利于节点企业对合作伙伴关系的维持付出更大的承诺，促使其建立起更持久的相互信任和长期合作关系

（Tangpong et al.，2010）。高层次的战略性承诺对于供应链整合至关重要。Zhao 等 （2008）发现，我国制造商之间的关系承诺与客户整合密切相关。Yeung 等 （2009）在研究我国的供应链企业时发现，供应商整合与信任呈正相关关系。作为社会控制的一个重要维度，联合规划允许双方共同设计业务流程，通过更好的协调运作来避免单个节点企业内部的业务流程次优化（Michael，1985）。此外，联合计划允许供应链合作伙伴对资源共享的条款和条件进行洽谈，以保护其对关系承诺所做出的特定关系资产投资。而当内部条款不可用时，联合解决问题维度可以为贸易伙伴提供适当的争议解决机制。综上，笔者提出假设 H2a~H3，

H2a：社会控制程度越高，供应链内部整合程度越高。

H2b：社会控制程度越高，供应链外部整合程度越高。

H3：内部整合在社会控制与外部整合之间起着中介作用。

2.2.2 社会控制与应链整合之间的作用关系：依赖的中介效应

Holm 等 （1999）通过实证研究指出，联盟双方的资源依赖有利于联盟主体成为共同利益生产体。根据资源依赖理论，组织之间的相互依赖程度越高，组织整合资源的意愿和能力也就越强。在供应网络中，当制造商拥有较少的可替代性供应商资源，而这些供应商的顾客数量也较少时，双方之间就容易形成互惠互利的依赖关系。这种相互依赖性的存在对供应链企业建立起紧密的合作关系至关重要（Vijayasarathy，2010）。依赖在供应链整合的目标实现和竞争优势的获取中扮演非常重要的角色（Zhang & Huo，2013）。

Cai 等 （2009）认为，法律文件、联合计划、联合问题解决，以及合作沟通有助于企业对由于资源之间的相互依赖而产生的不确定性进行处理，进而促进相互依赖关系的建立。此外，信任是合作关系成功的基石，社会控制机制能够消除或削弱由于依赖不对称的权利优势引致的价值攫取行为以及弱势方（依赖较多一方）对另一方的防范主义，同时增强嵌入逻辑下相互依赖关系的建立，有利于交易双方建设相互信任、联合行动的紧密合作关系，继而促使节点企业重设流程，共同建设供应链整合实践。综上，提出假设 H4~H6c，

H4：社会控制程度越高，供应链各节点企业之间的相互依赖程度越高。

H5a：供应链各节点企业之间的相互依赖程度越高，供应链内部整合程度越高。

H5b：供应链各节点企业之间的相互依赖程度越高，供应链外部整合程度越高。

H6a：依赖在社会控制与内部整合之间起着中介作用。

H6b：依赖在社会控制与外部整合之间起着中介作用。

H6c：依赖与内部整合的因果关系在社会控制与外部整合之间起着中介作用。

2.2.3 社会控制与供应链整合之间的作用关系：信息共享的中介效应

Klein 等 （2007）发现，社会控制通过关系治理增强了合作伙伴建立长期合作关系的意愿，企业之间的信任程度越高，定制化的信息网络的需求会增加，而战略性的信息流动也会越多。供应链合作伙伴之间的相互信任程度、信息共享的能力与所获取信息的质量密切相关（Li & Lin，2006）。Huang 等 （2014）以台湾企业为样本，通过实证研究指出，管理者应该借助于社会控制机制来增加合作伙伴之间的相互信任度，促进彼此的沟通交流。

供应链整合可以被概念化为通过协调或共享信息/资源来重组和连接供应链实体的过

程，信息共享是实现供应链整合的关键前置变量（Pandey et al.，2012）。Flynn 等（2010）认为供应链合作伙伴之间的信息共享有助于建立互惠互利的战略目标，从而对供应链整合起到促进作用。内部整合可以通过信息共享得以实现，而外部整合则需要借助于跨职能团队的运作（Stank et al.，2001）。外部整合强调核心企业与其供应商及顾客之间协同运作的重要性，战略联盟、信息共享、交流互动、流程协作、联合产品开发以及共同工作等都是有助于实现外部整合的举措。社会控制机制通过顺畅的沟通机制、制定社会规范和彼此信任而对机会主义行为起到了重要的阻碍作用，并为合作伙伴共享信息、提高供应链整合程度创造了条件（Huang et al.，2014）。例如，宝洁公司与沃尔玛联合启动的 CPFR 计划，就是其与沃尔玛通力合作、实现信息共享的典型。"宝玛模式"充分体现了关系治理对信息共享及供应链整合的促进作用。综上，笔者提出假设 H7～H9c，

H7：社会控制程度越高，信息共享能力越强。

H8a：信息共享能力越强，供应链内部整合程度越高。

H8b：信息共享能力越强，供应链外部整合程度越高。

H9a：信息共享能力在社会控制与内部整合之间起着中介作用。

H9b：信息共享能力在社会控制与外部整合之间起着中介作用。

H9c：信息共享能力与内部整合的因果关系在社会控制与外部整合之间起着中介作用。

2.2.4　依赖与信息共享能力的双中介效应

根据资源依赖理论，企业实现其业务目标需要外部资源的支持，因此，企业需要与合作伙伴建立互通互信的关系来交换信息、获取互补性资源。制造商对其顾客/供应商的依赖促使该制造商频繁地输出信息、与其顾客/供应商建立紧密的合作关系，以期提高资源的可获得性（Mccarthy et al.，2011）。相互依赖的合作关系可以激励供应链节点企业共享信息，以期形成能力互补效应，提高协作能力（Klein & Rai，2009）。

核心企业可以通过构建适当的社会控制机制来引导合作伙伴建立起长期相互依赖的合作关系，激发其共享信息的意愿，提高供应链整合程度。社会控制作为关系治理的关键机制，通过建立相互信任和联合计划而促使供应链节点企业设计紧急预案（Michael，1985）；而联合解决问题机制则有利于供应链节点企业相互适应、协调处理不确定性及冲突；协作沟通有利于供应链节点企业获取关键资源信息，降低不确定性，建立起相互信任的依赖关系。通过社会控制机制，稳定的依赖关系得以建立，组织之间更加愿意共享资源和信息（Michael，1985），构建争端处理机制，促进供应链的整合。因此，笔者提出假设 H10～H11c，

H10：依赖程度越高，信息共享能力越强。

H11a：依赖程度与信息共享能力的因果关系在社会控制与内部整合之间起着中介作用。

H11b：依赖程度与信息共享能力的因果关系在社会控制与外部整合之间起着中介作用。

H11c：依赖程度、信息共享能力与内部整合之间的因果关系在社会控制与外部整合之间起着中介作用。

综上，本文的研究模型如图 1 所示。

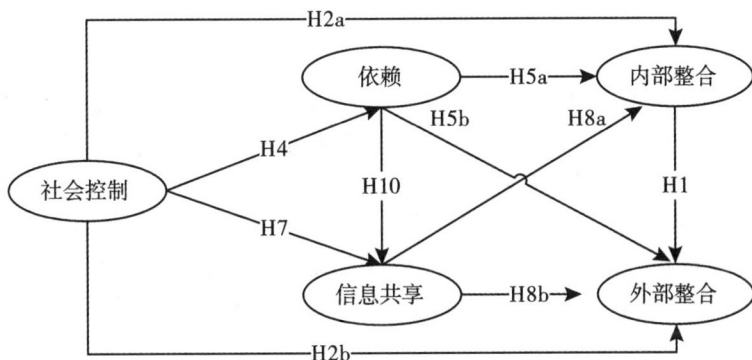

图1 研究模型

3. 研究方法

3.1 数据收集和样本

本研究以浙江省、广东省和湖北省相关企业为样本框，结合实地访谈、电子邮件发送和纸质邮件寄送三种调研方式，主要选取那些从事供应链与物流管理相关岗位工作的管理人员和专业技术人员等作为调研对象。调研工作从 2016 年 3 月开始，直到 2017 年 5 月结束，共历时约 15 个月，共发放 500 份问卷，共回收有效问卷 359 份，问卷有效回收率为 71.8%，样本基本特征如表 1 所示。

表1　　　　　　　　　　　　　**样本的描述性统计结果**

	样本特征	样本数（占比）		样本特征	样本数（占比）
所属行业	汽车制造及流通业	51（14.2%）	年度销售额	少于 500 万元	38（10.6%）
	食品加工及流通业	15（4.2%）		500 万~1000 万元	51（14.2%）
	计算机及电子通信设备企业	56（15.6%）		1000 万~5000 万元	47（13.1%）
	服装加工及流通业	7（1.9%）		5000 万~1 亿元	27（7.5%）
	医药生产及流通业	19（5.3%）		1 亿元以上	196（54.6%）
	其他	211（58.8%）	经营年数	小于 10 年	79（22.0%）
员工人数	少于 100 人	95（26.5%）		10~24 年	155（43.2%）
	100~300 人	65（18.1%）		25~49 年	57（15.9%）
	300~500 人	39（10.9%）		50 年以上	68（18.9%）
	500~1000 人	25（7.0%）			
	1000 人以上	135（37.6%）			

181

3.2 变量测量

为了保证测量工具的信效度符合标准，本研究使用的量表为国内外学者已经使用过的量表，并结合本研究的目的进行修正，所有变量均采用 Likert 7 级量表进行评价，1~7 代表被试者对于测量题项所描述内容的认可程度，1 为完全不同意，7 为完全同意。在进行正式调研之前，笔者使用 50 份问卷进行预调研，并根据反馈对一些测量题项的措辞进行修正，以确保问卷测量题项是可理解的，并与我国情境相适合①。此外，笔者运用验证性因子分析剔除因子载荷低于 0.6 的测量题项，并根据模型适配度剔除效度较低的测量问项，形成最终问卷。

3.2.1 自变量

笔者基于 Cai 等（2009）对治理机制的研究，结合 Tangpong 等（2010）、Dyer 和 Chu（2003）、Fryxell 等（2002）和 Luo（2002）的研究，从信任、联合计划、联合解决问题及合作沟通四个维度来测量社会控制这一自变量，并借鉴 Rhee 等（2014）和 Cai 等（2009）的研究成果，对四个维度分别设计了 2 个题项，根据上述验证性因子分析原则，分别删除了"信任"和"联合计划"的 1 个测量题项，最后剩下 6 个题项用于测量社会控制。

3.2.2 中介变量

笔者将已有文献所探讨的与依赖有关的三个核心要素"供应商的重要性""核心企业对合作决策的影响程度"和"资源依赖程度"作为依赖的测量维度，并借鉴 Shi 等（2012）和吕晖等（2010）的研究成果对三个维度分别设计了 4 个、3 个和 5 个题项，根据上述验证性因子分析原则删除了"资源依赖程度"的 1 个测量题项，最后剩下 11 个题项用于测量依赖。

Prajogo 和 Olhager（2012）在其研究中，明确阐述了信息共享的定义，并分别探讨了信息技术水平和信息交流水平这两个概念，笔者参考 Li 和 Lin（2006）、Li 等（2006）、Klein 等（2007）的研究，从信息技术水平和信息交流水平两个维度来测量信息共享这一变量，并借鉴 Prajogo 和 Olhager（2012）的研究共设计了 6 个题项，根据上述验证性因子分析原则删除了 1 个测量题项，最后剩下 5 个题项用于对信息共享进行测量。

3.2.3 因变量

内部整合与外部整合的研究较为成熟。参考 Flynn 等（2010）的研究所用的测量问卷，该问卷也被 Yu 等（2013）和 Zhao 等（2015）的研究所用，笔者针对内部整合设计了 8 个题项，针对外部整合设计了 7 个题项，根据上述验证性因子分析原则分别删除了两个变量的 1 个测量题项，最后内部整合保留了 7 个测量题项，外部整合保留了 6 个测量题项。

3.3 信度和效度分析

结合 SPSS 的探索性因子分析与 AMOS 的验证性因子分析确定了每个构念的最终测量

---

① 调研问卷及问卷题项的主要来源参见附件 1。

问项，且5个构念的 Cronbach's α 系数值和组合信度 CR 值几乎都大于 0.8，问卷信度良好（如表 2 所示）。最终测量题项的标准化载荷基本大于 0.7，每个测量项目对其构念的载荷远大于对其他构念的交叉载荷，聚合效度良好，且每个构念的 AVE 均在 0.5 以上，大于该构念与其他构念的相关系数，区分效度良好。

表 2   **信度与效度**

变量	题项数量	标准化载荷	Cronbach's α	CR	AVE
社会控制	6	0.602~0.826	0.865	0.873	0.538
依赖	11	0.790~0.873	0.927	0.891	0.731
信息共享	5	0.631~0.767	0.779	0.787	0.529
内部整合	7	0.702~0.884	0.933	0.933	0.668
外部整合	6	0.745~0.808	0.901	0.902	0.606
模型拟合优度指标					
χ^2	df	χ^2/df	RMSEA	GFI	CFI
1234.210	547	2.256	0.059	0.838	0.920

4. 数据分析和结果

本文使用结构方程模型方法，利用 AMOS22.0 软件处理数据，模型拟合指标均处于良好及以上水平（如表 2 所示）。观察模型系数可知，假设 H1、H4、H5a、H5b、H7、H8a、H10 成立，但是社会控制与内部整合、外部整合，以及信息共享与外部整合之间的直接作用关系在 0.05 水平上均不显著（H2a、H2b、H8b 不成立）。这与以往的研究结论并不一致，究其原因，由于在信息共享与内部整合之间以及内部整合与外部整合之间的作用关系均较为显著，所以，在社会控制与供应链整合、信息共享与外部整合的相互作用关系中，有可能存在着某种间接路径（如图 1 所示）。根据潜变量间的作用结果可知，与社会控制/依赖对内部整合、外部整合的总作用效果相比，信息共享的总作用效果并不明显，这与 Pandey 等（2012）的研究结论，即信息共享是供应链整合的关键前置变量，在一定程度上是相悖的。因此，有必要对社会控制、依赖以及信息共享对供应链整合的深层作用机理进行进一步剖析。

笔者采用 Hayes（2009）的 Bootstrapping 信赖区间法分析中介效应发现，依赖在社会控制与信息共享的相互作用关系中存在着不完全的中介效应，且社会控制通过依赖对信息共享产生的间接作用效果（0.152）远小于社会控制对信息共享的直接作用效果（0.596）。如表 3 所示，依赖/信息共享能力及两者的因果关系在社会控制与内部整合、外部整合的相互作用关系中起着完全的中介效应。

表 3 　　　　　　　　　　　依赖、信息共享能力的中介效应

作用路径	点估计值	系数相乘积		Bootstrapping			
				Bias-Corrected 95CI		Percentile 95CI	
		SE	Z	Lower	Upper	Lower	Upper
总作用							
社会控制→内部整合	0.678	0.088	7.705	0.509	0.854	0.514	0.858
社会控制→外部整合	0.602	0.079	7.620	0.453	0.758	0.457	0.764
间接作用							
社会控制→内部整合	0.609	0.112	5.438	0.404	0.848	0.400	0.845
社会控制→外部整合	0.565	0.090	6.278	0.392	0.748	0.397	0.749
直接作用							
社会控制→内部整合	0.069	0.128	0.539	−0.187	0.310	−0.186	0.312
社会控制→外部整合	0.037	0.079	0.468	−0.104	0.205	−0.104	0.204

表 4 　　　　　　　社会控制与外部整合作用关系中的中介效应

作用路径	Mackinnon PRODCLIN 2 95CI			间接效果	占总间接效果的比例（%）
		Lower	Upper		
社会控制→依赖→外部整合		0.1634	0.4358	0.2845	50.360
社会控制→信息共享→外部整合		−0.0458	0.0891	0.009	1.635
社会控制→内部整合→外部整合		−0.0316	0.1078	0.0274	4.848
社会控制→依赖→信息共享→外部整合	社会控制→依赖→信息共享	0.0448	0.2291	0.0026	0.460
	依赖→信息共享→外部整合	−0.0182	0.0561		
社会控制→依赖→内部整合→外部整合	社会控制→依赖→内部整合	0.2409	0.5915	0.1581	27.983
	依赖→内部整合→外部整合	0.1737	0.4635		
社会控制→信息共享→内部整合→外部整合	社会控制→信息共享→内部整合	0.0531	0.3197	0.0653	11.563
	信息共享→内部整合→外部整合	0.0565	0.2577		

作用路径	Mackinnon PRODCLIN 2			间接效果	占总间接效果的比例（%）
	95CI				
		Lower	Upper		
社会控制→依赖→信息共享→内部整合→外部整合	社会控制→依赖→信息共享	0.0448	0.2291	0.0184	3.250
	依赖→信息共享→内部整合	0.02004	0.1993		
	信息共享→内部整合→外部整合	0.05645	0.2577		

继而，运用 Mackinnon（2007）的 PRODCLIN 2 方法对间接效果路径进行深入剖析，可以看到：（1）依赖、信息共享能力，以及两者的因果关系在社会控制与内部整合的相关关系中均起着中介作用（H6a，H9a，H11a 成立），其中，在社会控制与内部整合的相关关系中，依赖所起到的中介效应最为明显（65.39%），信息共享的中介效应次之（27.02%），而依赖与信息共享的因果关系所起到的中介效应则最小（7.59%）。可见，核心企业通过社会控制的治理机制来促进节点企业的内部整合需要借助于供应链各节点企业之间的相互依赖关系和信息共享能力的桥梁作用。（2）如表 4 所示，借助于依赖关系（50.36%），社会控制可以对外部整合产生间接促进作用（H6b 成立），即可以通过实施社会控制机制提高供应链合作伙伴之间的相互依赖程度，进而促进供应链节点企业之间的外部整合；此外，社会控制也可以通过依赖与内部整合的因果关系间接地作用于外部整合（H6c 成立），且这种间接作用效果较为明显（27.98%）；社会控制还可以通过信息共享与内部整合的因果关系对外部整合产生影响（H9c 成立），不过，这种间接作用效果不太明显（11.56%）；同时，社会控制可以通过依赖、信息共享、内部整合之间的三因子交互作用对外部整合产生影响（H11c 成立），不过，这种间接作用效果也不太明显（3.25%）。值得注意的是，社会控制不能通过信息共享、依赖与信息共享之间的因果关系以及内部整合间接对供应链外部整合产生影响，即 H9b、H11b、H3 均不成立，供应链外部整合能力的提升需要同时借助于供应链节点企业之间的相互依赖关系、各节点之间的信息共享能力以及节点企业的内部整合能力的中介效应，才能起到较为明显的效果。

5. 结论和不足

5.1 结论与讨论

本文通过对供应链整合机制进行探讨，得出如下结论：第一，现有文献大多将信息共享直接作为整合的前置变量（Pandey et al.，2012；Stank et al.，2001），但本文实证分析表明，当引入社会控制及依赖作为整合的前置变量时，信息共享对整合的正向促进作用效果反而被弱化，信息共享在整合实践中的积极作用需要组织间的依赖关系作为基础，即通过社会控制降低不确定性和机会主义行为，促使企业建立互助合作的相互依赖关系，为企业共享信息营造相互信任、联合行动的交易环境，激励企业共享关键信息。第二，社会控制不能直接对外部整合产生正向促进作用，必须通过依赖/信息共享以及两者之间的因果关系与内部整合一起间接正向地促进外部整合。社会控制这一关系治理机制的实施可以通过促使节点企业建立健康的相互依赖关系，对企业外部整合的实现产生极大的间接促进效果。组织间的依赖关系是交易关系的基本特征，但依赖强度有大小之分。社会控制机制可以增强节点企业合作意识，使得具有依赖优势的一方放弃使用其权利，激励依赖弱势方开展联合行动，建立信任机制，甚至双方会投资建设特定关系资产，减少了价值攫取行为，提高了企业相互依赖程度，有利于节点企业协同运作、共同进行价值创造。例如，广东温氏食品集团股份有限公司（下称"温氏"）实施的"公司+农户"的合作模式取得了巨大的成功，并以"温氏模式"著称。"温氏"会选择民风淳朴、愿意共同承担合作风险的农户作为合作对象，以建立相互认同、彼此信任的关系，会与农户一同制定产销量计划。"温氏模式"使得公司的技术、资金和人才与农户的劳动力优势，形成资源互补效应（万俊毅，2008），有助于企业与农户建立相互依赖的合作关系，促进"公司+农户"的产供销模式有效运转。第三，社会控制不能直接对内部整合产生正向促进作用，且当社会控制通过内部整合间接作用于外部整合时，只能通过依赖/信息共享或二者之间的因果关系与内部整合一起正向促进外部整合。可见，内部整合实践是外部整合成功的关键支持要素，而依赖关系和信息共享则是整合实践中不可或缺的。供应链整合需要节点企业在设计流程、建立协调运作机制等方面进行大量的联合投资，并在企业内部与企业之间建设较为完善的管理体系。因此，相互依赖的关系便为节点企业建设利益共同体创造了基础，而信息共享能够促使节点企业高效运作、互联互通，充分利用整合资源，继而为顾客创造价值。不过，作为企业关系治理的主动性行为，社会控制是促使节点企业建立健康的依赖关系、提高相互依赖程度以及信息共享程度的必要前提。

5.2 研究局限和展望

首先，虽然已有研究对正式控制与社会控制之间存在竞争/互补关系的研究结论不一致，但正式控制与社会控制交互影响供应链整合的机制也可能存在，因此未来研究可以将正式控制纳入分析框架。其次，样本的选择具有一定的随机性，且未考虑地区差异，未来的研究可以跨国家或地区进行。再次，为了获取更为全面的信息，未来的样本调查可以同时收集核心企业及其合作企业的相关数据，这将为实证分析关系治理与合作双方的依赖关系提供更加全面的视角。最后，企业规模、企业所处行业和企业年限等也有可能成为供应链整合机制的影响因素，后续研究可以将这些因素作为控制变量纳入分析框架。

◎ 参考文献

[1] 吕晖, 叶飞, 强瑞. 供应链资源依赖、信任及关系承诺对信息协同的影响 [J]. 工业工程与管理, 2010 (6).

[2] 刘磊, 步晓宁, 张猛. 全球价值链地位提升与制造业产能过剩治理 [J]. 经济评论, 2018 (4).

[3] 申云, 张尊帅, 贾晋. 农业供应链金融扶贫研究展望——金融减贫机制和效应文献综述及启示 [J]. 西部论坛, 2018 (5).

[4] 王渊, 张彤, 陈立军, 等. 基于资源依赖理论的供应链联盟成因分析及其发展策略 [J]. 科技进步与对策, 2006, 23 (4).

[5] 万俊毅. 准纵向一体化、关系治理与合约履行——以农业产业化经营的温氏模式为例 [J]. 管理世界, 2008 (12).

[6] Andaleeb, S. S. Dependence relations and the moderating role of trust: Implications for behavioral intentions in marketing channels [J]. *International Journal of Research in Marketing*, 1995, 12 (2).

[7] Cai, S., Yang, Z., Hu, Z. Exploring the governance mechanisms of quasi-integration in buyer-supplier relationships [J]. *Journal of Business Research*, 2009, 62 (6).

[8] Chae, B., Yen, H. R., Sheu, C. Information technology and supply chain collaboration: moderating effects of existing relationships between partners [J]. *IEEE Transactions On Engineering Management*, 2005, 52 (4).

[9] Casciaro, T., Piskorski, M. J. Power imbalance, mutual dependence, and constraint absorption: A closer look at resource dependence theory [J]. *Administrative Science Quarterly*, 2005, 50 (2).

[10] Dyer, J. H., Chu, W. The role of trustworthiness in reducing transaction costs and improving performance: Empirical evidence from the United states, Japan, and Korea [J]. *Organization Science*, 2003, 14 (1).

[11] Emerson, R. M. Power-Dependence relations [J]. *American Sociological Review*, 1962, 27 (1).

[12] Flynn, B. B., Huo, B., Zhao, X. The impact of supply chain integration on performance: A contingency and configuration approach [J]. *Journal of Operations Management*, 2010, 28 (1).

[13] Fryxell, G. E., Dooley, R. S., Vryza, M. After the ink dries: The interaction of trust and control in US-based international joint ventures [J]. *Journal of Management Studies*, 2002, 39 (6).

[14] Gulati, R., Sytch, M. Dependence asymmetry and joint dependence in interorganizational relationships: Effects of embeddedness on a manufacturer's performance in procurement

relationships [J]. *Administrative Science Quarterly*, 2007, 52 (1).

[15] Huo, B., Flynn, B. B., Zhao, X. Supply chain power configurations and their relationship with performance [J]. *Journal of Supply Chain Management*, 2017, 53 (2).

[16] Huang, M., Cheng, H., Tseng, C. Reexamining the direct and interactive effects of governance mechanisms upon buyer-supplier cooperative performance [J]. *Industrial Marketing Management*, 2014, 43 (4).

[17] Hayes, A. F. Beyond Baron and Kenny: Statistical mediation analysis in the New Millennium [J]. *Communication Monographs*, 2009, 76 (4).

[18] Holm, D. B., Eriksson, K., Johanson, J. Creating value through mutual commitment to business network relationships [J]. *Strategic Management Journal*, 1999, 20 (5).

[19] Klein, R., Rai, A. Interfirm strategic information flows in logistics supply chain relationships [J]. *Mis Quarterly*, 2009, 33 (4).

[20] Klein, R., Rai, A., Straub, D. W. Competitive and cooperative positioning in supply chain logistics relationships [J]. *Decision Sciences*, 2007, 38 (4).

[21] Koufteros, X., Vonderembse, M., Jayaram, J. Internal and external integration for product development: The contingency effects of uncertainty, equivocality, and platform strategy [J]. *Decision Sciences*, 2005, 36 (1).

[22] Li, Y., Xie, E., Teo, H., et al. Formal control and social control in domestic and international buyer-supplier relationships [J]. *Journal of Operations Management*, 2010, 28 (4).

[23] Li, S., Lin, B. Accessing information sharing and information quality in supply chain management [J]. *Decision Support Systems*, 2006, 42 (3).

[24] Li, S., Ragu-Nathan, B., Ragu-Nathan, T. S., et al. The impact of supply chain management practices on competitive advantage and organizational performance [J]. *Omega*, 2006, 34 (2).

[25] Luo, Y. Contract, Cooperation, and performance in international joint ventures [J]. *Strategic Management Journal*, 2002, 23 (10).

[26] Mccarthy Byrne, T. M., Mentzer, J. T. Integrating supply chain infrastructure and process to create joint value [J]. *International Journal of Physical Distribution & Logistics Management*, 2011, 41 (2).

[27] Mackinnon, D. P., Fritz, M. S., Williams, J., et al. Distribution of the product confidence limits for the indirect effect: Program PRODCLIN [J]. *Behavior Research Methods*, 2007, 39 (3).

[28] Michael, E. P. Technology and competitive advantage [J]. *Journal of Business Strategy*, 1985, 5 (3).

[29] Ouchi, W. G. A conceptual framework for the design of organizational control mechanisms [J]. *Management Science*, 1979, 25 (9).

[30] Pandey, P. , Bhattacharyya, S. , Kaur, A. Exploring the role of HR practices in supply chain [J]. *Journal of Advances in Management Research*, 2012, 9 (1).

[31] Prajogo, D. , Olhager, J. Supply chain integration and performance: The effects of long-term relationships, information technology and sharing, and logistics integration [J]. *International Journal of Production Economics*, 2012, 135 (1).

[32] Rhee, J. H. , Kim, J. W. , Lee, J. Interaction effects of formal and social controls on business-to-business performance [J]. *Journal of Business Research*, 2014, 67 (10).

[33] Shi, K. , Wang, J. , Wang, P. Impact of information sharing and buyer dependence among supply chain members on trust and strategic flexibility [J]. *The International Journal of Management Science and Information Technology*, 2012 (6).

[34] Stank, T. P. , Keller, S. B. , Daugherty, P. J. Supply chain collaboration and logistical service performance [J]. *Journal of Business Logistics*, 2001, 22 (1).

[35] Scannell, T. V. , Vickery, S. K. , Droge, C. L. Upstream supply chain management and competitive performance in the automotive supply industry [J]. *Journal of Business Logistics*, 2000, 21 (1).

[36] Tangpong, C. , Hung, K. T. , Ro, Y. K. The interaction effect of relational norms and agent cooperativeness on opportunism in buyer-supplier relationships [J]. *Journal of Operations Management*, 2010, 28 (5).

[37] Vijayasarathy, L. R. Supply integration: An investigation of its multi-dimensionality and relational antecedents [J]. *International Journal of Production Economics*, 2010, 124 (2).

[38] Yu, W. , Jacobs, M. A. , Salisbury, W. D. , et al. The effects of supply chain integration on customer satisfaction and financial performance: An organizational learning perspective [J]. *International Journal of Production Economics*, 2013, 146 (1).

[39] Yi, L. I. , You-He, S. I. An empirical study on relational context, supplier's commitment and cooperative effects [J]. *Journal of Industrial Engineering & Engineering Management*, 2009, 23 (2).

[40] Yeung, J. H. Y. , Selen, W. , Zhang, M. , et al. The effects of trust and coercive power on supplier integration [J]. *International Journal of Production Economics*, 2009, 120 (1).

[41] Zhao, G. , Feng, T. , Wang, D. Is more supply chain integration always beneficial to financial performance? [J]. *Industrial Marketing Management*, 2015, 45.

[42] Zhang, M. , Huo, B. The impact of dependence and trust on supply chain integration [J]. *International Journal of Physical Distribution & Logistics Management*, 2013, 43 (7).

[43] Zhao, X. , Huo, B. , Flynn, B. B. , et al. The impact of power and relationship commitment on the integration between manufacturers and customers in a supply chain [J]. *Journal of Operations Management*, 2008, 26 (3).

　　　　　　　　社会控制与供应链整合之间的相互作用研究量表

变量	测量维度	题项数量	题项内容	问卷主要来源
社会控制	信任	1	我们相信我们的供应商和客户会履行承诺	Cai 等（2009）Rhee 等（2014）
			我们相信供应商和客户是真诚地与我们一起合作 *	
	联合计划	1	我们的供应商可以与我们一起预测客户需求的改变 *	
			我们的供应商可以与我们一起测试市场对于新产品的接受程度	
	联合解决问题	2	我们与供应商和客户之间能够一起努力并做出调整来应对不断改变的状况	
			当发生冲突时，合作双方可以共同努力达成新的协议来解决问题而不是坚持原有的条款	
	合作沟通	2	我们与合作伙伴之间建立了良好的日常合作流程	
			我们与供应商之间能够高效地配合并完成相应的工作	
依赖	供应商重要性	4	供应商的产品质量有很高的声誉	Shi 等（2012）
			我们必须与主要供应商之间建立强的合作关系以维持在行业中的竞争优势	
			我们公司的长期战略依赖于与主要供应商之间保持良好健康的关系	
			当我们公司制定战略时，我们会把主要供应商作为战略的一部分	
	本公司对合作决策的影响	3	相对于其他公司，我公司对选择研究项目有重要影响	
			相对于其他公司，我公司对合作运作决定有重要影响	
			相对于其他公司，我公司对预算分配有重要影响	
	资源依赖程度	4	我们与合作伙伴所贡献的资源都是双方所需要的	吕晖等（2010）
			我们与合作伙伴可借双方不同资源达到优势互补的效果	
			我们与合作伙伴在关系中都能各取所需，获得各自的好处	
			我们依赖于合作伙伴为我们随时提供特殊服务，如加急零件等	
			我们依赖于合作伙伴的声誉资源、关系资源等 *	
信息共享		5	我们公司与关键的供应商之间有着直接的电脑设备之间的连接	Prajog & Olhager（2012）
			使用互联网技术，我们公司内部可以实现组织间的协调	
			我们使用信息技术来处理交易信息 *	
			我们与关键供应商之间具有电子信息交换的能力	
			我们使用先进的信息系统来追踪并且促进运输环节	
			我们公司与供应商及客户之间具有频繁的相互交流和计划	

变量	测量维度	题项数量	题项内容	问卷主要来源
内部整合		7	我们企业内部机构应用的整合程度较高	Flynn 等（2010）
			我们企业一体化库存管理水平较高	
			我们物流相关经营数据的实时检索能力较高	
			我们的跨职能团队在新产品开发中的应用能力较高	
			我们所有内部机构从原材料管理到生产、运输和销售的实时整合和连接程度较高	
			我们有很高的反应能力，以满足其他部门的需求	
			我们重视在采购、库存管理、销售和分销部门之间的信息流动*	
			我们重视生产、包装、存储、运输部门之间的物流	
外部整合		6	我们与供应链伙伴的沟通水平很高	Flynn 等（2010）Zhao 等（2015）
			我们建立了与供应链伙伴的快速订货系统	
			我们与主要客户的接触频率很高	
			我们与主要供应商的战略伙伴关系水平很高	
			通过与我们的主要供应商网络合作，我们可以实现稳定采购	
			我们的主要供应商在供应链各阶段的参与程度较高*	
			我们帮助主要供应商改进其流程以更好地满足我们的需求	

注：问卷中 * 表示验证性因子分析过程中删除的题项。

The Discussion on the Impact of Social Control on Supply Chain Integration: Mediation Effect of Dependence and Information Sharing

Feng Hua[1]　Wei Jiaojiao[2]

(1, 2　Economics and Management School of Wuhan University, Wuhan, 430072)

Abstract: This study aims to examine the functional path of social control (a supply chain relational governance mechanism) on supply chain integration and try to explore the mediation effect of dependence and information sharing by 359 sample data. The empirical results are as follows: 1) Social control can only indirectly promote supply chain integration. It can promote internal/external integration by the mediation effect of dependence. Besides, the causal relationship of dependence and information sharing partially mediates the relationship between social control and internal integration. 2) Social control can merely have positive effect on external integration through dependence/information sharing or the causal relationship of the two with internal integration. 3) The core enterprises and its partners should devote to upgrading united planning and joint problem-solving ability. They are supposed to develop the relationship of interdependence and establish a unified information technology platform by the construction of trust mechanisms, integrating supply chain node enterprises strategically in order to improve the holistic competitive ability of supply chain.

Key words: Social control; Internal integration; External integration; Dependence; Information sharing

专业主编：许明辉

租购并举背景下央地政府
住房租赁政策博弈研究[*]

● 赖一飞[1]　赵继涛[2]　覃冰洁[3]
（1，2，3　武汉大学经济与管理学院　武汉　430072）

【摘　要】住房租赁逐渐成为房地产业的发展趋势之一，国家及地方层面给予了极大的政策支持。地方政府土地财政与政绩追求的价值驱动将会导致住房租赁政策推行过程中的利益博弈。本文研究了多级政府治理下地方政府的住房租赁政策响应与策略选择。研究结果表明：在当前的财政分权体制下，地方政府对租赁用地的供应会低于中央政府期望，在利益博弈中存在继续发展土地财政的倾向；地方政府对住房租赁政策的策略选择与其推行成本、收益以及中央政府的监督力度有关。

【关键词】住房租赁　地方政府　财政分权　演化博弈
中图分类号：F293.3　　　文献标识码：A

1. 引言

近年来，我国的城镇化率不断提升，其带来的人口迁移与城市发展推动了城市房价的上涨。房地产市场的高速运行导致了整体房价的不断攀升与区域分化，房地产投资的集聚也加剧了泡沫的膨胀。此外，住房制度改革以来，我国住房租售市场发展严重失衡。根据国家统计局的数据，2016 年，房地产开发企业房屋出租收入为 1786.97 亿元，而商品房销售收入高达 85163.32 亿元，住房供给侧的"重售轻租"导致整个住房体系呈现"跛足"前行态势。在此背景下，为缓解居民购房压力、放缓房价增速、拓宽住房保障渠道、构建多层次住房体系，租购并举成为新时代住房制度改革的主要方向。

然而，在当前的财政制度与政绩考核体制下，地方政府推行住房租赁政策也面临一定的困境。分税制改革以来，地区财政收支失衡，诱发了地方政府利用高额土地出让金收益扩充地区财政的"土地财政"依赖。此外，房企在实现利润增长的同时，也促进了地方

＊　本文感谢国家社科基金面上项目"创新创业带动就业的有效性与协同性研究"（19BJY057）的资助。

通讯作者：赖一飞，E-mail：102809609@qq.com。

经济与税收增长，实现了地方政府的经济与政绩追求。而依据目前的市场发展经验，房企通过获取纯租赁用地进行持有型物业运营的收益率较低，行业整体税收贡献将低于传统销售市场，住房租赁政策推动将使地方财政面临较大压力。因此，在租赁政策的推行过程中，地方政府在财政与政治利益最大化的价值驱动下，其策略选择与中央政府间存在着博弈关系。

鉴于此，本文考虑住房租赁政策推行主体——中央与地方政府间的行为互动机制，试图研究多级政府治理下地方政府租赁用地供应决策与住房租赁策略选择，以优化地区土地资源有效配置与住宅供应结构，为促进住房租赁政策的有效贯彻执行提供理论依据。

2. 文献综述

2.1 土地财政动因分析

对于地方政府官员的土地财政行为倾向，学者们从中国特色的制度环境的角度进行了解读，大多数研究将土地财政的动因归结为财政分权与政治晋升的制度机制。

从财政分权的角度，一种观点是地方政府在协议出让工业用地时会倾向于采用廉价供应策略，以降低企业成本，促进招商引资（吴群等，2010；杨其静等，2015）；另一种观点指出，由于工业用地低价出让，短期内回报较低，在财政分权的激励下，地方政府期望提高商住土地的地价，通过土地财政的方式弥补工业用地供应损失（孙秀林等，2014），而且，地方财政压力越大，以土地供应获取高额土地出让金的行为倾向越严重，土地资源投入带来的产出税收，也能进一步增大土地供应收益（吴群等，2010；陈志勇等，2011；辜胜阻，2018）。王玉波等（2013）曾指出，地方政府在土地垄断供应过程中，倾向选择商住用地非饱和供应模式，高价出让商住用地，以获取高额土地出让金弥补地区财政赤字。在混合供应策略下，雷潇雨等（2014）指出，在价格结构上，低价供应工业用地，高价供应商住用地是地方政府最优的土地供应策略。Pan 等（2015）利用实证研究证实了地方财政赤字压力促进了地方政府土地出让行为。Zhang 等（2016）验证了地方政府土地供应与地方财政及经济增长的互动影响，在财政分权体制下，地方政府会依托低价出售工业用地，高价销售商住用地的土地供应模式，提高土地供应对经济增长的贡献度。

在晋升激励方面，孙秀林，周飞舟（2014）指出分税制改革促使地方政府的土地财政行为，并且在政治晋升的压力推动下，土地财政策略会更加积极。在以 GDP 为核心的政绩考核制度下，土地作为重要生产要素，有利于我国城镇化以及工业化的发展（范剑勇等，2015），因此，地方政府会通过调整其土地供应价格及时机实现收益最大化，以期在政绩考核中胜出（余靖雯等，2015）。Wu et al.（2015）指出，土地出让金与税收收入是地方政府财政主要来源，通过建立计量经济模型，检验了地方政府土地供应的两个制度原因——财政分权体制与以经济绩效为考核目标的地方官员晋升。Liu 等（2016）通过实证研究，证实地方政府土地融资行为受中央政府以经济增长为动力的晋升制度的激励，中央的政策制定应充分考虑地方政府利益及市场规律。

此外，也有学者综合探讨了财政分权、晋升激励与土地财政间的关系。Bucovetsky

（2005），Baicker（2005）的研究结论表明，因为地区财政收入的重要来源之一是地区GDP增长所带来的税收收入，所以，政治晋升是对财政分权激励的进一步强化。丁绒等（2016）利用三层委托代理模型，分析了在财政分权与政治晋升的双重激励下地方政府的土地财政发展模式内在逻辑，结果表明，财政分权激励促使地方政府在商服用地的供应上高于政府预期，而在保障房用地方面供应不足，土地财政行为倾向明显，而政治晋升激励会加剧这种差异。王梅婷等（2017）通过实证研究证明了在两种制度环境下，财政分权与政治晋升均能促进土地供应，但存在差异化供应策略，政治晋升制度使得商住用地的供应面积及价格双双显著增加，而对工业用地供应影响不显著。

2.2 中央政府与地方政府的博弈研究

国外学者对中央与地方关系研究得较早，且学者们认为中央与地方政府间的关系是影响国家政局稳定以及社会和谐发展的关键因素。我国学者们指出政策博弈的制度性根源是财政分权以及以GDP增长为核心的政绩考核体系。在制度根源下，学者们对央地政府间的博弈研究表现在各个层面。

在土地管理领域，林坚等（2017）立足当前生态文明建设大背景，指出在政府内部的纵向博弈过程中，中央政府应加强监管力度，合理构建央地政府关系。Wang和Eddie（2017）考虑了宏观调控及政治因素的影响，指出地方会响应中央的政策干预，过度调控易导致资源错配和腐败问题。Xie等（2018）利用演化博弈模型研究了耕地保护中央地政府间的策略动态变化，指出中央政府可通过提供更好的晋升机会以及加强惩罚来促进地方的耕地保护行为。

在房地产调控领域，Yang（2014）提出改善政府监管效率、提升地方财政收益是促进调控政策有效执行的途径。黄新华等（2014）通过对1998—2013年相关政策文本的解读，认为中央政府的调控政策是央地利益博弈下中央追求政治治理绩效最大化的产物。曹清峰等（2015）针对住房限购政策构建了央地政府博弈模型，结果表明，随着中央政府惩罚概率的提高，地方政府欺骗中央政府的概率会降低，执行限购政策的概率会提升。

在住房保障领域，张双甜等（2010）通过研究证实中央政府的配套激励政策能有效促进地方政府加大保障房的建设投入，但无论中央政府激励与否，地方政府对保障房建设的投入都不会达到最优状态。高义（2011）基于演化博弈分析了地方政府在保障房建设中的群体行为，结论表明，地方政府的进化稳定策略与中央政府的财政、金融政策支持以及监督惩罚力度有关。周建军等（2016）研究证实提高地方的效用分成，降低监管成本，增大对地方的惩罚力度是促进住房租赁市场发展的重要因素。

综上所述，多级政府治理下的地方政府政策博弈及官员晋升激励是学者们讨论的热门问题，研究成果也多从制度激励的角度解释了地方政府的策略选择，但现有研究依旧存在一些不足：学者们大多利用面板数据，通过计量模型分析地方政府土地供应方式，以验证"土地财政"假说，利用博弈分析方法探究在央地政府利益冲突下地方政府土地供应行为的研究较少。此外，与住房租赁政策相关的研究较为缺乏，利用数理建模基于有限理性分析住房租赁政策执行中参与主体行为的研究较少。

因此，本文从央地政府博弈的视角来解读地方政府土地供应行为，并在以往研究的基础上，引入有限理性假设，考虑央地政府在住房租赁政策上的策略互动与行为演化，以期积极推动住房租赁政策的有效实施。

3. 财政分权下地方政府土地供应决策博弈分析

3.1 问题描述与研究假设

分权架构下的财政与政绩激励促使地方政府充分利用土地资源，实施以土地财政为基础的地方经济增长方式。在保障地区公共福利的同时最优化城市住房土地供给，抑制土地财政规模过大引起的负效应，在租购并举政策下，构建多主体供给，多渠道保障的住房体系，是当前地方及中央政府在住房保障领域关注的重点。本节拟解决的问题是探究地方政府利益驱动下的住房土地供应决策，将建立序贯博弈模型，分析中央、地方及房企追求各自利益诉求的博弈过程。在模型建立之前，先做如下假设：

（1）假设保障房均由地方政府出资建设并运营，不考虑房地产开发企业获取相关土地配建保障房后由政府回购的情况，即保障房建设纯属地方政府为本地民生而进行的福利性配套建设，与房地产开发企业无关。

（2）基于假设（1），保障房用地不涉及地方政府与房地产开发企业之间的土地交易，故本文假设地方政府出让的住宅用地分为个人具有产权类的商住用地以及个人不具有产权的租赁用地，暂不考虑其他性质的土地出让。

（3）租赁用地目前几乎均由国有独资企业进行开发运营，典型房地产开发企业并未涉及纯租赁用地，而是通过土地竞拍中的自持比例竞争参与租赁业务，因此，假设租赁用地不进入典型房地产开发企业的生产函数。

（4）假设地方政府与房地产开发企业在土地供应及住房开发的过程中均追求自身利益最大化；中央政府是整个房地产市场的监管者，执行政策制定及监管职责。

3.2 住宅土地供应市场参与主体的效用分析

（1）中央政府的效用函数

由于土地出让金收益的下放，中央政府只享有地方总产出的相关税收分成，且同时关注地方政府执行土地财政的正效应及负效应。基于丁绒，叶广宇（2016）建立的中央政府在第 i 个地区的社会经济均衡发展效用函数，假定某地区的房地产业的产出为 Y，中央政府规定的综合税率为 θ，$0 < \theta < 1$；财政分权系数为 ε，$0 < \varepsilon < 1$；房地产业过度发展的负效应程度为 μ，负效应与房地产业规模有关，假设负效应为 μY^2，中央政府对房地产业负效应的关注度为 η_1，$0 < \eta_1 < 1$，中央政府的效用函数定义为：

$$\max U_C = \varepsilon \theta Y - \eta_1 \mu Y^2 \qquad (式1)$$

（2）地方政府的效用函数

财政分权制度使得地方政府没有独立的税权，但享有对国有建设用地的垄断供应权，可以通过土地供应获取高额的土地出让金，作为预算外收入补给地方财政支出。在中央的财政制度下，地方政府在房地产领域的相关收入主要由两部分构成：一是通过地区国有建设用地出让获取的土地出让金收入；二是在财政分权制度下，依据中央政府规定的税率 θ 对地区房地产产出进行征税并按照固定的比例 $1 - \varepsilon$ 获得相关税收收入。地方政府作为地方经济社会发展的领导人，通过地区经济发展，实现自身政绩追求，由于自利倾向的存在，其对房地产业负效应的关注度将低于中央，即 $0 < \eta_2 < \eta_1 < 1$。

此外，在政治集权制度下，中央政府对地方官员的政治生涯有最终的任命权，可通过政绩考核实施官员晋升激励。本文在此假定经济产出规模越大的地方政府官员，其获得晋升的概率越大，参考王贤彬等（2014）的函数设定，将地方政府的政治晋升效用函数设定为关于经济产出的线性函数，即 $\bar{U} = \varphi Y$，其中 φ 为该线性函数系数。

基于 Keen 和 Marchand（1996），Cai 和 Treisman（2005）的研究，在此假设地方政府是部分自利的，即在执政期间，同时关注管辖区域稳定发展以及自身的利益，则地方政府的正效应可分为三个部分：一是由于地区经济增长（GDP）所带来的可能的政治晋升效用；二是土地财政制度下地方政府享有的税收分成；三是地区土地出让金收益。

假设某地方政府的住宅土地供应决策为：供应商住用地面积为 S_1，单位商住用地土地出让金为 P_1，供应租赁用地面积为 S_2，单位租赁用地土地出让金为 P_2。

基于以上考虑，地方政府的效用函数定义为：

$$\max U_L = [\varphi Y + (1 - \varepsilon) \theta Y + S_1 P_1 + S_2 P_2] - \eta_2 \mu Y^2 \qquad （式2）$$

由于地方政府对辖区内的土地具有垄断供应权，其在土地供应的决策过程中会最大化土地的垄断边际收益，因此，本文假定商住用地的单位出让金 P_1 等于房地产企业当期收回土地投资的税后利润 r_{S_1}，即：

$$P_1 = r_{S_1} \qquad （式3）$$

（3）房地产开发企业的效用函数

房地产开发企业作为地区经济发展的参与人，其参与土地交易活动并进行产品开发的目的在于从中获取经济效益，追求自身利润最大化。因此，其只关注房地产投资所产生的正面产出而不关注其负效应。

基于张妍，程懂超（2011）构建的房地产业投入产出 CD 生产函数模型，假设地区房地产企业的产出符合新古典 Cobb-Douglas 生产函数的假定，即保持规模报酬不变，通过投入资本 K、土地 S、劳动力 L 三种要素在完全竞争市场实现最终产出。基于此，房地产开发企业的产出效用函数为：

$$Y = F(A, K, S_1, L) = AK^\alpha S_1^\beta L^\delta \qquad （式4）$$

其中，A 代表企业的禀赋水平；K、S_1、L 分别代表企业的资本、商住用地和劳动力投入，α、β、δ 分别代表资本、土地和劳动力的产出弹性。

房地产开发企业利润最大化时，其利润函数为：

$$U_R = (1 - \theta) AK^\alpha S_1^\beta L^\delta - r_K K - r_{S_1} S_1 \qquad （式5）$$

其中，r_K 表示房地产开发企业的资本税后边际利润，r_{S_1} 表示房地产开发企业投资商住用地的税后边际利润，根据房地产开发企业利润函数的一阶条件可求得：

$$r_K = \alpha(1 - \theta) AK^{\alpha-1} S_1^\beta L^\delta \qquad （式6）$$

$$r_{S_1} = \beta(1 - \theta) AK^\alpha S_1^{\beta-1} L^\delta \qquad （式7）$$

3.3 地方政府住宅土地供应最优决策

在上述博弈模型中，政府先行动，房企后行动，彼此间动态博弈的顺序如下：

（1）央地政府的决策。即两级政府根据当前的财政分权情况决定各自期望的各类土地供应量。

（2）房企的决策。房地产开发企业在政府的决策下，对自身的资本、土地投入进行自身利益最大化决策，并依托资本、土地等要素资源进行房地产产品开发。

依据逆向归纳法，求解上述博弈的一般均衡。

中央政府的效用函数可转换为：

$$\max U_C = \varepsilon\theta Y - \eta_1\mu Y^2 = \varepsilon\theta AK^\alpha S_1^{\ \beta}L^\delta - \eta_1\mu\ (AK^\alpha S_1^{\ \beta}L^\delta)^{\ 2} \qquad （式8）$$

地方政府的效用函数可转换为：

$$\max U_L = [\varphi Y + (1 - \varepsilon)\ \theta Y + S_1 P_1 + S_2 P_2] - \eta_2\mu Y^2$$

$$= [\varphi AK^\alpha S_1^{\ \beta}L^\delta + (1 - \varepsilon)\ \theta AK^\alpha S_1^{\ \beta}L^\delta + S_1 P_1 + S_2 P_2] - \eta_2\mu\ (AK^\alpha S_1^{\ \beta}L^\delta)^{\ 2}$$

$$（式9）$$

分别求 S_1 的一阶条件，令 $\dfrac{\partial U_C}{\partial S_1} = 0$，$\dfrac{\partial U_L}{\partial S_1} = 0$，则中央和地方各自理想的商住用地供应规模分别为：

$$S_{1C}^{\ *} = (\kappa)^{\frac{1}{\beta}}\ (AK^\alpha L^\delta)^{\ -\frac{1}{\beta}} \qquad （式10）$$

$$S_{1L}^{\ *} = (\nu)^{\frac{1}{\beta}}\ (AK^\alpha L^\delta)^{\ -\frac{1}{\beta}} \qquad （式11）$$

其中，$\kappa = \dfrac{\varepsilon\theta}{2\eta_1\mu}$，$\nu = \dfrac{\varphi + (1 - \varepsilon)\ \theta + \beta(1 - \theta)}{2\eta_2\mu}$，当 $S_{1C}^{\ *} = S_{1L}^{\ *}$ 时，得到中央政府与地方政府理想的产权类商住用地供应规模的临界点，经变换可得：

$$\varepsilon^* = \frac{\eta_1}{\eta_1 + \eta_2}\left[1 + \frac{\varphi + \beta(1 - \theta)}{\theta}\right] \qquad （式12）$$

由于 $0 < \eta_2 < \eta_1 < 1$，则 $\dfrac{\eta_1}{\eta_1 + \eta_2} \in \left(\dfrac{1}{2},\ 1\right)$，同时 $1 + \dfrac{\varphi + \beta(1 - \theta)}{\theta} > 1$，因此 $\varepsilon^* \in \left(\dfrac{1}{2},\ 1\right)$。

当 $\varepsilon < \varepsilon^*$ 时，$S_{1C}^{\ *} < S_{1L}^{\ *}$，说明当财政分权系数低于临界值时，即 $\varepsilon \in \left(0,\ \dfrac{1}{2}\right]$ 时，中央政府理想的商住用地供应量小于地方政府的理想供应量，因此，得出以下结论：

当中央政府与地方政府的财政分权系数 $\varepsilon \in \left(0,\ \dfrac{1}{2}\right]$ 时，地方政府的商住用地供应规模会高于中央政府的期望，而在土地总量约束限制下，租赁用地供应规模会低于中央政府期望。

当 $\varepsilon \in \left(0,\ \dfrac{1}{2}\right]$ 时，中央理想的商住用地供应量小于地方期望，说明房地产规模扩张的负效应已经超过了中央的预期，此财政分权系数在促进经济社会稳定均衡发展的前提下是不合理的。

地方政府是在中央给定的财政分权系数下进行行为最优化选择，同理，依据逆向归纳法求解最优的分权系数。

将（式11）代入其中，则（式8）可进一步转变为：

$$\max U_C(S_{1L}^*) = \varepsilon\theta Y(S_{1L}^*) - \eta_1\mu Y(S_{1L}^*)^2 = \varepsilon\theta\nu - \eta_1\mu\nu^2 \qquad \text{（式13）}$$

对（式13）求 ε 的一阶条件，令 $\dfrac{\partial U_C(S_{1L}^*)}{\partial\varepsilon} = 0$，可以得到最优的财政分权系数 ε^{**} 为：

$$\varepsilon^{**} = \frac{\eta_1 + \eta_2}{\eta_1 + 2\eta_2}\left[1 + \frac{\varphi + \beta(1-\theta)}{\theta}\right] \qquad \text{（式14）}$$

由于 $0 < \eta_2 < \eta_1 < 1$，则 $\dfrac{\eta_1 + \eta_2}{\eta_1 + 2\eta_2} \in \left(\dfrac{2}{3}, 1\right)$，同时 $1 + \dfrac{\varphi + \beta(1-\theta)}{\theta} > 1$，所以 $\varepsilon^{**} \in \left(\dfrac{2}{3}, 1\right)$，最优的财政分权系数 ε^{**} 应从合理的区间 $\left(\dfrac{1}{2}, 1\right)$ 缩小至 $\left(\dfrac{2}{3}, 1\right)$，即中央政府对地区房地产税收权应更加集权，以此控制房地产业稳定均衡发展，实现社会经济均衡发展效用最大化。

3.4 地方政府土地财政行为动机分析

由上述分析可知，在中央政府的财政分权制度体系下，地方政府的土地供应规模与财政分权系数有关。在当前的财政分权激励下，与地方的财政收入相比，中央从房地产业相关活动中获得的收入较低，其占有的财政分权系数远低于 0.5。当财政分权系数 $\varepsilon \in \left(0, \dfrac{1}{2}\right]$ 时，地方政府从土地财政中获取的收益大于中央政府，且具有继续扩大土地财政规模的趋势，因而地区商住用地供应规模高于中央政府期望，租赁用地供应低于中央政府期望，相应的土地财政规模也高于中央的理想水平，此分权系数范围不合理。通过对财政分权系数的优化分析可知，随着分权系数区间从 $\left(\dfrac{1}{2}, 1\right)$ 缩小至 $\left(\dfrac{2}{3}, 1\right)$，中央对地方的税收更加集权，地方政府的土地供应规模将趋于符合中央的期望，土地财政规模处于中央政府可承受范围内。

地方政府推动土地财政规模扩张的动机来源于房地产业相关税收、土地出让收益以及地区经济增长带来的政绩提升。以上三个方面的动机来源不难解释目前各地普遍存在的地方政府从"经营企业"向"经营城市"的战略转变，土地财政规模过度扩张给经济社会稳定均衡发展带来了巨大的负效应。而中央政府作为市场监管者与政策制定者，在土地供应与住房保障领域，其关注的是社会整体福利最大化，以切实解决居民住房问题，因此出台了住房租赁等一系列住房保障政策，以提升居民住房福利，中央与地方的利益诉求差异也导致了中央政府政策落实的效果。

4 地方政府与中央政府住房租赁政策博弈分析

4.1 问题描述与模型假设

中央政府作为统筹经济社会协调发展的管控者，其出台住房租赁政策是从全社会均衡发展的角度出发，以切实解决民生问题。在上级的政策框架下，地方进行灵活性的、特色性的贯彻落实。由于推行住房租赁政策一方面会降低地方政府的土地出让金收益，另一方面房地产企业租赁业务运营效率较低及利润薄弱而带来的房企利润额的降低，会放缓地方经济发展的增速，不利于地方政府的政绩考核。财政压力将加剧地方的土地财政行为，继而损害住房租赁政策推行效果，违背中央土地供给侧改革及房地产业稳定发展的初衷，损害社会公共福利。

两级政府利益诉求的冲突加剧，会导致租赁政策的推行扭曲，两级政府间存在利益博弈。中央期望加大监管以规范地方政府行为和促进租赁政策执行效果，地方政府的自利倾向促使其追逐土地财政收益最大化。考虑到市场参与主体的有限理性以及住房租赁政策博弈的重复性，在前文的基础上建立演化博弈模型，以分析两级政府的策略选择及影响因素。

博弈参与方为地方政府和中央政府，两者追求的目标都是自身利益最大化。对于住房租赁政策，地方的策略集为 $S_A = \{积极，懈怠\}$；中央的策略集为 $S_B = \{监管，不监管\}$。假设当中央实行监督管理职能时，便能准确识别地方政府是否积极贯彻落实了住房租赁政策，若地方政府未积极推行，则中央会对其进行惩罚，若不监管则不能发现其懈怠行为，也无法实施处罚。租赁政策的实施能够极大改善地区住房结构，缓解居民住房压力，提升社会均衡发展福利效应，但由于租赁用地较商住用地的土地出让金收益较低，且企业运营租赁住房的成本较高、收益甚小，所以住房租赁政策的推行会降低地方政府的土地出让金收益及税收收入，继而间接影响中央政府的收益水平。

基于以上假设，本博弈模型的有关参数符号及含义如表4.1所示。假设在一定的政策周期内，参数不会随时间的推移而变化。

表 4.1 博弈参数说明

参数	说明	参数	说明
U_C	中央的总收益	U_L	地方的总收益
C_1	地方的政策推行成本	C_2	中央的监管成本
H	积极推行住房租赁政策的正效应	M	懈怠住房租赁政策的负效应
R_1	积极推行住房租赁带来的财政损失	F	中央政府对地方政府的处罚额
ε	中央与地方的财政分权系数	γ	地方住房保障福利对全国的影响系数
α_1	政绩考核标准中地区经济发展指标的权重系数	α_2	政绩考核标准中住房保障福利指标的权重系数

4.2 博弈参与主体的收益函数分析

依据上述基本假定和参数设定，中央政府与地方政府关于住房租赁政策的演化博弈将存在四种情形，考虑 2×2 非对称重复博弈，则两级政府博弈的支付矩阵如表 4.2 所示。

表 4.2 博弈支付矩阵

		中央	
		监管	不监管
地方	积极	$U_L - C_1 - \alpha_1 R_1 + \alpha_2 H,$ $U_C - C_2 - \varepsilon R_1 + \gamma H$	$U_L - C_1 - \alpha_1 R_1 + \alpha_2 H,$ $U_C - \varepsilon R_1 + \gamma H$
	懈怠	$U_L - \alpha_2 M - F, \ U_C - C_2 - \gamma M + F$	$U_L - \alpha_2 M, \ U_C - \gamma M$

4.3 央地政府间住房租赁策略博弈分析

（1）策略演化均衡点分析

假设地方选择积极推行的概率为 x，中央选择监管的概率为 y。

则地方政府积极推行住房租赁政策的期望收益为：

$$U_1 = y(U_L - C_1 - \alpha_1 R_1 + \alpha_2 H) + (1 - y)(U_L - C_1 - \alpha_1 R_1 + \alpha_2 H) \qquad （式 15）$$

懈怠的期望收益为：

$$U_2 = y(U_L - \alpha_2 M - F) + (1 - y)(U_L - \alpha_2 M) \qquad （式 16）$$

则地方的平均期望收益为：

$$\overline{U}_{12} = xU_1 + (1 - x)U_2 \qquad （式 17）$$

地方选择积极推行的复制动态方程为：

$$\frac{dx}{dt} = x(U_1 - \overline{U}_{12}) = x[U_1 - xU_1 - (1 - x)U_2] = x(1 - x)(U_1 - U_2) \qquad （式 18）$$

将 U_1、U_2 代入复制动态方程得：

$$F(x) = \frac{dx}{dt} = x(1 - x)[yF - C_1 - \alpha_1 R_1 + \alpha_2 (H + M)] \qquad （式 19）$$

中央政府进行监管的期望收益为：

$$U_3 = x(U_C - C_2 - \varepsilon R_1 + \gamma H) + (1 - x)(U_C - C_2 - \gamma M + F) \qquad （式 20）$$

不监管的期望收益为：

$$U_4 = x(U_C - \varepsilon R_1 + \gamma H) + (1 - x)(U_C - \gamma M) \qquad （式 21）$$

则中央政府的平均期望收益为：

$$\overline{U}_{34} = yU_3 + (1 - y)U_4 \qquad （式 22）$$

中央选择监管的复制动态方程为：

$$\frac{dy}{dt} = y(U_3 - \overline{U}_{34}) = y[U_3 - yU_3 - (1 - y)U_4] = y(1 - y)(U_3 - U_4) \qquad （式 23）$$

201

将 U_3、U_4 代入复制动态方程得：

$$F(y) = \frac{\mathrm{d}y}{\mathrm{d}t} = y(1-y)[(1-x)F - C_2] \qquad (式24)$$

联立（式19）和（式24），可得到地方政府与中央政府的复制动态系统为：

$$\begin{cases} \dfrac{\mathrm{d}x}{\mathrm{d}t} = x(1-x)[yF - C_1 - \alpha_1 R_1 + \alpha_2(H+M)] \\[2mm] \dfrac{\mathrm{d}y}{\mathrm{d}t} = y(1-y)[(1-x)F - C_2] \end{cases} \qquad (式25)$$

令 $\dfrac{\mathrm{d}x}{\mathrm{d}t} = 0$ 且 $\dfrac{\mathrm{d}y}{\mathrm{d}t} = 0$，可以求得上述复制动态系统在平面 $A = \{(x, y) \mid 0 \leqslant x \leqslant 1, 0 \leqslant y \leqslant 1\}$ 上的 5 个均衡点为 $E_1(0, 0)$、$E_2(0, 1)$、$E_3(1, 0)$、$E_4(1, 1)$、$E_5(x^*, y^*)$，其中，$x^* = \dfrac{F - C_2}{F}$，$y^* = \dfrac{C_1 + \alpha_1 R_1 - \alpha_2(H+M)}{F}$，当且仅当 $x^* \in [0, 1]$，$y^* \in [0, 1]$ 时，$E_5(x^*, y^*)$ 才存在。

（2）博弈稳定性分析

根据 Friedman（1991）提出的稳定性分析方法，可以通过分析系统的雅可比矩阵的局部稳定性得到均衡点的局部渐进稳定性。复制动态系统（式25）的雅可比矩阵为：

$$J = \begin{bmatrix} (1-2x)[yF - C_1 - \alpha_1 R_1 + \alpha_2(H+M)] & Fx(1-x) \\ Fy(y-1) & (1-2y)[(1-x)F - C_2] \end{bmatrix}$$

$$(式26)$$

矩阵 J 的行列式为：

$$\begin{aligned} \det J = {} & (1-2x)[yF - C_1 - \alpha_1 R_1 + \alpha_2(H+M)](1-2y)[(1-x)F - C_2] - \\ & Fx(1-x)Fy(y-1) \end{aligned} \qquad (式27)$$

矩阵 J 的迹为：

$$\mathrm{tr}J = (1-2x)[yF - C_1 - \alpha_1 R_1 + \alpha_2(H+M)] + (1-2y)[(1-x)F - C_2]$$

$$(式28)$$

依据演化博弈理论，如果同时满足 $\det J > 0$，$\mathrm{tr}J < 0$，则复制动态方程的均衡点为演化稳定策略（ESS）。因此，可求得在五个局部均衡对应的矩阵行列式和迹表达式，如表 4.3 所示。

表4.3   演化均衡点的行列式和迹

均衡点	$\det J$ 与 $\mathrm{tr}J$
$E_1(0, 0)$	$\det J = [\alpha_2(H+M) - C_1 - \alpha_1 R_1](F - C_2)$ $\mathrm{tr}J = [\alpha_2(H+M) - C_1 - \alpha_1 R_1] + (F - C_2)$
$E_2(0, 1)$	$\det J = [F + \alpha_2(H+M) - C_1 - \alpha_1 R_1](C_2 - F)$ $\mathrm{tr}J = \alpha_2(H+M) - C_1 - \alpha_1 R_1 + C_2$

均衡点	$\det J$ 与 $\mathrm{tr}J$
$E_3(1, 0)$	$\det J = [\alpha_2(H+M) - C_1 - \alpha_1 R_1] C_2$ $\mathrm{tr}J = -[\alpha_2(H+M) - C_1 - \alpha_1 R_1] - C_2$
$E_4(1, 1)$	$\det J = -[F + \alpha_2(H+M) - C_1 - \alpha_1 R_1] C_2$ $\mathrm{tr}J = -[F + \alpha_2(H+M) - C_1 - \alpha_1 R_1] + C_2$
$E_5(x^*, y^*)$	$\det J = \dfrac{C_2(F-C_2)[F + \alpha_2(H+M) - C_1 - \alpha_1 R_1][C_1 + \alpha_1 R_1 - \alpha_2(H+M)]}{F^2}$ $\mathrm{tr}J = 0$

上述表达式中，由模型基本假定可知，$\alpha_2(H+M)$ 为地方积极推行住房租赁政策时获得的社会福利正效应与避免的社会福利损失负效应之和，$C_1 + \alpha_1 R_1$ 为地方政府政策执行成本与经济损失之和，即地方政府选择"积极"策略的总成本。因此，$\alpha_2(H+M) - C_1 - \alpha_1 R_1$ 表示地方选择积极推行的净收益。满足 $\det J > 0$ 且 $\mathrm{tr}J < 0$ 的均衡点才是演化稳定策略（ESS），下面将分情形进行讨论。

情形 1 当 $\alpha_2(H+M) - C_1 - \alpha_1 R_1 > 0$，$F - C_2 > 0$ 时，$0 < x^* = \dfrac{F - C_2}{F} < 1$，$y^* = \dfrac{C_1 + \alpha_1 R_1 - \alpha_2(H+M)}{F} < 0$，则复制动态系统的均衡点 $E_5(x^*, y^*)$ 在平面 $A = \{(x, y) \mid 0 \leq x \leq 1, 0 \leq y \leq 1\}$ 上不存在，其余 4 个均衡点 $E_1(0, 0)$、$E_2(0, 1)$、$E_3(1, 0)$、$E_4(1, 1)$ 对应的雅可比矩阵行列式与迹的符号及稳定性分析如表 4.4 所示。

表 4.4　　　　　　　　　**情形 1 下均衡点稳定性分析**

均衡点	矩阵行列式和迹表达式	稳定性
$E_1(0, 0)$	$\det J = [\alpha_2(H+M) - C_1 - \alpha_1 R_1](F - C_2) > 0$ $\mathrm{tr}J = [\alpha_2(H+M) - C_1 - \alpha_1 R_1] + (F - C_2) > 0$	不稳定
$E_2(0, 1)$	$\det J = [F + \alpha_2(H+M) - C_1 - \alpha_1 R_1](C_2 - F) < 0$ $\mathrm{tr}J = \alpha_2(H+M) - C_1 - \alpha_1 R_1 + C_2 > 0$	不稳定
$E_3(1, 0)$	$\det J = [\alpha_2(H+M) - C_1 - \alpha_1 R_1] C_2 > 0$ $\mathrm{tr}J = -[\alpha_2(H+M) - C_1 - \alpha_1 R_1] - C_2 < 0$	ESS
$E_4(1, 1)$	$\det J = -[F + \alpha_2(H+M) - C_1 - \alpha_1 R_1] C_2 < 0$ $\mathrm{tr}J = -[F + \alpha_2(H+M) - C_1 - \alpha_1 R_1] + C_2 < 0$	不稳定
$E_5(x^*, y^*)$	$\det J = T < 0$ $\mathrm{tr}J = 0$	不存在

其中，$T = \dfrac{C_2(F - C_2)\left[F + \alpha_2(H + M) - C_1 - \alpha_1 R_1\right]\left[C_1 + \alpha_1 R_1 - \alpha_2(H + M)\right]}{F^2}$。由

表4.4可知，当地方推行租赁政策的净收益为正且中央的处罚额大于其监管付出的成本时，博弈均衡点中 $E_3(1, 0)$ 为演化稳定点，ESS 为（积极，不监管）。

情形2 当 $\alpha_2(H + M) - C_1 - \alpha_1 R_1 > 0$，$F - C_2 < 0$ 时，$x^* = \dfrac{F - C_2}{F} < 0$，$y^* = \dfrac{C_1 + \alpha_1 R_1 - \alpha_2(H + M)}{F} < 0$，则复制动态系统的均衡点 $E_5(x^*, y^*)$ 在平面 $A = \{(x, y) \mid 0 \leqslant x \leqslant 1,\ 0 \leqslant y \leqslant 1\}$ 上不存在，其余4个均衡点 $E_1(0, 0)$、$E_2(0, 1)$、$E_3(1, 0)$、$E_4(1, 1)$ 对应的雅可比矩阵行列式与迹的符号及稳定性分析如表4.5所示。

表4.5 情形 2 下均衡点稳定性分析

均衡点	矩阵行列式和迹表达式	稳定性
$E_1(0, 0)$	$\det J = \left[\alpha_2(H + M) - C_1 - \alpha_1 R_1\right](F - C_2) < 0$ $\operatorname{tr} J = \left[\alpha_2(H + M) - C_1 - \alpha_1 R_1\right] + (F - C_2)$ 不定	鞍点
$E_2(0, 1)$	$\det J = \left[F + \alpha_2(H + M) - C_1 - \alpha_1 R_1\right](C_2 - F) > 0$ $\operatorname{tr} J = \alpha_2(H + M) - C_1 - \alpha_1 R_1 + C_2 > 0$	不稳定
$E_3(1, 0)$	$\det J = \left[\alpha_2(H + M) - C_1 - \alpha_1 R_1\right]C_2 > 0$ $\operatorname{tr} J = -\left[\alpha_2(H + M) - C_1 - \alpha_1 R_1\right] - C_2 < 0$	ESS
$E_4(1, 1)$	$\det J = -\left[F + \alpha_2(H + M) - C_1 - \alpha_1 R_1\right]C_2 < 0$ $\operatorname{tr} J = -\left[F + \alpha_2(H + M) - C_1 - \alpha_1 R_1\right] + C_2$ 不定	鞍点
$E_5(x^*, y^*)$	$\det J = T > 0$ $\operatorname{tr} J = 0$	不存在

由表4.5可知，当地方推行政策的净收益为正且中央的处罚额小于其监管付出的成本时，博弈均衡点中 $E_3(1, 0)$ 为演化稳定点，ESS 为（积极，不监管）。

情形3 当 $\alpha_2(H + M) - C_1 - \alpha_1 R_1 < 0$，$F - C_2 > 0$，$F + \alpha_2(H + M) - C_1 - \alpha_1 R_1 > 0$ 时，$0 < x^* = \dfrac{F - C_2}{F} < 1$，$0 < y^* = \dfrac{C_1 + \alpha_1 R_1 - \alpha_2(H + M)}{F} < 1$，则复制动态系统的均衡点 $E_5(x^*, y^*)$ 在平面 $A = \{(x, y) \mid 0 \leqslant x \leqslant 1,\ 0 \leqslant y \leqslant 1\}$ 上存在，复制动态系统的5个均衡点 $E_1(0, 0)$、$E_2(0, 1)$、$E_3(1, 0)$、$E_4(1, 1)$、$E_5(x^*, y^*)$ 对应的雅可比矩阵行列式与迹的符号及稳定性分析如表4.6所示。

表 4.6 **情形 3 下均衡点稳定性分析**

均衡点	矩阵行列式和迹表达式	稳定性
$E_1(0, 0)$	$\det J = [\alpha_2(H + M) - C_1 - \alpha_1 R_1](F - C_2) < 0$ $\mathrm{tr}J = [\alpha_2(H + M) - C_1 - \alpha_1 R_1] + (F - C_2)$ 不定	鞍点
$E_2(0, 1)$	$\det J = [F + \alpha_2(H + M) - C_1 - \alpha_1 R_1](C_2 - F) < 0$ $\mathrm{tr}J = \alpha_2(H + M) - C_1 - \alpha_1 R_1 + C_2$ 不定	鞍点
$E_3(1, 0)$	$\det J = [\alpha_2(H + M) - C_1 - \alpha_1 R_1]C_2 < 0$ $\mathrm{tr}J = -[\alpha_2(H + M) - C_1 - \alpha_1 R_1] - C_2$ 不定	鞍点
$E_4(1, 1)$	$\det J = -[F + \alpha_2(H + M) - C_1 - \alpha_1 R_1]C_2 < 0$ $\mathrm{tr}J = -[F + \alpha_2(H + M) - C_1 - \alpha_1 R_1] + C_2$ 不定	鞍点
$E_5(x^*, y^*)$	$\det J = T > 0$ $\mathrm{tr}J = 0$	中心点

由表 4.6 可知,当地方推行租赁政策的净收益为负、中央的处罚额大于其监管付出的成本且租赁政策推行的净收益与处罚额之和为正时,博弈均衡点中 $E_1(0, 0)$、$E_2(0, 1)$、$E_3(1, 0)$、$E_4(1, 1)$ 为鞍点,$E_5(x^*, y^*)$ 为中心点,该复制动态系统不存在演化稳定策略(ESS)。

在此种情形下,分别对地方政府和中央政府的稳定状态进行分析。

对地方政府而言,可令 $F(x) = \dfrac{\mathrm{d}x}{\mathrm{d}t} = x(1 - x)[yF - C_1 - \alpha_1 R_1 + \alpha_2(H + M)] = 0$,得到 $x = 0$,$x = 1$ 两个稳定状态。若初始状态 $y = y^*$,则所有的 x 都是稳定状态,即当中央政府选择监管的概率为 y^*(临界值)时,则任何水平的地方政府政策推行概率都是稳定的。若初始状态 $y = y^*$,则 $F(x) > 0$,$F'(0) > 0$,$F'(1) < 0$,根据微分方程的稳定性定理可知,$x = 1$ 为地方政府的稳定状态;若初始状态 $y < y^*$,则 $F(x) < 0$,$F'(0) < 0$,$F'(1) > 0$,所以,$x = 0$ 为地方政府的稳定状态。

对中央政府而言,可令 $F(y) = \dfrac{\mathrm{d}y}{\mathrm{d}t} = y(1 - y)[(1 - x)F - C_2] = 0$,得到 $y = 0$,$y = 1$ 两个稳定状态。若初始状态 $x = x^*$,则所有的 y 都是稳定状态,即当地方政府选择推行租赁政策的概率为 x^*(临界值),则任何水平的中央政府的监管概率都是稳定的。若初始状态 $x > x^*$,则 $F(y) < 0$,$F'(0) < 0$,$F'(1) > 0$,根据微分方程的稳定性定理可知,$y = 0$ 为中央政府的稳定状态;若初始状态 $x < x^*$,则 $F(y) > 0$,$F'(0) > 0$,$F'(1) < 0$,所以,$y = 1$ 为中央政府的稳定状态。

综上,可以通过图 4.1 更为直观地表达地方与中央的复制动态关系。在图 4.1 中,本博弈模型的复制动态系统的五个均衡点 $E_1(0, 0)$、$E_2(0, 1)$、$E_3(1, 0)$、$E_4(1, 1)$、$E_5(x^*, y^*)$ 将演化博弈的相位图分为了 Ⅰ、Ⅱ、Ⅲ、Ⅳ 四个区域,中心点为 $E_5(x^*, y^*)$。由上述分析可知,当复制动态系统的初始状态在区域 Ⅰ 时($x < x^*$,$y > y^*$),地方政府的稳定状态为 $x = 1$，中央政府的稳定状态为 $y = 1$，则演化博弈收敛于均衡点 $E_4(1, 1)$，ESS 为（积极，监管）；当初始状态在区域 II 时（$x > x^*$，$y > y^*$），地方政府的稳定状态为 $x = 1$，中央政府的稳定状态为 $y = 0$，则演化博弈收敛于均衡点 $E_3(1, 0)$，ESS 为（积极，不监管）；当初始状态在区域 III 时（$x < x^*$，$y < y^*$），地方政府的稳定状态为 $x = 0$，中央政府的稳定状态为 $y = 1$，则演化博弈收敛于均衡点 $E_2(0, 1)$，ESS 为（懈怠，监管）；当初始状态在区域 IV 时（$x > x^*$，$y < y^*$），地方政府的稳定状态为 $x = 0$，中央政府的稳定状态为 $y = 0$，则演化博弈收敛于均衡点 $E_1(0, 0)$，ESS 为（懈怠，不监管）。

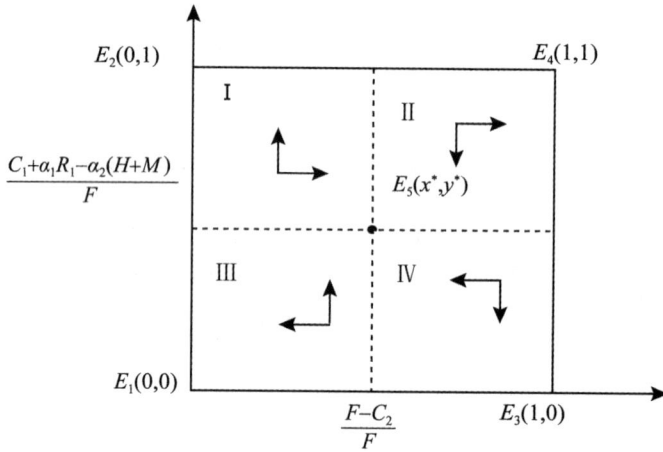

图 4.1　中央政府与地方政府在情形 3 下的博弈相位图

情形 4　当 $\alpha_2(H + M) - C_1 - \alpha_1 R_1 < 0$，$F - C_2 > 0$，$F + \alpha_2(H + M) - C_1 - \alpha_1 R_1 < 0$ 时，$0 < x^* = \dfrac{F - C_2}{F} < 1$，$y^* = \dfrac{C_1 + \alpha_1 R_1 - \alpha_2(H + M)}{F} > 1$，则复制动态系统的均衡点 $E_5(x^*, y^*)$ 在平面 $A = \{(x, y) \mid 0 \leqslant x \leqslant 1, 0 \leqslant y \leqslant 1\}$ 上不存在，其余 4 个均衡点 $E_1(0, 0)$、$E_2(0, 1)$、$E_3(1, 0)$、$E_4(1, 1)$ 对应的雅可比矩阵行列式与迹的符号及稳定性分析如表 4.7 所示。

表 4.7　　　　　　　　　　　情形 4 下均衡点稳定性分析

均衡点	矩阵行列式和迹表达式	稳定性
$E_1(0, 0)$	$\det J = [\alpha_2(H + M) - C_1 - \alpha_1 R_1](F - C_2) < 0$ $\operatorname{tr}J = [\alpha_2(H + M) - C_1 - \alpha_1 R_1] + (F - C_2) < 0$	不稳定
$E_2(0, 1)$	$\det J = [F + \alpha_2(H + M) - C_1 - \alpha_1 R_1](C_2 - F) > 0$ $\operatorname{tr}J = \alpha_2(H + M) - C_1 - \alpha_1 R_1 + C_2 < 0$	ESS

均衡点	矩阵行列式和迹表达式	稳定性
$E_3(1, 0)$	$\det J = [\alpha_2(H+M) - C_1 - \alpha_1 R_1]C_2 < 0$ $\operatorname{tr}J = -[\alpha_2(H+M) - C_1 - \alpha_1 R_1] - C_2 > 0$	不稳定
$E_4(1, 1)$	$\det J = -[F + \alpha_2(H+M) - C_1 - \alpha_1 R_1]C_2 > 0$ $\operatorname{tr}J = -[F + \alpha_2(H+M) - C_1 - \alpha_1 R_1] + C_2 > 0$	不稳定
$E_5(x^*, y^*)$	$\det J = T > 0$ $\operatorname{tr}J = 0$	不存在

由表 4.7 可知，当地方推行租赁政策的净收益为负、中央的处罚额大于其监管付出的成本且租赁政策推行的净收益与处罚额之和为负时，博弈均衡点中 $E_2(0, 1)$ 为演化稳定点，ESS 为（懈怠，监管）。

情形 5 当 $\alpha_2(H+M) - C_1 - \alpha_1 R_1 < 0$，$F - C_2 < 0$，$F + \alpha_2(H+M) - C_1 - \alpha_1 R_1 > 0$ 时，$x^* = \dfrac{F - C_2}{F} < 0$，$y^* = \dfrac{C_1 + \alpha_1 R_1 - \alpha_2(H+M)}{F} > 0$，则复制动态系统的均衡点 $E_5(x^*, y^*)$ 在平面 $A = \{(x, y) \mid 0 \leqslant x \leqslant 1, 0 \leqslant y \leqslant 1\}$ 上不存在，其余 4 个均衡点 $E_1(0, 0)$、$E_2(0, 1)$、$E_3(1, 0)$、$E_4(1, 1)$ 对应的雅可比矩阵行列式与迹的符号及稳定性分析如表 4.8 所示。

表 4.8　　　　　　　　　　　**情形 5 下均衡点稳定性分析**

均衡点	矩阵行列式和迹表达式	稳定性
$E_1(0, 0)$	$\det J = [\alpha_2(H+M) - C_1 - \alpha_1 R_1](F - C_2) > 0$ $\operatorname{tr}J = [\alpha_2(H+M) - C_1 - \alpha_1 R_1] + (F - C_2) < 0$	ESS
$E_2(0, 1)$	$\det J = [F + \alpha_2(H+M) - C_1 - \alpha_1 R_1](C_2 - F) > 0$ $\operatorname{tr}J = \alpha_2(H+M) - C_1 - \alpha_1 R_1 + C_2 > 0$	不稳定
$E_3(1, 0)$	$\det J = [\alpha_2(H+M) - C_1 - \alpha_1 R_1]C_2 < 0$ $\operatorname{tr}J = -[\alpha_2(H+M) - C_1 - \alpha_1 R_1] - C_2 < 0$	不稳定
$E_4(1, 1)$	$\det J = -[F + \alpha_2(H+M) - C_1 - \alpha_1 R_1]C_2 < 0$ $\operatorname{tr}J = -[F + \alpha_2(H+M) - C_1 - \alpha_1 R_1] + C_2 > 0$	不稳定
$E_5(x^*, y^*)$	$\det J = T > 0$ $\operatorname{tr}J = 0$	不存在

由表 4.8 可知，当地方推行租赁政策的净收益为负、中央的处罚额小于其监管付出的成本且租赁政策推行的净收益与处罚额之和为正时，博弈均衡点中 $E_1(0, 0)$ 为演化稳定点，ESS 为（懈怠，不监管）。

情形 6 当 $\alpha_2(H+M) - C_1 - \alpha_1 R_1 < 0$，$F - C_2 < 0$，$F + \alpha_2(H+M) - C_1 - \alpha_1 R_1 <$

0 时, $x^* = \dfrac{F - C_2}{F} < 0$, $y^* = \dfrac{C_1 + \alpha_1 R_1 - \alpha_2(H + M)}{F} > 0$, 则复制动态系统的均衡点 $E_5(x^*, y^*)$ 在平面 $A = \{(x, y) \mid 0 \leqslant x \leqslant 1, 0 \leqslant y \leqslant 1\}$ 上不存在, 其余 4 个均衡点 $E_1(0, 0)$、$E_2(0, 1)$、$E_3(1, 0)$、$E_4(1, 1)$ 对应的雅可比矩阵行列式与迹的符号及稳定性分析如表 4.9 所示。

表 4.9   **情形 6 下均衡点稳定性分析**

均衡点	矩阵行列式和迹表达式	稳定性
$E_1(0, 0)$	$\det J = [\alpha_2(H + M) - C_1 - \alpha_1 R_1](F - C_2) > 0$ $\mathrm{tr} J = [\alpha_2(H + M) - C_1 - \alpha_1 R_1] + (F - C_2) < 0$	ESS
$E_2(0, 1)$	$\det J = [F + \alpha_2(H + M) - C_1 - \alpha_1 R_1](C_2 - F) < 0$ $\mathrm{tr} J = \alpha_2(H + M) - C_1 - \alpha_1 R_1 + C_2$ 不定	鞍点
$E_3(1, 0)$	$\det J = [\alpha_2(H + M) - C_1 - \alpha_1 R_1]C_2 < 0$ $\mathrm{tr} J = -[\alpha_2(H + M) - C_1 - \alpha_1 R_1] - C_2$ 不定	鞍点
$E_4(1, 1)$	$\det J = -[F + \alpha_2(H + M) - C_1 - \alpha_1 R_1]C_2 > 0$ $\mathrm{tr} J = -[F + \alpha_2(H + M) - C_1 - \alpha_1 R_1] + C_2 > 0$	不稳定
$E_5(x^*, y^*)$	$\det J = T > 0$ $\mathrm{tr} J = 0$	不存在

由表 4.9 可知, 当地方推行租赁政策的净收益为负、中央的处罚额小于其监管付出的成本且租赁政策推行的净收益与处罚额之和为负时, 博弈均衡点中 $E_1(0, 0)$ 为演化稳定点, ESS 为 (懈怠, 不监管)。

（3）演化博弈结果分析

综合以上 6 种情形下地方政府与中央政府的博弈演化, 令 $\pi_1 = \alpha_2(H + M) - C_1 - \alpha_1 R_1$, $\pi_2 = F - C_2$, $\pi_3 = F + \alpha_2(H + M) - C_1 - \alpha_1 R_1$, 上述 6 种情形下的演化稳定策略汇总如表 4.10 所示。

表 4.10   **6 种情形下的演化稳定策略**

情形	π_1	π_2	π_3	演化稳定策略
1	+	+	+	（积极, 不监管）
2	+	−	+	（积极, 不监管）
3	−	+	+	无 ESS
4	−	+	−	（懈怠, 监管）
5	−	−	+	（懈怠, 不监管）
6	−	−	−	（懈怠, 不监管）

当 $\pi_1 > 0$ 时（情形 1、2），即地方选择推行策略的净收益为正时，不论中央采取何种程度的监督管理力度，地方政府都将倾向于选择积极推行住房租赁政策。

当 $\pi_1 < 0$ 时（情形 3、4、5、6），即地方推行住房租赁政策的净收益为负时，对于情形 4、5、6，地方政府均倾向于采取懈怠策略。对于情形 3，只有当地方推行住房租赁政策的净收益为负，中央对地方的处罚额大于其监管成本，且推行住房租赁政策的净收益与处罚额之和为正，同时中央选择监管的概率大于临界值 y^* 时，地方政府才会选择积极推行住房租赁政策，否则，其将倾向于懈怠该政策推行。所以在情形 3 中，区域 I、II 的面积越大 $\left(y^* = \dfrac{C_1 + \alpha_1 R_1 - \alpha_2 (H + M)}{F} \text{越小} \right)$，即地方政府推行住房租赁政策的净收益与中央政府的处罚额的比值越大，地方政府越倾向于选择积极推行住房租赁政策。而对于中央而言，只有当其处罚额大于其监管成本，且地方推行政策的净收益为负时，才会倾向于选择实施监管策略。其中，当地方政府推行住房租赁政策的净收益与中央政府的处罚额之和为正时，区域 I、III 的面积越大 $\left(x^* = \dfrac{F - C_2}{F} \text{越大} \right)$，即监管成本与处罚额的比值越小，中央越倾向于选择监管。

4.4 数值仿真

为了更加直观地分析央地政府间关于住房租赁政策策略选择的动态演化过程，本节将运用 MATLAB 仿真对不同情形下不同初始点向各自的均衡点演化的轨迹进行模拟。

情形 1：假设参数 $C_1 = 5$，$C_2 = 3$，$R_1 = 6$，$F = 8$，$H = 12$，$M = 10$，$\alpha_1 = 0.6$，$\alpha_2 = 0.4$，此时满足条件 $\alpha_2 (H + M) - C_1 - \alpha_1 R_1 > 0$，$F - C_2 > 0$，系统演化的初始点为 $[0.2, 0.6]$，博弈演化轨迹如图 4.2 所示。由图可知，博弈演化的稳定均衡点为（1，0）。在此情形下，一旦地方政府发现积极推行住房租赁政策的收益高于懈怠时，则无论中央是否予以监管，地方政府都会自发地积极推行住房租赁政策，通过加大租赁土地及住房供应，缓解地区住房压力，提升社会均衡发展福利水平。在此情形下，中央政府进行监管的积极性将逐渐降低。

情形 2：假设参数 $C_1 = 5$，$C_2 = 3$，$R_1 = 6$，$F = 2$，$H = 12$，$M = 10$，$\alpha_1 = 0.6$，$\alpha_2 = 0.4$，此时满足条件 $\alpha_2 (H + M) - C_1 - \alpha_1 R_1 > 0$，$F - C_2 < 0$，系统演化的初始点为 $[0.2, 0.6]$，博弈演化轨迹如图 4.3 所示。由图可知，博弈演化的稳定均衡点为（1，0）。在此情形下，基于"理性经济人"的假设，当地方政府积极推行住房租赁政策的收益高于懈怠时，无论中央政府是否执行监管策略，净收益的追逐倾向都能激发地方政府推行住房租赁政策，降低房地产业不均衡发展给社会经济发展及居民福利造成的不利影响。同时，由于中央的监管处罚额小于其监管成本，即中央政府通过监管带来的收益低于其付出的监管成本，则中央将选择放弃对地方政策执行情况的监管。

情形 3：假设参数 $C_1 = 5$，$C_2 = 3$，$R_1 = 6$，$F = 8$，$H = 8$，$M = 6$，$\alpha_1 = 0.6$，$\alpha_2 = 0.4$，此时满足条件 $\alpha_2 (H + M) - C_1 - \alpha_1 R_1 < 0$，$F - C_2 > 0$，$F + \alpha_2 (H + M) - C_1 - \alpha_1 R_1 > 0$，系统演化的初始点分别为 $[0.6, 0.5]$，$[0.8, 0.6]$，$[0.5, 0.3]$，$[0.9, 0.2]$，博弈演化轨迹如图 4.4 所示。由图可知，该复制动态系统的博弈演化过程是一个围

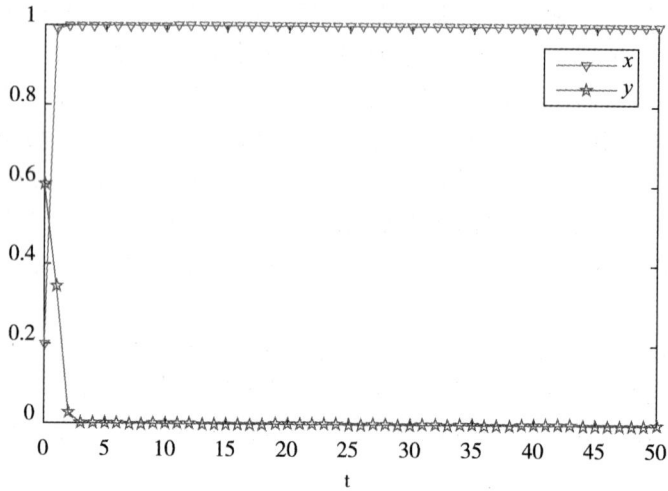

图 4.2 情形 1 下演化博弈仿真结果

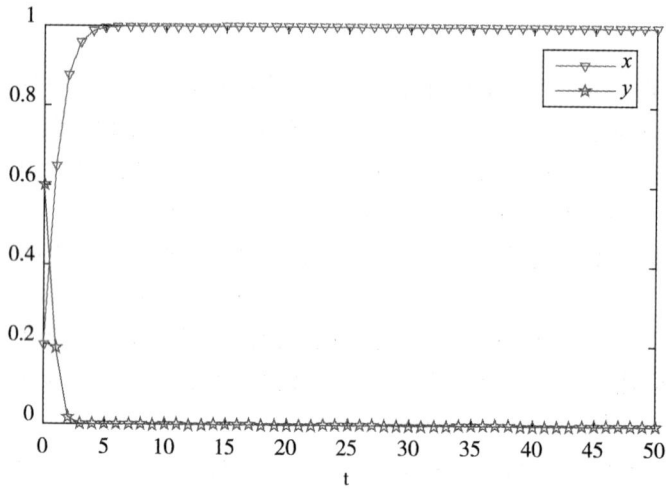

图 4.3 情形 2 下演化博弈仿真结果

绕中心点进行周期运动的闭轨线环，即央地政府关于政策推行与监管的群体博弈过程呈现为一种周期行为，不存在稳定的均衡点。

情形 4：假设参数 $C_1 = 5$，$C_2 = 1$，$R_1 = 6$，$F = 2$，$H = 8$，$M = 6$，$\alpha_1 = 0.6$，$\alpha_2 = 0.4$，此时满足条件 $\alpha_2(H + M) - C_1 - \alpha_1 R_1 < 0$，$F - C_2 > 0$，$F + \alpha_2(H + M) - C_1 - \alpha_1 R_1 < 0$，系统演化的初始点为 [0.2，0.6]，博弈演化轨迹如图 4.5 所示。由图可知，博弈演化的稳定均衡点为（0，1）。在此情形下，由于中央政府选择监管策略的监管成本较低，而获得的惩罚收益较高，所以更愿意主动选择对地方政府的政策执行情况进行监管，主动承担维护房地产业健康发展的责任，在监管的过程中，由于地方政府选择积极推

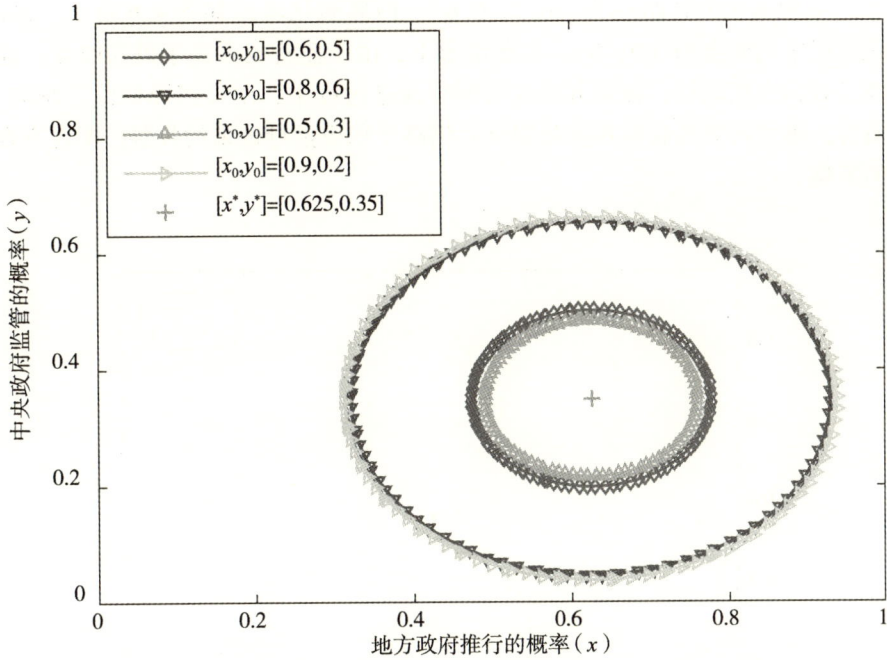

图 4.4　情形 3 下演化博弈仿真结果

行住房租赁政策的净收益为负，且受到的监管惩罚力度较大，其将会选择懈怠推行住房租赁政策，继而进一步提高了中央政府监管的积极性。

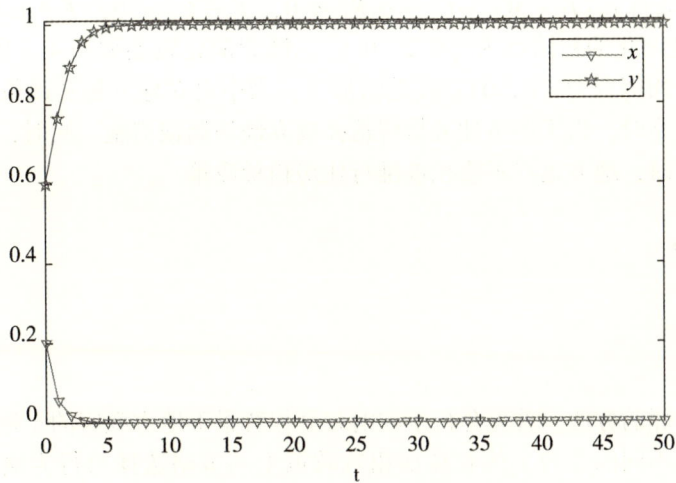

图 4.5　情形 4 下演化博弈仿真结果

情形 5： 假设参数 $C_1 = 5$，$C_2 = 4$，$R_1 = 6$，$F = 3$，$H = 8$，$M = 6$，$\alpha_1 = 0.6$，$\alpha_2 =$

0.4，此时满足条件 $\alpha_2(H+M) - C_1 - \alpha_1 R_1 < 0$，$F - C_2 < 0$，$F + \alpha_2(H+M) - C_1 - \alpha_1 R_1 > 0$，系统演化的初始点为 $[0.2, 0.6]$，博弈演化轨迹如图 4.6 所示。由图可知，博弈演化的稳定均衡点为 $(0, 0)$。在此情形下，由于监管成本高于处罚收益，地方懈怠行为的经济处罚力度较轻，在双方持续的博弈演进过程中，中央将降低监管倾向，同时，对地方而言，懈怠行为的收益扣除处罚款后仍高于积极推行带来的收益，则地方政府将选择懈怠的策略。

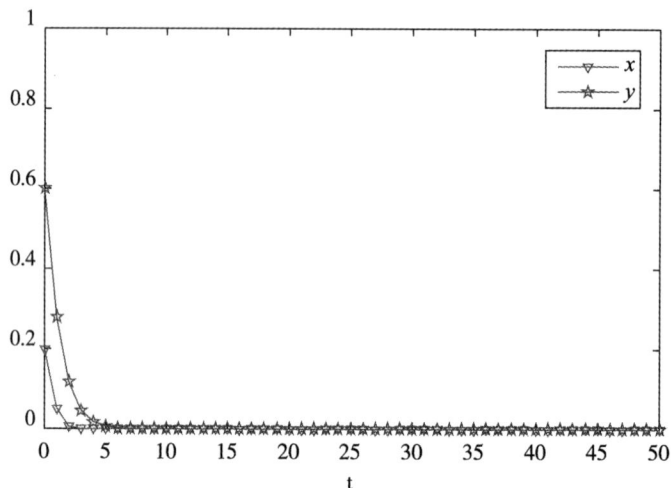

图 4.6　情形 5 下演化博弈仿真结果

情形 6：假设参数 $C_1 = 5$，$C_2 = 3$，$R_1 = 6$，$F = 2$，$H = 8$，$M = 6$，$\alpha_1 = 0.6$，$\alpha_2 = 0.4$，此时满足条件 $\alpha_2(H+M) - C_1 - \alpha_1 R_1 < 0$，$F - C_2 < 0$，$F + \alpha_2(H+M) - C_1 - \alpha_1 R_1 < 0$，系统演化的初始点为 $[0.2, 0.6]$，博弈演化轨迹如图 4.7 所示。由图可知，博弈演化的稳定均衡点为 $(0, 0)$。在此情形下，当中央对地方租赁政策执行情况进行监管付出的成本较高时，出于经济性考量将选择放弃经济制裁措施。同时，当懈怠政策的收益高于积极推行时，地方也将不愿积极推行住房租赁政策。

5. 结论与建议

5.1 研究结论

本文通过博弈的方法，首先分析了在财政分权背景下地方政府的土地供应决策，继而分析了利益诉求不同的参与主体在住房租赁政策上的策略选择与行为演变，得出以下结论：

（1）在既定的财政分权系数下，地方政府对租赁用地等兼顾住房保障性用地的供应量将低于中央期望，地方政府由于存在部分自利倾向，不一定会完全落实中央的住房租赁政策，双方存在着利益博弈。

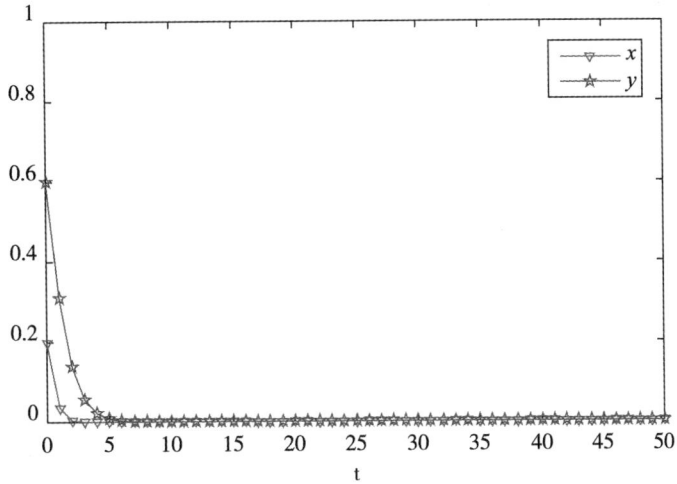

图 4.7　情形 6 下演化博弈仿真结果

（2）对地方政府而言，推行住房租赁政策的收益、成本以及中央的监管处罚是影响其策略的重要因素。当政策推行的净收益为正时，无论中央政府的监管力度及处罚额度如何，地方政府都将积极推行住房租赁政策。

（3）对中央政府而言，地方政府住房租赁政策执行情况、监管成本与处罚额度是影响其策略的关键因素。当地方的净收益与处罚额之和为正时，中央监管成本与处罚额的比值越小，中央政府越倾向于对地方实施监管策略。

从社会福利最大化的角度来说，理想的演化结果为地方政府积极推行住房租赁政策而无须中央监管，因此，可通过探索土地年租制等手段增加地方政府政策推行收益，同时将住房保障福利效应纳入政绩考核体系，增强中央对房地产及住房保障市场的监督调控力度，以促进经济社会的均衡发展。

5.2　政策建议

（1）优化政绩考核体系，促进绿色 GDP 发展。长期以来，我国以 GDP 增长等代表经济绩效的指标作为主要考核依据，而忽视了民生福利、社会保障等方面的考核，助长了地方政府在土地资源配置与供给方面的利益违规行为。优化政绩考核体系应突出强调科学、可持续、均衡发展，考评指标体系可多纳入地区社会福利指标、社会住房保障水平、均衡发展指数等指标，降低经济绩效的相关指标权重，关注社会福利民生以及经济发展质量，促进绿色 GDP 发展。政绩考核体系的优化将通过强化地方政府的公共服务与社会保障职能，引导地方政府的行为，促使地方政府从依托地区房地产业发展促进经济增长的经济竞争中脱离，将注意力转移至居民住房问题，扶持地区住房租赁业务发展，切实改善地区福利民生，让房子回归居住本质，理清房地产业作为保障和改善居民居住条件的民生型公共品的本质定位。

（2）完善财政分权体制，推动税制结构革新。我国分税制改革后，地方政府财权与事权失衡，造成了地方财政收支的巨大缺口。在当前的财政分权体制下，土地出让收入成为地方政府的主要财政收入来源，支持和推动着地区城市发展。完善当前财政分权体制，是推动地方政府土地财政模式转型的关键。一方面可通过优化中央与地方关于共享税的分享比例，调整地方预算内收入；另一方面可通过提高中央的转移支付，改善地区财政赤字，弱化地方政府对土地财政收入的依赖。此外，推行税制结构革新也是破解地方政府土地财政依赖的改革方向。一方面，中央政府在规范土地出让收入的支出范围时，可考虑建立土地年租制，并依据房产税稳定、易征收等特征，削减整合房地产行业名目繁多的税种，进行"简税制、严征管"的结构性税源调整；另一方面，可拓宽地方政府的税收来源，在房地产"营改增"的背景下，构建与地区资源及发展相匹配的地方税税源，完善和推广房产税，实现"宽税基、营改增"的结构性税源调整。

（3）健全监督管理机制，强化租赁政策执行。城镇化脚步的加快，触发了地方政府的土地财政模式，其中涉及的土地违法等问题不断涌现。健全监督管理体制，通过建立土地征收及出让过程的公开透明监督机制，有效抑制土地违法行为；通过推进地方财政收支透明化，降低地方政府腐败行为的发生概率。此外，还可引入第三方机构，执行监督管理职能，强化政府住房保障职能，对滥用土地、过度开发等行为进行监督，以规范地方政府在政企关系中"服务、责任、法治、廉洁"的基本职能。在规范地方政府行为的同时，还可通过建立信息化平台，实现租赁业务的全流程覆盖，以约束市场参与主体的行为，有效规范租赁市场，充分保证租赁双方的切身利益。

◎ 参考文献

[1] 曹清峰，王家庭，陈天烨，等．什么影响了地方政府住房限购决策？——考虑政策异质性的中央与地方政府博弈［J］．公共管理学报，2015（4）.

[2] 陈志勇，陈莉莉．财税体制变迁、"土地财政"与经济增长［J］．财贸经济，2011（12）.

[3] 丁绒，叶广宇．地方政府的土地供应抉择研究——土地财政规模倒 U 形效应的博弈均衡视角［J］．财政研究，2016（9）.

[4] 樊颖，杨赞．社会资本、人力资本与中国城镇居民住房抵押贷款需求［J］．经济评论，2018（4）

[5] 范剑勇，莫家伟，张吉鹏．居住模式与中国城镇化——基于土地供给视角的经验研究［J］．中国社会科学，2015（4）.

[6] 高义．保障房建设中地方政府群体行为进化博弈与治理机制研究［J］．中国经济问题，2011（6）.

[7] 辜胜阻，杨嵋，郑超．房地产基础性制度和长效机制的战略思考［J］．江淮论坛，2018（2）.

[8] 黄新华，屈站．中央政府房地产调控政策决策逻辑的理论解释——基于 1998—2013年间相关政策文本的研究［J］．厦门大学学报（哲学社会科学版），2014（4）.

[9] 雷潇雨，龚六堂．基于土地出让的工业化与城镇化［J］．管理世界，2014（9）.

[10] 李勇辉,英成金,罗蓉.保障性住房有效推动了人口城镇化吗——基于土地财政的视角 [J].广东财经大学学报,2017 (5).

[11] 林坚,乔治洋.博弈论视角下市县级"多规合一"研究 [J].中国土地科学,2017,31 (5).

[12] 刘慧芬.政府支持、供应链关系与研发创新 [J].重庆工商大学学报 (社会科学版),2017 (4).

[13] 孙秀林,周飞舟.土地财政与分税制:一个实证解释 [J].中国社会科学,2014 (3).

[14] 王梅婷,张清勇.财政分权、晋升激励与差异化土地出让——基于地级市面板数据的实证研究 [J].中央财经大学学报,2017 (1).

[15] 吴群,李永乐.财政分权、地方政府竞争与土地财政 [J].财贸经济,2010 (7).

[16] 王贤彬,张莉,徐现祥.地方政府土地出让、基础设施投资与地方经济增长 [J].中国工业经济,2014 (7).

[17] 王玉波,唐莹.中国土地财政地域差异与转型研究 [J].中国人口·资源与环境,2013,23 (10).

[18] 薛慧光,石晓平,唐鹏.中国式分权与城市土地出让价格的偏离——以长三角地区城市为例 [J].资源科学,2013,35 (6).

[19] 余靖雯,肖洁,龚六堂.政治周期与地方政府土地出让行为 [J].经济研究,2015 (2).

[20] 杨其静,彭艳琼.晋升竞争与工业用地出让——基于2007—2011年中国城市面板数据的分析 [J].经济理论与经济管理,2015,35 (9).

[21] 周建军,赵吟辉,鞠方.住房租赁市场发展中的静态博弈及其解决策略 [J].求索,2016 (3).

[22] 张双甜,罗晓庚.保障性住房供给的博弈分析 [J].工程管理学报,2010,24 (5).

[23] Baicker, K. The spillover effects of state spending [J]. *Journal of Public Economics*, 2005 (89).

[24] Bucovetsky, S. Public input competition [J]. *Journal of Public Economics*, 2005 (89).

[25] Cai, H., Treisman, D. Does competition for capital discipline governments? Decentralization, globalization, and public policy [J]. *American Economic Review*, 2005 (95).

[26] Keen, M., Marchand, M. Fiscal competition and the pattern of public spending [J]. *Journal of Public Economics*, 1996 (66).

[27] Liu, T., Cao, G., Yan, Y., et al. Urban land marketization in China: Central policy, local initiative, and market mechanism [J]. *Land Use Policy*, 2016 (57).

[28] Pan, J. N., Huang, J. T., Chiang, T. F. Empirical study of the local government deficit, land finance and real estate markets in China [J]. *China Economic Review*, 2015 (32).

[29] Wu, Q., Li, Y., Yan, S. The incentives of China's urban land finance [J]. *Land Use*

Policy, 2015 (42).

[30] Xie, H., Wang, W., Zhang, X. Evolutionary game and simulation of management strategies of fallow cultivated land: A case study in Hunan province, China [J]. *Land Use Policy*, 2018 (71).

[31] Yang, H. Game analysis of behavior between central and local government under housing price control policy [J]. *Modern Economy*, 2014, 5 (12).

[32] Zhang, H., Zhang, Y., Chen, T. Land remise income and remise price during China's transitional period from the perspective of fiscal decentralization and economic assessment [J]. *Land Use Policy*, 2016 (50).

Game Analysis of Central and Local Government Under the Background of Both Housing Purchase and Renting

Lai Yifei[1]   Zhao Jitao[2]   Qin Bingjie[3]

(1, 2, 3   Economics and Management School of Wuhan University, Wuhan, 430072)

Abstract: Housing leasing has gradually become the mainstream of real estate development, and has been given great support from the central and local government. The land finance and political achievements of local government will lead to a game of interest in the implementation of housing leasing policies. This paper studies the response and tactics choices of housing leasing policy of the local government under multi-level government governance. The conclusions show that under the current fiscal decentralization system, local government's supply of leasing land will be lower than the central government's expectation. Therefore, there is a tendency to continue to develop land finance in the interest game. Besides, the strategy of local government for housing leasing policy is related to the implementation cost, revenue and the supervision of the central government.

Key words: Housing leasing; Local government; Fiscal decentralization; Evolutionary game

专业主编：许明辉